神経心理学的
アセスメント・
ハンドブック

［第2版］

小海宏之

Handbook of Neuropsychological Assessment
KOUMI Hiroyuki

金剛出版

第2版刊行にあたって

　近年，臨床現場では，注意欠如・多動症（attention-deficit/hyperactivity disorder：AD/HD）や自閉スペクトラム症（autism spectrum disorder：ASD）などの発達障害児・者の心理アセスメントとしては，従来のような知能指数や発達指数の評価だけでなく，詳細な認知機能のプロフィールを把握することが重要であり，そのために神経心理学的アセスメントによる評価を求められることが増えてきている。また，わが国は超高齢社会を迎えると同時にアルツハイマー病（Alzheimer's disease：AD）など認知症性疾患の増加や，その前駆状態ともいわれる軽度認知障害（mild cognitive impairment：MCI）との鑑別などの際，神経心理学的アセスメントによる詳細な認知機能の評価を求められることも増えてきている。さらに，統合失調症者に対する非定型抗精神病薬による治療および副作用の評価や，このような精神疾患のみならず，近年，急増してきており認知症のハイリスク要因ともなる糖尿病など内科疾患患者に対する神経心理学的アセスメントによる詳細な認知機能の評価を求められることも増えてきている。

　したがって，臨床現場でこのような症例に出会う医師，公認心理師や臨床心理士，作業療法士，言語聴覚士，看護師などにとっては，この神経心理学的アセスメントを正確に実施し，適切な解釈が行えるようになることが重要課題となる。しかし，神経心理学的アセスメントの検査マニュアルだけでは解釈するのに不充分であったり，最新知見が分散していたりで，手元で参照するのに十分なものは少ないように思われる。

　そこで，初版は臨床現場でよく使用される神経心理学的アセスメントの概論および高次脳機能との関連も含めた総合的な神経心理学的アセスメントの解釈法について，臨床実践として理解しやすいように可能な限り症例も含めて紹介した。

　そして，2015年の初版刊行から4年が経過するなかで，様々な神経心理検査が新たに開発されたり，これまで日本語版として標準化がなされていなかった神経心理検査の標準化がなされたりしてきているので，これらを踏まえて，第2版では，初版の内容を見直し，さらに可能な限り最新の神経心理検査も追加して概説することにした。

　本書が，神経心理学的アセスメントに関わる医師，公認心理師や臨床心理士，作業療法士，言語聴覚士，看護師など専門職の方々だけでなく，これから神経心理学的アセスメントに取り組もうとしている学生や大学院生にとっても臨床実践を行う上での一助としてのハンドブックとなることを期待したい。

2019年1月吉日　小海宏之

目　次

第2版刊行にあたって ……………………………………………………………………… 3

第1章　神経心理学的アセスメント概論 …………………………………………… 11
1. 神経心理学的アセスメントの目的 …………………………………………… 11
2. 神経心理学的アセスメントの方法 …………………………………………… 12
3. 神経心理学的検査を実施する上での一般的留意点 ………………………… 13

第2章　脳科学概論 …………………………………………………………………… 15
1. 脳画像や脳機能画像の基礎知識 ……………………………………………… 15
2. 発達障害に関連する近年の脳機能研究 ……………………………………… 25
3. 脳機能の基礎知識 ……………………………………………………………… 26

第3章　利き手検査 …………………………………………………………………… 35
1. エディンバラ利き手検査（Edinburgh Handedness Inventory：EHI）…… 35
2. フランダース利き手検査（FLANDERS Handedness Questionnaire：FLANDERS）… 38

第4章　全般的知的機能検査 ………………………………………………………… 41
1. ウェクスラー式幼児用知能検査
　（Wechsler Preschool and Primary Scale of Intelligence：WPPSI・WPPSI-Ⅲ）… 41
2. ウェクスラー式児童用知能検査（Wechsler Intelligence Scale for Children：WISC-Ⅲ・Ⅳ）… 45
3. ウェクスラー式成人知能検査（Wechsler Adult Intelligence Scale：WAIS-R・Ⅲ・Ⅳ）… 48
4. 改訂版 鈴木ビネー知能検査（Suzuki-Binet Intelligence Scale）
　および田中ビネー知能検査Ⅴ（Tanaka-Binet Intelligence Scale Ⅴ）… 52
5. 新版Ｋ式発達検査2001（Kyoto Scale of Psychological Development）… 59
6. カウフマン式児童用アセスメント・バッテリー
　（Kaufman Assessment Battery for Children：K-ABC, KABC-Ⅱ）… 61
7. DN-CAS 認知評価システム（Das-Naglieri Cognitive Assessment System：DN-CAS）… 63
8. 神経行動認知状態検査（Neurobehavioral Cognitive Status Examination：COGNISTAT）… 67
9. 精神状態短時間検査（Mini-Mental State Examination：MMSE）… 70
10. モントリオール認知アセスメント（Montreal Cognitive Assessment：MoCA）… 74
11. 神経心理状態反復性バッテリー
　（Repeatable Battery for the Assessment of Neuropsychological Status：RBANS）… 77
12. アルツハイマー病アセスメント・スケール
　（Alzheimer's Disease Assessment Scale：ADAS）… 77
13. 長谷川式簡易知能評価スケール（Hasegawa Dementia Scale：HDS, HDS-R）… 87
14. Ｎ式精神機能検査（Nishimura Dementia Scale：NDS）… 89
15. Ｎ式精神機能検査（Nishimura Dementia Test：ND Test）… 92
16. 統合失調症用認知の簡易アセスメント（Brief Assessment of Cognition in Schizophrenia：BACS）… 93

17. 日本版成人読みテスト（Japanese Adult Reading Test：JART） ……… 93
18. 一般職業適性検査（General Aptitude Test Battery：GATB） ……… 95
19. 臨床認知症評定法（Clinical Dementia Rating：CDR） ……… 97

第5章　前向性記憶機能検査 ……… 107
1. 改訂版ウェクスラー式記憶検査（Wechsler Memory Scale-Revised：WMS-R） ……… 107
2. 三宅式言語記銘力検査 ……… 111
3. ベントン視覚記銘検査（Benton Visual Retention Test：BVRT） ……… 114
4. レイ複雑図形（Rey-Osterrieth Complex Figure：ROCF） ……… 115
5. レイ聴覚言語学習検査（Rey Auditory Verbal Learning Test：RAVLT） ……… 117

第6章　行動記憶検査 ……… 125
1. リバーミード行動記憶検査（Rivermead Behavioural Memory Test：RBMT） ……… 125

第7章　逆向性記憶機能検査 ……… 129
1. 自伝的記憶検査（Autobiographical Memory Test：ABMT） ……… 129
2. 価格テスト（Prices Test） ……… 129

第8章　注意・集中機能検査 ……… 133
1. 標準注意検査法（Clinical Assessment for Attention：CAT）・
   標準意欲評価法（Clinical Assessment for Spontaneity：CAS）
   ［略称＝ Clinical Assessment for Attention and Spontaneity：CATS］ ……… 133
2. 行動性無視検査（Behavioural Inattention Test：BIT） ……… 135

第9章　視空間認知機能検査 ……… 143
1. フロスティッグ視知覚発達検査
   （Frostig Developmental Test of Visual Perception：DTVP） ……… 143
2. 時計描画検査（Clock Drawing Test：CDT） ……… 144
3. コース立方体組み合わせ検査（Kohs Block Design Test） ……… 146
4. レーヴン色彩マトリックス検査（Raven's Coloured Progressive Matrices：RCPM） ……… 147
5. 標準高次視知覚検査（Visual Perception Test for Agnosia：VPTA） ……… 149
6. ベンダー・ゲシュタルト・テスト（Bender Gestalt Test：BGT） ……… 151
7. ノイズパレイドリア・テスト（Noise Pareidolia Test） ……… 157

第10章　遂行機能検査 ……… 163
1. 線引きテスト（Trail Making Test：TMT） ……… 163
2. 実行時計描画課題（Executive Clock Drawing Task：CLOX） ……… 165
3. 実行検査（Executive Interview：EXIT25） ……… 165
4. 遂行機能障害症候群の行動評価
   （Behavioural Assessment of the Dysexecutive Syndrome：BADS） ……… 167
5. 標準高次動作性検査（Standard Performance Test of Apraxia：SPTA） ……… 169
6. やる気スコア（Apathy Evaluation Scale：AES） ……… 170
7. 神経精神目録（Neuropsychiatric Inventory：NPI） ……… 173

第11章　前頭葉機能検査 … 179

1. 語流暢性テスト（Verbal Fluency Test：VFT） … 179
2. 前頭葉アセスメント・バッテリー（Frontal Assessment Battery：FAB） … 180
3. ウィスコンシンカード分類検査（Wisconsin Card Sorting Test：WCST） … 185
4. ストループ・テスト（Stroop Test） … 188
5. 修正作話質問紙（Modified Confabulation Questionnaire） … 189

第12章　意思決定機能検査 … 195

1. マックアーサー式治療用同意能力アセスメント・ツール
   （MacArthur Competence Assessment Tool-Treatment：MacCAT-T） … 195
2. アイオワ・ギャンブリング課題（Iowa Gambling Task：IGT） … 198

第13章　失語症検査 … 203

1. WAB失語症検査（Western Aphasia Battery：WAB） … 203
2. 標準失語症検査（Standard Language Test of Aphasia：SLTA） … 208
3. 標準抽象語理解力検査
   （Standardized Comprehension Test of Abstract Words：SCTAW） … 212
4. 小学生の読み書きスクリーニング検査
   （Screening Test of Reading and Writing for Japanese Primary School Children：STRAW）・
   改訂版 標準 読み書きスクリーニング検査（Standardized Test for Assessing the Reading and
   Writing (Spelling) Attainment of Japanese Children and Adolescents：
   Accuracy and Fluency：STRAW-R） … 213
5. 小学生の読み書きの理解
   （Understanding Reading and Writing Skills of Schoolchildren：URAWSS）・小中学生の読み書
   きの理解（Understanding Reading and Writing Skills of Schoolchildren Ⅱ：URAWSS Ⅱ）・中
   学生の英単語の読み書きの理解（Understanding Reading and Writing Skills of Schoolchildren-
   English Vocabulary：URAWSS English Vocabulary） … 215

第14章　感覚機能検査 … 219

1. 嗅覚同定検査（smell identification test） … 219
2. 感覚プロファイル（Sensory Profile：SP），
   短縮版感覚プロファイル（Short Sensory Profile：SSP），
   乳幼児感覚プロファイル（Infant/Toddler Sensory Profile：ITSP），
   青年・成人感覚プロファイル（Adolescent/Adult Sensory Profile：AASP） … 222

第15章　意識障害検査 … 225

1. グラスゴー・コーマ・スケール（Glasgow Coma Scale：GCS），
   ジャパン・コーマ・スケール（Japan Coma Scale：JCS） … 225
2. せん妄評価尺度
   （Delirium Rating Scale：DRS，Delirium Rating Scale-Revised-98：DRS-R-98） … 227

第16章　定性的アセスメント … 233

1. ハノイの塔（Tower of Hanoi）による定性的アセスメント … 233
2. 脳梁離断症状の定性的アセスメント … 233
3. 発達障害の定性的アセスメント … 235

第17章　神経心理学的検査報告書の書き方 ··· 247
　　1. 発達障害児の報告書例
　　　（診断補助および母親へのカウンセリング導入の可否判断目的の医師向け）（小海・若宮, 2010） ··· 247
　　2. 再検査の報告書例（医師・本人向け） ·· 251
　　3. 再検査の報告書例（医師・本人向け） ·· 252
　　4. 診断補助のための報告書例（医師向け）（80〜82頁の症例1参照） ················ 253
　　5. 診断補助のための報告書例（本人向け）（80〜82頁の症例1参照） ················ 254
　　6. 医療領域における心理検査に関連する法律について（小海, 2017） ················ 256
　　7. 心理検査報告書のあり方について（小海, 2017） ································ 256
　　8. 心理アセスメントに関する医療領域における倫理問題について（小海, 2017） ········ 257

おわりに ··· 259

索　　引 ··· 260

神経心理学的
アセスメント・
ハンドブック
[第2版]

第1章
神経心理学的アセスメント概論

1. 神経心理学的アセスメントの目的

　神経心理学的アセスメントの目的としては，①高次脳機能障害のスクリーニング，②障害プロフィールの把握，③法的手続きにおける能力判定の補助的資料，④より適切なケアを行うための一助があり（小海，2006；小海・若宮，2010），それぞれ次のような点について念頭においておくべきであろう。

a. 高次脳機能障害のスクリーニング
　全般的知的機能や各種の認知機能の未発達や低下が，知的障害，学習障害，注意欠陥／多動性障害，広汎性発達障害などの発達障害によるものであるか否かをスクリーニングするために心理アセスメントを行う。また，同様の全般的知的機能や各種の認知機能の未発達や低下が，統合失調症などの精神疾患や，パーソナリティ障害などによるものであるか否かをスクリーニングするために心理アセスメントを行う。さらに，加齢とともに多くの人は高齢期に入ると，もの忘れが増えたり複数の作業を同時に行うことなどが苦手となる。このような，「加齢による正常な記憶力や遂行機能の弱体化」と「病的な記憶力や遂行機能の障害」などを区別したり，認知症性疾患によるものであるか否かをスクリーニングするために心理アセスメントを行う。

b. 障害プロフィールの把握
　高次脳機能障害が明らかとなっても人のもつ精神機能は多岐にわたるので単に認知機能の重症度だけを心理アセスメントにより調べるだけでは，あまり意味がないといえる。さらに詳細な知的機能や情緒的機能など障害されている精神機能と，そうでない部分を正確に知るために心理アセスメントを行う。

c. 法的手続きにおける能力判定の補助的資料
　わが国では知的障害児（者）に対して，一貫した指導・相談を行い，各種の援助措置を受けやすくする目的としての療育手帳がある。その障害程度の確認判定のために心理アセスメントを行う。なお，知的障害者福祉法に療育手帳の記載はなく，1973年の厚生省による「療育手帳制度について」の通知に基づいた各都道府県による制度となっている。また，2004年に成立した発達障害者支援法に関連する能力判定の補助的資料のために心理アセスメントを行う。
　また，精神障害者の自立と社会参加の促進を図ることを目的とし，1995年の精神保健及び

精神障害者福祉に関する法律（精神保健福祉法）の改正で精神障害者保健福祉手帳が規定された。その障害程度の確認判定のために心理アセスメントを行う。なお，発達障害者に対しても精神障害者保健福祉手帳が交付される場合があるので，その際の障害程度の確認判定のためにも心理アセスメントを行う。

さらに，わが国では近年の認知症高齢者の急増や精神障害者の自己決定権尊重（ノーマライゼーション）の必要性から，それまでの後見制度の硬直性が指摘され，2000年に成年後見制度として法改正がなされた。これにより従来の禁治産，準禁治産の宣告がなくなり，後見，保佐，補助の3類型と新たに任意後見選任が設けられた。認知症高齢者に対しては主に在宅生活維持のための財産管理保護や，独居の認知症高齢者を狙った勧誘や業者からの保護，そして財産相続の公平性の確保などのために制度の有効活用がなされてきており，判断能力を判定するために心理アセスメントを行う。

d. より適切なケアを行うための一助

個々人の高次脳機能障害の障害プロフィールを心理アセスメントにより正確に把握した上で適切なケアを実施し，さらに大切なことは定期的もしくは適宜，再検査を行うことによりケアの効果を判定したり，場合によってはケア計画を変更するフィードバックを行うために心理アセスメントを行う。

2. 神経心理学的アセスメントの方法

神経心理学的アセスメントの方法は，臨床心理学的アセスメントの方法と同様に（小海，1991），①生活史および病歴，②行動観察，③面接，④神経心理・臨床心理テスト，⑤医学的テストなどの情報により総合的に判断することが大切である（小海，2013）。

生活史や病歴に関しては，例えば，発達障害の場合は周産期の経過，出生時のAPGAR score（外観：appearance，脈拍：pulse，顔の歪み：grimace，活動度：activity，呼吸：respiration），身体発達状況，予防接種の受診状況など母子手帳の記録が重要な情報になる場合もあるし，知覚過敏，こだわり行動，チックなどのエピソード，家族関係や友人関係における社会性やコミュニケーションの発達状況などの情報の聴取も重要となる。精神疾患などでは，生活史や病歴の聴取とともに，家族のサポート状況の聴取が再発予防の点からも重要となる。高齢者の場合，アルツハイマー病の認知症症状は年単位での緩徐な進行がみられるのに対し，脳血管性認知症は階段状の進行がみられる。また，せん妄や正常圧水頭症，硬膜下血腫における認知症の症状は急性に生じることが多く，せん妄は特に夜間における症状の悪化が著しく日内変動が大きいのが特徴である。さらに，硬膜下血腫は，数カ月前の頭部打撲が原因の場合もあるし，前頭側頭型認知症は人格変化を認めたり，レビー小体型認知症は幻視体験を認めたりすることが多いのが特徴である。そこで，このような生活史や病歴を聴取しておくことが大切となろう。

行動観察に関しては，例えば，発達障害の場合はアイコンタクト，座位姿勢保持，持続性注意力や注意の転導性などの観察が重要となる。精神疾患などでは，アイコンタクト，プレコッ

クス感（Praecox-Gefühl：ドイツ語），抑うつ感，不安感，焦燥感，持続性注意力や注意の転導性などの観察が重要となる。高齢者の場合，アルツハイマー病では取り繕い反応がみられたり，パーキンソン病では振戦，筋強剛，動作緩慢，姿勢反射障害がみられたり，レビー小体型認知症でもパーキンソン病のような運動障害がみられたり，脳血管性認知症では心理検査場面で破局反応を示したり，前頭側頭型認知症ではふざけ症や考え無精がみられたりすることが多いのが特徴である。そこで，このような非言語的な行動の特徴をよく観察しておくことが大切となろう。

　面接に関しては，例えば，発達障害の場合は言語的なコミュニケーションの発達状況，情動表現の自由さなどの情報が重要となる。精神疾患などでは，病識，言語的なコミュニケーションにおける特徴，情動表現の特徴などの情報が重要となる。高齢者の場合は，特に言語的なコミュニケーションにより，認知症症状に対する理解の程度や，生活上の問題点を把握することが大切となる。また，特に軽度認知障害の状態ではうつ病の合併もよくみられるので，不安感や抑うつ感の把握も大切となろう。

　神経心理・臨床心理テストに関しては，まず全般的な認知機能や中核になると考えられる高次脳機能障害の把握が大切となる。また，その他の認知機能や人格面の評価が大切となる場合もあり，被験者の負担をできるだけ少なくするとともに，より有用なデータを聴取するための適切なテストバッテリーを組むことが大切となる。

　医学的テストに関しては，発達障害の場合は脳画像診断的には問題がないことが多いが，例えば知的障害の場合，小児期に療育手帳の発行および療育を受けてきた者が，壮年期になり身体疾患などで初めて入院した病院で，偶然，脳梁の部分欠損が見つかり，脳の低形成による影響を考える必要性が示唆された臨床経験もあるので，知的障害の判断においても留意を要する場合があろう（小海ら,2004）。また，注意欠陥／多動性障害や広汎性発達障害の場合は脳機能診断的な問題が指摘されてきているが，脳の単光子放射コンピュータ断層撮像（single photon emission computed tomography：SPECT）や陽電子放射断層撮像（positron emission tomography：PET）などの脳機能画像診断を子どもに適用するには，検査時間が長く安静保持の困難さや放射線の侵襲性の問題などもあり，適用しない場合がほとんどである。精神疾患などの場合は，例えばてんかんでは脳波所見が重要となるし，統合失調症では抗精神病薬の副作用として口渇感を生じやすく過剰の水分摂取による水中毒としての低ナトリウム血症を起こすこともあり，血液検査が重要となる。高齢者の場合は，甲状腺機能低下やビタミン欠乏症などは血液検査により判断ができ，脳腫瘍や硬膜下血腫は脳のコンピュータ断層撮像（computed tomography：CT）や磁気共鳴画像（magnetic resonance imaging：MRI）などの脳画像により判断ができるので重要な情報源となる。また，近年は，SPECTやPETなどの脳機能画像診断技術の進歩による知見が集積されつつあるので，それらの知見を把握しておくことが大切となろう。

3．神経心理学的検査を実施する上での一般的留意点

　神経心理学的アセスメントを行う上での一般的留意点としては，①事前にカルテ，脳画像や

医師から必要な情報を得ておく，②ラポールを形成する（同時に意識状態や意欲の程度，記憶障害，失語，失読，失書，失行などの有無や重症度について打診する），③適切なテストバッテリーを構成する，④検査目的や，検査の構成・特性について説明する，⑤感覚機能の低下に対して配慮する（高齢者の場合は，あらかじめいくつかの度数の老眼鏡を検査室に準備しておく），⑥無理のない励ましをする，⑦注意の払われ方に留意する，⑧個人にあった教示方法で実施することが大切となる（小海，2012，2013）。特に，各種の神経心理学的検査を実施する際には，各下位検査が何を測定するのかをよく理解した上で，検査を受ける各個人にあった教示方法で実施することが最も大切であろう。

文　献

American Psychiatric Association（2013）Diagnostic and Statistical Manual of Mental Disorders, Fifth Edition. Arlington, VA, American Psychiatric Association.（日本精神神経学会（日本語版用語監修），髙橋三郎，大野裕（監訳），染矢俊幸，神庭重信，尾崎紀夫他（訳）（2014）DSM-5 精神疾患の診断・統計マニュアル．医学書院．）

小海宏之（1991）ある強盗未遂等事件の被告人の心理検査．臨床精神医学，20, 629-640.

小海宏之（2006）高齢期の心理的アセスメント：適切なケアを行うために．曽我昌祺，日下菜穂子（編）高齢者のこころのケア．金剛出版．pp35-47.

小海宏之（2012）発達障害児の心理アセスメント：脳機能との関連について．花園大学心理カウンセリングセンター（監修）．花園大学発達障害セミナー4：発達障害支援の可能性：こころとこころの結び目．創元社．pp123-135.

小海宏之（2013）認知症ケアのための心理アセスメント．花園大学心理カウンセリングセンター研究紀要，7, 17-31.

小海宏之，清水隆雄，石井博他（2004）脳梁欠損症の欠損程度とWAIS-Rとの関連．第28回日本神経心理学会総会予稿集，73.

小海宏之，若宮英司（2010）高機能広汎性発達障害児の神経心理・臨床心理学的アセスメント：特定不能の広汎性発達障害．花園大学心理カウンセリングセンター研究紀要，4, 5-16.

注：American Psychiatric Association（2013）により，Diagnostic and Statistical Manual of Mental Disorders, Fifth Edition（DSM-5）が作成され，日本語版も2014年に発行され，例えばこれまでの広汎性発達障害（PDD）が自閉スペクトラム症／自閉症スペクトラム障害（autism spectrum disorder）の概念に変更されたり，dementia の用語がなくなり神経認知障害（neurocognitive disorders）のなかで major neurocognitive disorder を認知症（DSM-5）と mild neurocognitive disorder を軽度認知障害（DSM-5）に大別することに変更されたり，様々な変更が加えられている。しかし，本書では，これまでの各種の診断概念で記述することにする。

第2章
脳科学概論

1. 脳画像や脳機能画像の基礎知識

　神経心理学的アセスメントを行う際の重要な情報源の1つとして医学的テストがあり，そのうち脳画像や脳機能画像があれば起こり得る高次脳機能障害を予測しやすくなるため，医師以外の公認心理師・臨床心理士，作業療法士，言語聴覚士，看護師など専門職のコメディカルスタッフにとっても画像所見を読影する心がけは大切となろう。

　そこで，まずコンピュータ断層撮像（CT）とは，大高（2010）によると，①人体を透過したX線量を測定し，各部位の吸収率の差の分布をコンピュータ処理して表示する，②画像の最小単位を画素（ピクセル）と呼ぶ。各画素におけるX線吸収係数を空気-1,000，水0，骨+1,000として表示する，③目的組織によりCT値の範囲（ウインドウ値）とその中心値（ウインドウレベル）を設定する，④Partial volume effect：同一画素内に吸収係数の異なる物質が含まれるとCT値は平均値として示され，辺縁の分解能が低下する，⑤単純CTと造影剤を用いる造影CT，ダイナミック造影CT，CTA（CT angiography），灌流画像などの特徴があるとされている。

　その他，後述する磁気共鳴画像（MRI）と比較すると，撮像時間が比較的に短時間であるため患者の負担が比較的に小さいことや，磁気を使用しないので心臓ペースメーカーなど金属が体内にある患者にも施行可能であることや（ただし，一部の心臓ペースメーカーについては誤作動もまれに起こるので注意を要する），騒音が少ないことなどが利点としてあろう。一方，放射線被曝があることや，脳底，下顎など骨に囲まれた部位でアーチファクトが出やすいことなどが欠点としてあろう。

　MRIとは，大高（2010）によると，①強力な磁場に置かれた生体内のスピンをもつ原子核に共鳴ラジオ波を照射し，原子核の生体内での位置や状態を画像化する，②信号は，^{1}H原子核から放出され，その中で臨床MRIでとらえられているのは水と脂肪の^{1}Hからであり，脂肪抑制画像では水のみからの信号にできる，③緩和とはラジオ波を切った後，プロトンが元の状態に戻ることで，縦緩和はプロトン磁化の静磁場方向への復帰，横緩和は位相の分散を表し，組織と病変の性質により信号強度に特徴が表れるとされている。

　また，MRIの利点として，①X線被曝がない，②コントラスト分解能が良い，③造影剤なしで血管が描出できる，④生化学的情報が得られる，⑤CT造影法に比べてMRI造影剤は副作用が少ないことなどがある。一方，注意点として，①CTと比べて空間分解能が低い，②撮像時間が長い，③CTと比べて撮像範囲が狭い，④種々の撮像法を組み合わせるため複雑，⑤

金属（強磁性体），心臓ペースメーカーは検査禁忌，⑥体動アーチファクトが入りやすいことなどがある（大高，2010）。

さらに，MRI 撮像法については，①T1 強調画像は主に縦緩和によってコントラストをつけた画像，②T2 強調画像は主に横緩和によってコントラストをつけた画像，③FLAIR（fluid attenuated inversion recovery）は最も T2 の長い脳脊髄液の信号を抑制した弱めの T2 強調画像で脳脊髄液に接する病変の検出に優れる，④拡散強調画像（diffusion weighted imaging：DWI）は水分子の拡散のしやすさが反映された画像で脳梗塞超急性期に有用，⑤MRA（magnetic resonance angiography）は TOF（time of flight）あるいは PC（phase contrast）を利用した血管内腔が高信号になる血管撮影法で血管病変とくに脳動脈瘤のスクリーニングに有用，⑥拡散テンソル（diffusion tensor imaging：DTI）は水分子の異方性拡散を解析し，皮質脊髄路などの線維束を描出する（fiber tractography），⑦fMRI（functional MRI）は BOLD（blood oxygenation level dependent）効果を利用して神経活動を血流変化の観点からとらえるなど様々な方法がある（大高，2010）。

SPECT（single photon emission computed tomography）とは，γ 線放出核種（^{123}IMP, ^{99m}Tc-HMPAO など）により，脳血流動態を測定する方法で，ぜいたく灌流（luxury perfusion），貧困灌流（misery perfusion），遠隔灌流（diaschisis）などの病態を評価できることが特徴である（大高，2010）。なお，ぜいたく灌流とは脳梗塞によって壊死部位があっても，その部分の脳血流は必要とされる酸素需要よりも多く流れる現象のことであり，貧困灌流とは梗塞巣への灌流動脈の近位部に閉塞や高度狭窄があるものの，普段は症状が出ない程度の脳血流が残っている状態のことであり，遠隔灌流とは直接損傷された部位だけでなく，その部位と線維連絡している部位にも血流低下を認め，その部位の機能障害が生じることである。PET は，陽電子を放出するラジオアイソトープを用いて，生体機能を画像化する方法で，脳，心筋の血流量や代謝，神経伝達などの測定に用いられる（大高，2010）。

そして，CT や MRI の画像読影のコツは，まず，①全体評価として，脳の低形成，脳腫瘍，硬膜下血腫などの有無を確認，②虚血性病変（脳梗塞の場合，MRI の T2 強調画像で高信号，T1 強調画像で低信号となる。特に大脳基底核，視床，脳幹，放線冠などにおける障害は高次脳機能に及ぼす影響が大きいので見落とさないこと），③萎縮の評価（4 葉，溝や脳室下角の開大，海馬など）を順に行うと見落としが少なくなるであろう。

肺がんが原発巣（もともとの臓器に生じたがん）で脳に転移した 71 歳の脳腫瘍女性患者（ガンマナイフ治療後）の Brain CT（axial：軸位断）は，図 2-1 に示す通りである。右中前頭回周辺，および左下前頭回から中前頭回および前頭葉腹内側部周辺領域に脳腫瘍が確認できる。また，同症例のガンマナイフ治療前の Brain MRI（axial：軸位断）の T1 強調画像および T2 強調画像は，図 2-2 に示す通りであり，T1 強調画像では脳腫瘍部が低信号および周囲の浮腫部が高信号となり，T2 強調画像は高信号となっている。さらに，同症例のガンマナイフ治療前の Brain MRI（T1 強調画像）の sagittal（矢状断）と coronal（冠状断）は，図 2-3 に示す通りである。一般の方や患者本人にとっては，矢状断で病巣を説明されると脳の立体形態のイメージをつかみやすであろうし，海馬傍回の萎縮は冠状断が観察しやすいであろう。また，脳室周囲高信号域（periventricular hyperintensity：PVH）の MRI（67 歳，女性。#2 型糖尿病）

図2-1 脳腫瘍患者(ガンマナイフ治療後)の Brain CT (axial:軸位断)

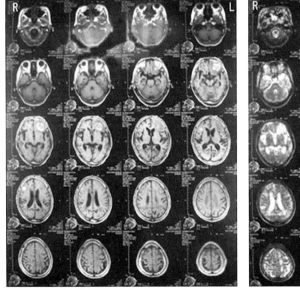
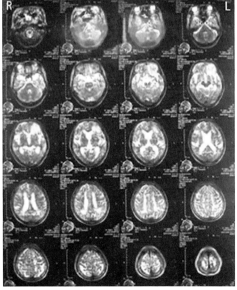

図2-2 脳腫瘍患者(ガンマナイフ治療前)の Brain MRI
(axial:軸位断,左図:T1強調画像,右図:T2強調画像)

は図2-4に示す通りであり，PVHは糖尿病患者などに多いが，高次脳機能に及ぼす影響は比較的に少ない。そして，慢性虚血性変化（leukoariosis）のMRI（75歳，男性。#Parkinson disease）は図2-5に示す通りであり，T2強調画像における斑状～融合状の高信号病変は，白質構造が粗な状態であることを意味する。

　また，右中大脳動脈ラクナ梗塞（動脈狭窄）のMRA（77歳，女性。軽度認知障害：Non-amnestic MCI single domain）は図2-6に示す通りで，右前大脳動脈（前交通部）ラクナ梗塞（動脈瘤）のMRA（69歳，男性。アルコール性肝硬変症）は，図2-7に示す通りであり，MRA画像では，このように血管病変や脳動脈瘤の検出に有用である。

　さらに，大脳半球や基底核などの障害の際に，脳血流SPECTで対側小脳の脳血流低下を認める現象をcrossed cerebellar diaschisis（CCD）と言い，CCDのSPECT（easy Z-score Imaging System：eZIS）（78歳，女性。vascular cognitive impairment：VCI）は，図2-8に示す通りであり，このようにSPECTは遠隔灌流などの検出にも有用である。

　また，脳動脈の循環障害による虚血性病変を分水嶺梗塞（watershed infarction：WI）と言い，WIの好発部位は図2-9に示す通りであり，領域A）前大脳動脈と中大脳動脈の両皮質枝の境界域，領域B）中大脳動脈と後大脳動脈の両皮質枝の境界域，領域C）線条体動脈と前大脳動脈（Heubner）の境界域，すなわち尾状核頭部の梗塞，領域D）前大脳動脈と中大脳動脈の境界域にみられやすく（富田・渡辺，1985），脳画像を読影する際の参考となろう。さらに，伊藤ら（2012）による脳梗塞の梗塞部位別のシェーマは，図2-10に示す通りであり，これらも脳画像を読影する際の参考となろう。

　なお，画像の読影のために，MoellerとReif（2007）や土屋と大久保（2004）などによる画像解剖の著書が参考となるが，Brain CTやMRIには，一般に眼窩中心（外眼角）と外耳孔を結ぶ眼窩耳孔線（orbitomeatal base line：OM line）と眼窩下縁と外耳孔上縁とを結ぶ眼窩下縁耳孔線（Reid's base line：RB line, infraorbitomeatal line：IOM line, ドイツ水平線）を基準にとることが多く，どちらの基準線による画像かにより，当然，相対的な位置関係にズレが生じるので，参考著書と自分が読影するBrain CTやMRIがいずれの基準線によるのかを確認した上で読影することも大切となろう。また，山田（2012）により，アルツハイマー病（Alzheimer's disease：AD）における脳画像の最も大きな特徴は側頭葉内側面の萎縮であり，初期は左右いずれかの海馬の萎縮がみられ，進行例では両側の海馬の萎縮がみられ，随伴して下角開大が冠状断画像でしばしば観察され（図2-11参照），外方へ向かってえぐれたような形状を呈することが多く，レビー小体型認知症（dementia with Lewy bodies：DLB）では画像上あまり特徴的な萎縮がないのが特徴であり，脳血管性認知症（vascular dementia：VaD）では明確な卒中のエピソードがない症例においては微小梗塞がいくつか見つかる程度では通常はこの診断は下されず，広範囲の白質病変がある場合や大きな区域性梗塞が存在する場合に疑われ，さらに，strategic locationと呼ばれる記銘力に関わる領域に梗塞が生じた場合は，たとえ病変が小さくても認知機能障害を合併することがあるため診断にあたっての解剖学的知識が重要となり，正常圧水頭症（normal pressure hydrocephalus：NPH）では治療対象とはならない終末期の3主徴は認知機能障害，歩行障害，尿失禁であるが，治療可能な早期の画像の特徴は，脳全体に中等度以上の萎縮が存在し，さらに特徴的なサインとして局所的に拡張した脳

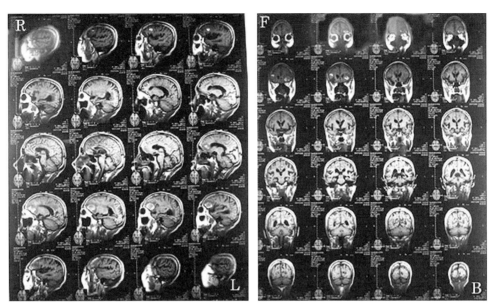

図 2-3　脳腫瘍患者（ガンマナイフ治療前）の Brain MRI
（T1 強調画像，左図：sagittal（矢状断），右図：coronal（冠状断））

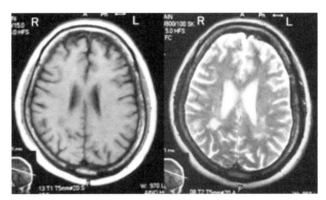

図 2-4　脳室周囲高信号域（periventricular hyperintensity：PVH）の MRI
（左図：T1 強調画像，右図：T2 強調画像）

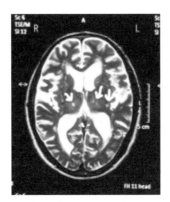

図 2-5　慢性虚血性変化（leukoariosis）の MRI（T2 強調画像）

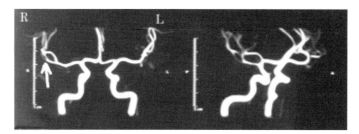

図 2-6 右中大脳動脈ラクナ梗塞（動脈狭窄）の MRA

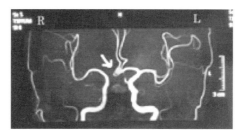

図 2-7 右前大脳動脈（前交通部）ラクナ梗塞（動脈瘤）の MRA

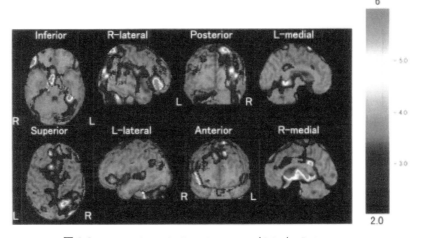

図 2-8 crossed cerebellar diaschisis（CCD）の SPECT
（easy Z-score Imaging System：eZIS）

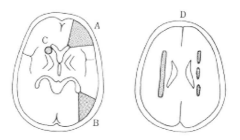

図 2-9 watershed infarction の好発部位（出典：富田・渡辺，1985）

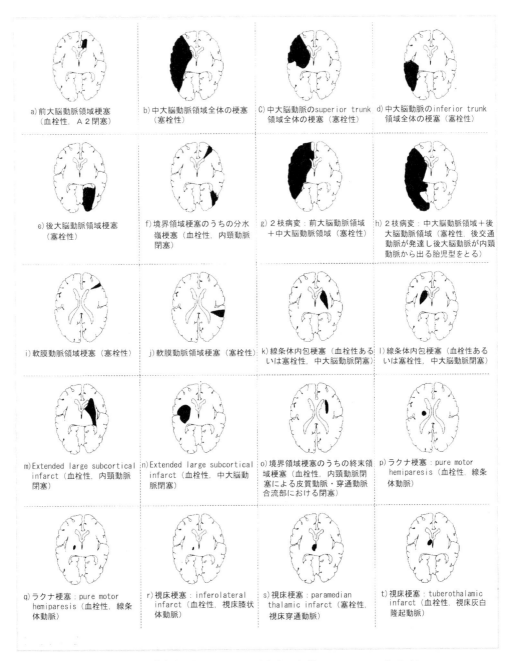

図2-10 梗塞部位別のシェーマ（出典：伊藤ら，2012．一部改変）

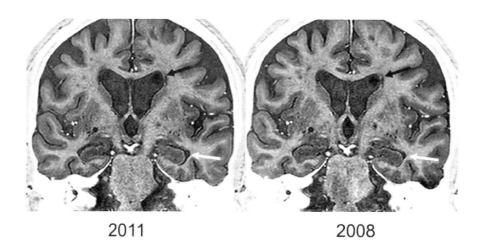

図2-11　アルツハイマー病患者（75歳，男性）のBrain MRI（出典：山田，2012．一部改変）
白矢印に示した下角（inferior horn）の開大が3年の経過で憎悪していることがわかる。海馬の大きさ自体は正常範囲内であり，かつ有意ととれる変化は指摘できない。同様に側脳室の体部を観察すると2008年時と比して2011年時は著明に拡大が進行していることがわかる（黒矢印）。

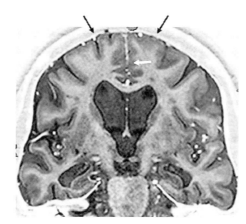

図2-12　正常圧水頭症患者（女性）のBrain MRI（出典：山田，2012．一部改変）
本例において着目すべき部位としては高位円蓋部における脳溝が挙がっている（黒矢印）。この領域における脳脊髄液腔（cerebrospinal fluid space：CSF space）が狭小化しており，水頭症の可能性を考慮させる所見である。大脳縦裂におけるCSF spaceの狭小化も観察可能である（白矢印）。下角は開大しているが，海馬の大きさは比較的保持されている。

脊髄液腔が高位円蓋部に出現する脳脊髄液（cerebrospinal fluid：CSF）ポケットと呼ばれる所見がみられたり（図2-12参照），脳梁角（callosal angle）が90度以下である場合，NPHの可能性が高いというような神経変性疾患のMR画像診断に関する文献なども公開されているので参考となろう。さらに，梶本と三輪（2012）により，パーキンソン病との鑑別で重要となる多系統萎縮症パーキンソン型（multiple system atrophy, parkinsonian type：MSA-P）では，T2強調画像で被殻の萎縮を認め，被殻背外側に低信号が認められることが多く，これは被殻への鉄分の沈着のためと考えられており，さらに被殻の最外側に線状の高信号が認められることが多く（図2-13），病理学的には細胞脱落，グリアの増生，水分含量の増加を反映した所見

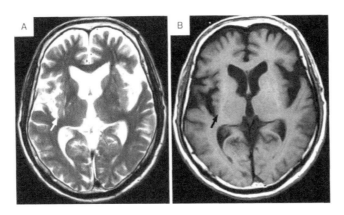

図 2-13　多系統萎縮症パーキンソン型（MSA-P）の Brain MRI（出典：梶本・三輪，2012．一部改変）
A：T2 強調画像，B：T1 強調画像。被殻背外側に T2 高信号，T1 低信号が認められる。

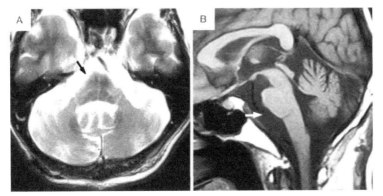

図 2-14　多系統萎縮症小脳型（MSA-C）の Brain MRI
（出典：梶本・三輪，2012．一部改変）

A：T2 強調画像水平断，B：T1 強調画像矢状断。橋（水平断）で十字サインがみられ，橋および小脳の萎縮が認められる。

と考えられており，また，多系統萎縮症小脳型（MSA, cerebellar-type：MSA-C）では，橋底部，小脳の萎縮がみられ，橋中部の T2 強調画像では十字状の高信号が認められ（図 2-14），これは，中小脳脚からの橋横走線維の選択的萎縮，グリオーシスを反映する所見とされており，さらに，進行性核上性麻痺（progressive supranuclear palsy：PSP）では，中脳被蓋の萎縮がみられ，進行期には脳室の拡大とともに，前頭葉，頭頂葉の萎縮を認めることが多く，MRI 矢状断では萎縮した中脳被蓋の乳頭体にのびる部位が鳥のくちばし状にみえるため，古くからハミングバードサイン（humming bird sign；図 2-15）と提唱されているなどが報告されており MRI を読影する際に参考となろう。さらに，i アプリとして Matsuda が開発した「断面図ウォーカー脳 MRI Version 1.4」（図 2-16 参照）は，有料ではあるが脳の MRI 軸位断（T1 強調画像，T2 強調画像）による部位の確認に利用でき，Cold Spring Harbor Laboratory が開発した「3D Brain Version 1.3.2」（図 2-17 参照）は，日本語版も提供されるようになり，無料で脳の解剖構造を立体および平面で学習でき，これらは MRI などを読影する際にも有用なツールとなろう。

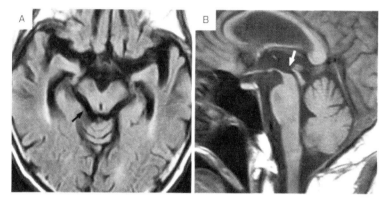

図 2-15　進行性核上性麻痺（PSP）の Brain MRI（出典：梶本・三輪，2012．一部改変）
A：FLAIR 画像水平断，B：T1 強調画像矢状断。中脳被蓋部の萎縮がみられ，矢状断ではハミングバードサインが認められる。

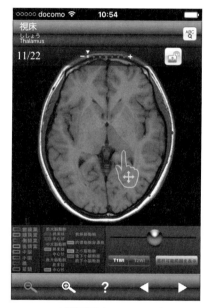

図 2-16　Matsuda の断面図ウォーカー脳 MRI Version 1.4

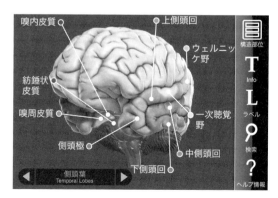

図 2-17　Cold Spring Harbor Laboratory の 3D Brain Version 1.3.2

2. 発達障害に関連する近年の脳機能研究

　発達障害に関連する近年の脳機能研究は，めざましく発展を遂げてきており，そのうちのいくつかをここで取り上げてみる。

　まず，「こころの理論」(Baron-Cohen et al., 1985) に関する自閉性障害の研究では，自閉症者では「心の理論」課題を遂行中に前頭葉の機能障害が認められるが，上側頭回が代償している可能性があり（Baron-Cohen et al.,1999），健常者では「心の理論」課題を遂行中にPETで左半球前頭葉内側面（Brodmann 8 野と 9 野）が賦活される（Fletcher et al., 1995）。一方，アスペルガー症候群（Asperger syndrome：AS）者では健常者と異なる部位である，前頭葉腹側部（Brodmann 9 野と 10 野）が賦活されるなどが報告されている（Happé et al.,1996）。したがって，ASを含む高機能広汎性発達障害（high-functioning pervasive developmental disorders：HFPDD）児では，「こころの理論」課題を全く受け付けないのではなく，健常児とは少し異なる処理をしている可能性が考えられている。

　また，自閉症者に多く認められるオキシトシン受容体遺伝子多型と共感性およびストレス耐性との関係として，オキシトシン受容体遺伝子多型 rs2254298A を多くもつヒトは，そうでないタイプの遺伝子をもつヒトと比較して，共感の的確性や共感傾性が低く，恐怖予感時の心拍数やストレス反応傾性が高いことが報告されている（Rodrigues et al., 2009）。さらに，自閉症者では，健常者と比較して，下前頭回弁蓋部の体積減少がみられ，これが他者への協調や共感に関わる対人コミュニケーションの障害に関与し，さらにオキシトシン受容体遺伝子多型 rs2254298A を多くもつヒトは，そうでないヒトに比べて，他者の表情の理解や共感に関与する扁桃体が大きく，近年注目されるオキシトシンによる治療の可能性を支持すると報告されている（Yamasaki et al., 2010；Inoue et al., 2010）。

　ASの脳画像研究としては，ASの一卵性双生児のどちらも左上側頭溝，左紡錘状回，右前頭前野の体積が有意に小さく，うつ病を合併していた双生児のみ右扁桃体の体積が有意に小さかったと報告されている（Yamasue et al., 2005）。また，成人ASでは，語流暢性課題成績は健常群と変わらないのに，近赤外線光トポグラフィー（near-infrared spectroscopy：NIRS）で前頭前野の活性化が認められないと報告されている（Kuwabara et al., 2006）。

　AD/HDの脳機能研究としては，SPECTによる研究では，前頭葉における血流の低下が指摘されており，また中枢神経刺激剤の投与によって改善することが報告されている（Amen & Carmichael, 1997）。また，ドーパミンを指標として行ったPETによる研究では，前頭前野および線条体（尾状核，被殻）における代謝量が低下しており，特に男性で顕著であるとされている（Ernst et al., 1998）。また，fMRIによる研究では，前部帯状回において，正常群に比べてAD/HD群では活性化が低いと報告されており（Durston et al., 2003），AD/HDでは，ドーパミントランスポーターが過剰な伝達障害により，多動や集中障害が生じるとの仮説が定説になりつつある。そこで，メチルフェニデートの作用機序は，ドーパミンに対するリガンドとして作用して，過剰なドーパミントランスポーターを制限するので，効果が現れると考えられている。

3．脳機能の基礎知識

　脳機能を考える上では，これまでにわかっている成人の脳機能および高次脳機能障害を理解しておくことが大切である。

　大脳辺縁系と大脳皮質連合野と皮質下組織の関連としてまとめられたものが図 2-18 であり（川村，2007），参考となろう。また，リハビリテーションの領域における，これまでの脳機能に関する知見を高次脳機能障害の見取図としてまとめられたものに（里宇，2010），筆者が各症候群における主徴を加筆したものが図 2-19 である。ここに示されている高次脳機能障害（巣症状）と脳領域との関連は，脳機能の基礎知識として重要である。

　さらに，記憶と関連する脳構造とその連絡路として，Papez の回路（内側辺縁系回路：海馬－脳弓－乳頭体－視床前核群－帯状回－海馬）と Yakovlev の回路（外側辺縁系回路：扁桃体－視床背内側核－前頭葉眼窩皮質－鉤状束－側頭葉前部皮質－扁桃体）について（図 2-20；川村，2000），長期記憶のモデルとして，意味記憶およびエピソード記憶と側頭葉内側部および間脳，手続き記憶と線条体，プライミングと新皮質，古典的条件付けと情動反応－扁桃体，筋骨格系と小脳，非連合学習と反射系について（図 2-21；Squire & Zola, 1996），前頭葉－皮質下回路と臨床的行動変化として，背外側前頭前野皮質－尾状核（背外側）－淡蒼球（外側背内側）－視床（前腹側と内側）と遂行機能障害，外側眼窩皮質－尾状核（腹内側）－淡蒼球（背内側）－視床（前腹側と内側）と脱抑制，前部帯状回皮質－側座核－淡蒼球（吻側外側）－視床（内側）とアパシーについて（図 2-22；Cummings, 1993）などの知見も参考となるであろう。

　そして，近年，めざましく発展をとげた脳画像，脳機能画像研究の知見と，これまで筆者が出合った症例を俯瞰して，大脳外側面および大脳内側面における重要な脳機能局在としてまとめたものが図 2-23 および図 2-24 である。また，脳機能の局在を考える上で大切な Brodmann（1909）の脳地図は図 2-25 および図 2-26 に示す通りである。

　まず，図 2-23 より，右手利きであるヒトの大脳に関しては，右脳が非優位半球，左脳が優位半球であると考えられ，また，右脳は空間や情操，左脳は言語や論理に関する認知機能に深く関与している。

　大脳の 4 葉については，前頭葉の背外側面周辺領域は，計画性，遂行機能，行動抑制，頭頂葉は空間認知，側頭葉は文脈理解，後頭葉は視覚に関する認知機能に深く関与している。なお，レビー小体型認知症者は，しばしば右頭頂葉におけるレビー小体の沈着により，視空間認知における全体の枠組み理解の困難さ，アルツハイマー病者は左楔前部および頭頂葉周辺領域の機能低下による視空間認知における中身の理解の困難さが生じやすい。

　前頭葉の右前頭前野は空間的ワーキングメモリー，左前頭前野は論理的ワーキングメモリーに関する認知機能に深く関与している。特に右前頭前野は，米国などの銃社会では，拳銃による自殺未遂の際，ためらいによりこの部位を損傷することが多く，そのような症例における人格変容がその後，問題となりやすい。4 野（運動野）は対側の随意運動，6 野（補足運動野）は共同運動に関する認知機能に深く関与しており，中大脳動脈の脳梗塞により，この領域は損傷を受けやすく，対側の運動機能の上下肢麻痺がよくみられる。8 野は注視運動，44 野は運動

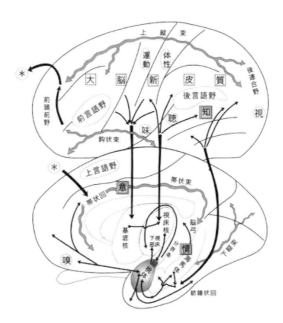

図2-18 大脳辺縁系と大脳皮質連合野と皮質下組織の関連（左：前方，上：外側面，下：内側面）
（出典：川村光毅（2007）扁桃体の構成と機能．臨床精神医学，36, 817-828．）

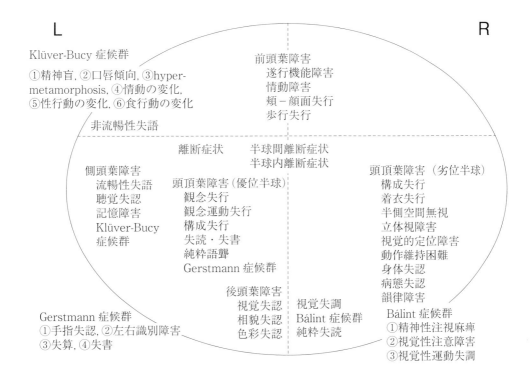

図2-19 高次脳機能障害の見取図
（出典：里宇明元（2010）高次脳機能の評価．木村彰男（編）リハビリテーションレジデントマニュアル第3版．医学書院．pp.47-53. 一部改変．なお，小海により各症候群における主徴を加筆）

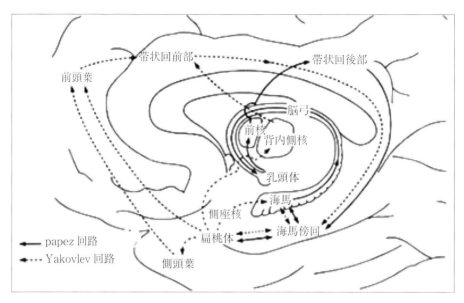

図 2-20　Papez 回路と Yakovlev 回路
（出典：川村光毅：脳の形態と機能―精神医学に関連して，精神医学テキスト
（上島国利，立山萬里編），改訂第 2 版，p.20, 2005. 南江堂より許諾を得て改変し転載。）

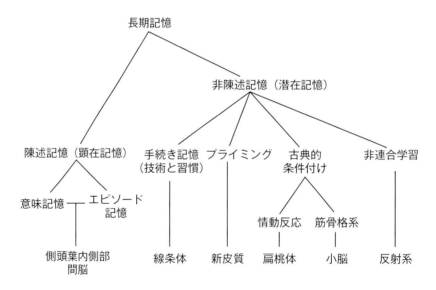

図 2-21　**長期記憶のモデル**（出典：Squire & Zola, 1996. 小海（訳））

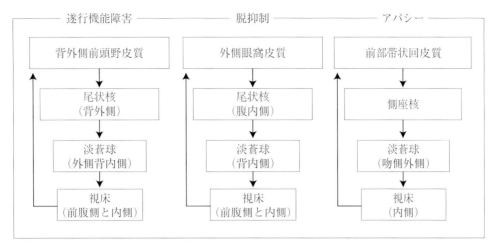

図 2-22　前頭葉－皮質下回路と臨床的行動変化（出典：Cummings, 1993. 小海（訳））

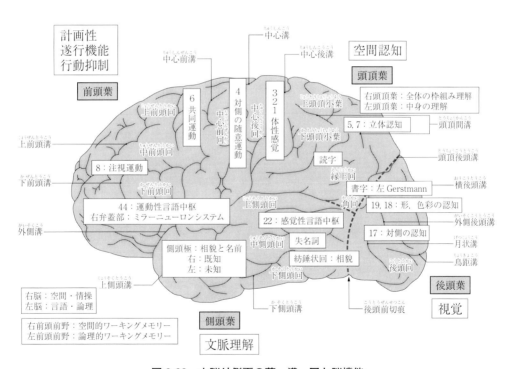

図 2-23　大脳外側面の葉，溝，回と脳機能
（出典：原一之（2005）人体スペシャル：脳の地図帳．講談社．重要な脳機能局在は小海により加筆。なお，脳機能局在における番号は，ブロードマンの脳地図における領野番号である）

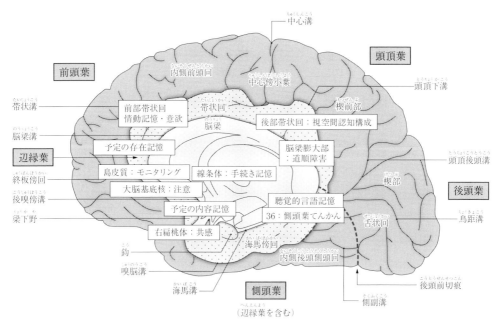

図 2-24 大脳内側面の葉, 溝, 回と脳機能
(出典:原一之 (2005) 人体スペシャル:脳の地図帳, 講談社. 重要な脳機能局在は小海により加筆。
なお, 脳機能局在における番号は, ブロードマンの脳地図における領野番号である)

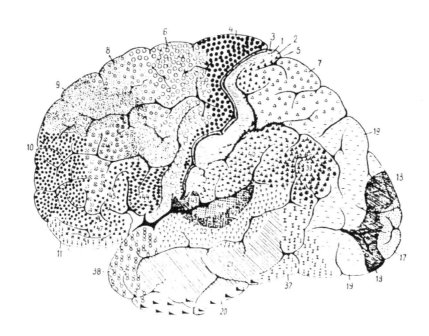

図 2-25 ブロードマンの脳地図:大脳外側面
(出典:Brodmann K: Vergleichende Lokalisationslehre der Großhirnrinde: in ihren Prinzipien dargestellt auf Grund des Zellenbaues, 1909 より)

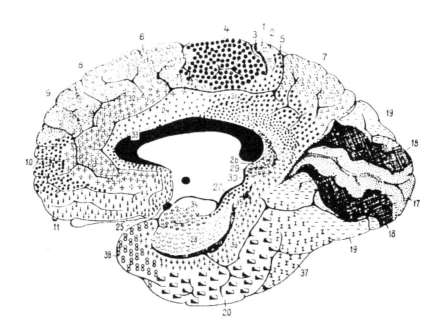

図 2-26　ブロードマンの脳地図：大脳内側面
（出典：Brodmann K: Vergleichende Lokalisationslehre der Großhirnrinde: in ihren Prinzipien dargestellt auf Grund des Zellenbaues, 1909 より）

性言語に関する認知機能に深く関与しており，44 野における損傷が有名なブローカ失語である。右弁蓋部はミラーニューロンシステムに関する認知機能に深く関与しており，近年は広汎性発達障害との関連が指摘されている。また，注意欠陥／多動性障害では前頭前野や眼窩面，さらに中脳，小脳との関連も指摘されている。

　頭頂葉の 5 野および 7 野は立体認知，縁上回は読字，角回は書字に関する認知機能に深く関与し，近年は発達障害における読字障害（dyslexia）や書字障害（dysgraphia）との関連が指摘されている。そもそも人類学的にはヒトの長い歴史のなかでは，文字を使用し，読み書きの機能が重要になったのは，2000 年にも満たないごく短い歴史である。そこで，元々，縁上回や角回の周辺領域も視空間認知に深く関与していた領域であったのが，文字を使用するようになり，ヒトはその機能のためにこの領域を活用するようになったと言われている。しかし，発達障害として読字障害や書字障害を示す者のなかには，優れた俳優や建築家などが多いという報告もあり，まさにこの周辺領域をイメージの統合および表現や視空間認知に活かしている可能性が考えられるであろう。また，右頭頂葉損傷により，しばしば左半側空間無視を生じるが，同部位の損傷による人格変容がその後，問題となることも多い。さらに，左頭頂葉損傷による，①手指失認，②左右識別障害，③失算，④失書の 4 主徴を認めるのがゲルストマン症候群である。

　後頭葉の 17 野は対側の視覚，18 野や 19 野は形や色彩の認知機能に深く関与しており，バリント症候群は，①精神性注視麻痺，②視覚性注意障害，③視覚性運動障害を 3 主徴とするが，アルツハイマー病者も重度になると全般的な大脳の萎縮が顕著となり，このような後頭葉機能障害もしばしば認めるようになる。また，紡錘状回は相貌の認知機能に深く関与している。

側頭葉の22野は感覚性言語に関する認知機能に深く関与しており，22野における損傷が有名なウェルニッケ失語である。側頭回は失名詞の障害との関連が深く，側頭極は相貌と名前のマッチングの認知機能に深く関与している。特に，右側頭極は既知の相貌（見知ったヒトの顔）と名前のマッチング，左側頭極は未知の相貌（初めて会うヒトの顔）と名前のマッチングに関連する。さらに，左側頭葉の損傷による，①精神盲，②口唇傾向，③変形過多（Hyper-Metamorphosis），④情動の変化，⑤性行動の変化，⑥食行動の変化の6主徴を認めるのがクリューバービューシー症候群である。

　内側面の前部帯状回は，情動記憶や意欲に関する認知機能に深く関与しており，高齢者の意欲の低下や近年の若者の引きこもりやニート，統合失調症者における意欲の低下などとの関連も考えられる。一方，後部帯状回は，視空間認知構成の認知機能に深く関与しており，初期のアルツハイマー病者において立方体透視図の模写における困難さと関連する。また，脳梁膨大部における機能低下は，道順障害との関連があり，側頭葉36野周辺領域は側頭葉てんかんとの関連がある。大脳辺縁系については，海馬傍回が記憶中枢と言われるように，聴覚的言語記憶の認知機能に深く関与している。扁桃体は情動中枢と言われるように，情動の認知機能に深く関与しており，特に右扁桃体は共感する能力との関連がある。ただし，情動機能といっても，大脳辺縁系は爬虫類でも持っている脳であり，いわゆる敵から襲われた時に，勝てると思えば戦い，負けると思えば逃げるというLeDoux（1996）の提唱する「低位経路（情動刺激が視床から直接扁桃体へ行く情報経路）」としての機能を担っている。近年，自閉症者は右扁桃体が大きいため敏感に外界からの刺激を恐怖体験と認知しやすく，オキシトシンの分泌の低下も指摘され（Inoue et al., 2010），点鼻薬による薬物療法も始まっている。また，前頭葉腹内側部は予定の存在記憶，側頭葉腹内側部は予定の内容記憶に関する認知機能に深く関与しており，島皮質はモニタリングの認知機能に深く関与している。ここで本来，神経心理学的には次の部位から述べるべきなのかもしれないが，脳幹がまず覚醒や意識に深く関与しており脳機能の根幹をなし，大脳基底核（線条体・視床下核・黒質）が注意機能に深く関与している。したがって，これらの機能が低下するとその上層にある高次脳機能は様々な障害を来す可能性がある。そして，特に線条体（尾状核・被殻・淡蒼球）は手続き記憶，視床下核は感覚入力，黒質は運動調整に関する認知機能に深く関与している。さらに，大脳基底核における脳梗塞は，脳血管性認知症との関連が深いと言われている。一方，加齢とともに，前頭葉白質領域における小梗塞を有する者が増加するが，同部位に多発性脳梗塞があっても認知機能に何ら影響を及ぼさない無症候性脳梗塞の場合も多いので，特に脳梗塞と脳血管性認知症との関連は神経心理学的アセスメントにより詳細に検討する必要がある。また，大脳基底核と注意欠陥／多動性障害との関連も深いと言える。

文　献

1. 脳画像や脳機能画像の基礎知識

Cold Spring Harbor Laboratory: 3D Brain Version 1.3.2（2017.12.4.引用）https://itunes.apple.com/jp/app/3d-brain/id331399332?mt=8

伊藤康幸，俵望，山本文夫他（2012）疾患別画像から症候を読む：脳梗塞．Journal of Clinical Rehabilitation, 21, 426-434.

梶本賀義，三輪英人（2012）パーキンソン病診断のための有用な検査：間違えやすい疾患との鑑別．Modern Psysician, 32, 173-178.

Matsuda Ryo: 断面図ウォーカー脳 MRI Version 1.4（2017.11.23. 引用）https://itunes.apple.com/jp/app/duan-mian-tuu-oka-naomri/id637125870?mt=8

Moeller TB, Reif E（2007）Pocket atlas of sectional anatomy: Computed Tomography and Magnetic Resonance Imaging, Volume 1: head and neck, third edition. Georg Thieme Verlag, Germany.（町田徹（監訳）（2008）CT/MRI 画像解剖ポケットアトラス 1：頭部／頸部第 3 版．メディカル・サイエンス・インターナショナル．）

大高洋平（2010）画像診断法．木村彰男（編），里宇明元，正門由久，長谷公隆（編集協力）：リハビリテーションレジデントマニュアル第 3 版．医学書院，pp.86-94.

富田崇敏，渡辺晴雄（1985）脳における境界域梗塞の成因．医学のあゆみ，133, 765-766.

土屋一洋，大久保敏之（2004）正常画像と並べてわかる頭部 MRI：ここが読影のポイント．羊土社．

山田惠（2012）神経変性疾患の MR 画像診断．京都府立医科大学雑誌，121, 641-648. http://www.f.kpu-m.ac.jp/k/jkpum/pdf/121/121-12/yamada12112.pdf（2014.9.1.引用）

2. 発達障害に関連する近年の脳機能研究

Amen DG, Carmichael BD（1997）High-resolution brain SPECT imaging in ADHD. Annals of Clinical Psychiatry, 9, 81-86.

Baron-Cohen S, Leslie AM, Frith U（1985）Does the autistic child have a "theory of mind"? Cognition, 21, 37-46.

Baron-Cohen S, Ring HA, Wheelwright S et al.（1999）Social intelligence in the normal and autistic brain: an fMRI study. The European Journal of Neuroscience, 11, 1891-1898.

Durston S, Tottenham NT, Thomas KM et al.（2003）Differential patterns of striatal activation in young children with and without ADHD. Biological Psychiatry, 53, 871-878.

Ernst M, Zametkin AJ, Matochik JA et al.（1998）DOPA decarboxylase activity in attention deficit hyperactivity disorder adults: a [fluorine-18]fluorodopa positron emission tomographic study. The Journal of Neuroscience, 18, 5901-5907.

Fletcher PC, Happé F, Frith U et al.（1995）: Other minds in the brain: a functional imaging study of "theory of mind" in story comprehension. Cognition, 57, 109-128.

Happé F, Ehlers S, Fletcher P et al.（1996）'Theory of mind' in the brain: evidence from a PET scan study of Asperger syndrome. Neuroreport, 8, 197-201.

Inoue H, Yamasue H, Tochigi M et al.（2010）Association between the oxytocin receptor gene and amygdalar volume in healthy adults. Biological Psychiatry, 68, 1066-1072.

Kuwabara H, Kasai K, Takizawa R et al.（2006）Decreased prefrontal activation during letter fluency task in adults with pervasive developmental disorders: a near-infrared spectroscopy study. Behavioural Brain Research, 172, 272-277.

Rodrigues SM, Saslow LR, Garcia N et al.（2009）Oxytocin receptor genetic variation relates to empathy and stress reactivity in humans. Proceedings of National Academy of Sciences of the United State of America, 106, 21437-21441.

Yamasaki S, Yamasue H, Abe O et al.（2010）Reduced gray matter volume of pars opercularis is associated with impaired social communication in high-functioning autism spectrum disorders. Biological Psychiatry, 68, 1141-1147.

Yamasue H, Ishijima M, Abe O et al.（2005）Neuroanatomy in monozygotic twins with Asperger disorder discordant for comorbid depression. Neurology, 65, 491-492.

3. 脳機能の基礎知識

Brodmann K（1909）Vergleichende Lokalisationslehre der Großhirnrinde: in ihren Prinzipien dargestellt auf Grund des Zellenbaues. Leipzig: Verlag von Johann Ambrosius Barth.

Cummings JL（1993）Frontal-subcortical circuits and human behavior. Archives of Neurology, 50, 873-880.

原一之（2005）人体スペシャル：脳の地図帳．講談社．

Inoue H, Yamasue H, Tochigi M et al.（2010）Association between the oxytocin receptor gene and amygdalar volume in healthy adults. Biological Psychiatry, 68, 1066-1072.

川村光毅（2000）精神医学の基礎となる知識：脳の形態と機能：精神医学に関連して．上島国利，立山萬里（編）精神医学テキスト．南江堂．pp.12-29．

川村光毅（2007）扁桃体の構成と機能．臨床精神医学，36, 817-828．

LeDoux J（1996）The emotional brain: the mysterious underpinnings of emotional life. New York: Brockman, Inc.（松本元，川村光毅，小幡邦彦他（訳）（2003）エモーショナル・ブレイン：情動の脳科学．東京大学出版会．）

里宇明元（2010）高次脳機能の評価．木村彰男（編）リハビリテーションレジデントマニュアル第3版．医学書院．pp.47-53．

Squire LR, Zola SM（1996）Structure and function of declarative and nondeclarative memory systems. Proceedings of National Academy of Sciences of the United States of America, 93, 13515-13522.

第3章
利き手検査

1. エディンバラ利き手検査
(Edinburgh Handedness Inventory：EHI)

　本来,神経心理学的アセスメントの結果を考える上では,大脳の言語野のある優位半球とそうでない非優位半球を推定してから解釈をすることが大切となる。その際,利き手の反対の半球,つまり約90％の人が右手利きで大抵の場合,左半球に言語野があり優位半球となる。ただし,右手利きの人で5％程度,左手利きの人で40％程度が右半球に言語野をもつことも知られている。また,利き手をはじめ利き足,利き眼,利き耳などの現象をラテラリティ(laterality)と総称するが,厳密にはラテラリティとは,身体の左右器官の間における好みの偏り(preference)と能力(performance)上の左右差の両面を指す概念とされている(萱村・萱村,2006)。

　そこで,利き手をpreferenceに判断する検査として,世界的にも広範に用いられているものに,Oldfield(1971)が開発したEHIがあり,筆者が訳出したものは図3-1に示す通りである。EHIでは,利き手を連続体として捉え,ラテラリティ指数(laterality quotient：LQ)＝(右手の＋の数)－(左手の＋の数)／(右手の＋の数)＋(左手の＋の数)×100で算出することにより,－100〜＋100の範囲で,その方向だけでなく程度の強さも判定される。したがって,LQ＋100が強い右手利き(extreme right handedness),LQ－100が強い左手利き(extreme left handedness),LQ 0が完全な両手利き(complete mixed handedness)となる。なお,Oldfield(1971)の英国人1,027名(男性360名,女性667名)を対象にしたデータによると,左手利きは,男性10.00％,女性5.92％で,有意な性差が認められ,全対象者の左手利きの割合は7.39％であったと報告されている。

　なお,小川ら(2013)は,広汎性発達障害(PDD)者の顔認知の方向性に関する研究のなかで,PDD者14名(PDD群)はその他の疾患者23名(other群)と比較してロールシャッハ・テストのインクブロットで,右向きの人間や動物の横顔を投映することが明らかに多いことを報告している(PDD群50.0％,other群13.0％,χ^2＝6.027,$p<0.05$)。また,その際,EHIもテストバッテリーに組み,LQの平均値はPDD群＋76.0±39.5,other群＋92.0±11.4となり,PDD群はother群と比較して側性化が弱く,ばらつきも大きかったが,両群間に有意差は認められなかった(U＝122.5,ns)とも報告している。対象者を増やし,定型発達の対象者と比較したり,知能水準などの属性も含めて検討すると,PDD群のなかのある一群は有意に側性化が弱いことが明らかとなる可能性も考えられ,このような研究を進める上でも,EHI

Edinburgh Handedness Inventory

氏名：	男・女　生年月日：明・大・昭・平　　年　月　日　　歳		
検査日：　　　年　月　日　曜日	検査者：		
診断：		左　手	右　手
①文字を書く			
②絵を描く			
③ボールを投げる			
④ハサミを使う			
⑤歯ブラシを使う			
⑥フォークを持たないときにナイフを持つ			
⑦スプーンを持つ			
⑧箸を持つとき上になる			
⑨マッチをする			
⑩箱の蓋を開ける			
合　計			

※判定基準：各項目について、決して他の手を使うことがない場合は＋＋、ほとんど使うという場合は＋を記入し、以下の数式でラテラリティ指数（Laterality Quotient：LQ）を算出する。

$$LQ = \frac{(右手の＋の数) - (左手の＋の数)}{(右手の＋の数) + (左手の＋の数)} \times 100 =$$

※判定
左利き（LQ：－）
右利き（LQ：＋）

図3-1　エディンバラ利き手検査（EHI）（出典：Oldfield, 1971．小海（訳））

フランダース利き手テスト (FLANDERS)

氏　名　..............................

生年月日　..............................　性別　..............................

これからさまざまな場面で，あなたが左右どちらの手を使うか質問します。下に示した10項目のそれぞれについて表の右はしにある選択肢「左」，「どちらも」，「右」の一つにマル（〇）をつけて回答してください。「どちらも」の選択肢は，左右の手を全く同じくらい使う場合のみ選択してください。すべての項目に回答してください。10項目のなかには，あなたにとってほとんど経験がないことがあるかもしれません。たとえ経験がなくとも，その場面や課題を想像し回答してください。

		左	どちらも	右
1	文字を書くとき，ペンをどちらの手で持ちますか？			
2	食事のとき，スプーンをどちらの手で持ちますか？			
3	歯をみがくとき，歯ブラシをどちらの手で持ちますか？			
4	マッチをするとき，マッチの軸をどちらの手で持ちますか？			
5	消しゴムで文字を消すとき，消しゴムをどちらの手で持って消しますか？			
6	縫いものをするとき，針をどちらの手で持って使いますか？			
7	パンにバターをぬるとき，ナイフをどちらの手で持ちますか？			
8	クギを打つとき，カナヅチをどちらの手で持ちますか？			
9	リンゴの皮をむくとき，皮むき器をどちらの手で持ちますか？			
10	絵を描くとき，ペンや筆をどちらの手で持ちますか？			

利き手得点（記入しないでください）	

図3-2　フランダース利き手検査（FLANDERS）
(出典：大久保街亜, 鈴木玄, Nicholls Michael ER（2014）日本語版 FLANDERS 利き手テスト：信頼性と妥当性の検討．心理学研究，一部改変)

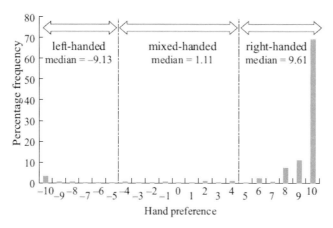

図 3-3　日本語版フランダース利き手検査（FLANDERS）のクラスター分析結果
（出典：大久保街亜，鈴木玄，Nicholls Michael ER（2014）日本語版 FLANDERS 利き手テスト：
信頼性と妥当性の検討．心理学研究，一部改変）

は有用となろう。

　しかし近年は，EHI における次のような問題点が指摘されている。まず，「箒を持つとき上になる」や「マッチをする」の質問項目がそれらを使用する機会がほとんどなくなり時代に合わなくなってきている。また，利き手因子の1因子構造ではなく，2因子構造であるとの指摘や（Dragovic, 2004），両手を使用する質問項目があり，利き手を測定するには適切ではないとの指摘もある（Bryden, 1982）。さらに，回答方法が通常のリッカート法と異なり独特なため，教示を正しく理解して回答した対象者は47.3%であったというように，教示が適切に理解できない可能性も指摘されており（Fazio et al., 2012），EHI を使用する際は留意する必要もあろう。

2．フランダース利き手検査
（FLANDERS Handedness Questionnaire：FLANDERS）

　FLANDERS は，Nicholls ら（2013）によって，これまで長年よく使用されていた Edinburgh Handedness Inventory（EHI）の問題点をふまえて，新たに開発された利き手検査である。本検査は，Provins と Cunliffe（1972）による利き手検査31項目を3,324名（男性754名，女性2,570名：年齢範囲18〜22歳）に実施し，64.36%を説明する第1因子の負荷が高い10項目により再構成した検査で，回答方法は，「左手」「どちらも」「右手」の3件法によるものである。採点は，「右手」を選択した項目を1点，「左手」を選択した項目を−1点，「どちらも」，あるいは両手を選んだ場合を0点として総得点を算出する。そして，総得点−10〜−5点が左手利き，−4〜＋4点が両手利き，＋5〜＋10点が右手利きと判定される。

　日本語版は，大久保ら（2014）により訳出および信頼性と妥当性も検討されたものは図3-2に示す通りである。また現在，Flinders University のホームページで，世界各国版の検査用紙が入手可能となっている。

なお，大久保ら（2014）による日本語を母語とする大学生431名（男性282名，女性149名：平均年齢19.33 ± 1.27歳）に日本版FLANDERSを実施し，クラスター分析した結果，右手利き90.5%，両手利き4.2%，左手利き5.3%となり（図3-3参照），この分布はNichollsら（2013）による右手利き89.5%，両手利き2.2%，左手利き8.3%と比較すると，左利きが少なく，両手利きが多い結果である。これは日本を含む東アジア圏では，ヨーロッパ圏の文化圏と比較すると，左利きの矯正が多く行われるためと考えられている（Hatta & Kawakami, 1995）。

文　献

1．エディンバラ利き手検査

Bryden MP（1982）Laterality: Functional asymmetry in the intact brain. New York: Academic Press.

Dragovic M（2004）Categorization and validation of handedness using latent class analysis. Acta Neuropsychiatrica, 16, 212-218.

Fazio R, Coenen C, Denney RL（2012）The original instructions for the Edinburgh Handedness Inventory are misunderstood by a majority of participants. Laterality, 17, 70-77.

萱村俊哉，萱村朋子（2006）利き手の発達臨床的意義について．武庫川女子大紀要（人文・社会科学），54, 81-90．

小川真由，小海宏之，上芝功博（2013）広汎性発達障害（疑い）者の顔認知の方向性に関する一考察．第17回日本ロールシャッハ学会抄録集，39．

Oldfield RC（1971）The assessment and analysis of handedness: the Edinburgh Inventory. Neuropsychologia, 9, 97-113.

2．フランダース利き手検査

Flinders University: FLANDERS handedness questionnaire. http://flinders.edu.au/sabs/psychology/research/labs/brain-and-cognition-laboratory/flanders-handedness-questionnaire.cfm（2017.11.9.引用）

Hatta T, Kawakami A（1995）Patterns of handedness in modern Japanese: a cohort effect shown by re-administration of the H.N. Handedness Inventory after 20 years. Canadian Journal of experimental psychology, 49, 505-512.

Nicholls MER, Thomas NA, Loetscher T et al.（2013）The Flinders Handedness survey（FLANDERS）: A brief measure of skilled hand preference. Cortex, 49, 2914-2926.

大久保街亜，鈴木玄，Nicholls Michael ER（2014）日本語版FLANDERS利き手テスト：信頼性と妥当性の検討．心理学研究，doi.org/10.4992/jjpsy.85.13235. http://www.jstage.jst.go.jp/article/jjpsy/advpub/0/advpub_85.13235/_pdf（2017.11.9.引用）

Provins KA, Cunliffe P（1972）The reliability of some motor performance tests of handedness. Neuropsychologia, 10, 199-206.

第4章
全般的知的機能検査

1. ウェクスラー式幼児用知能検査
(Wechsler Preschool and Primary Scale of Intelligence：WPPSI・WPPSI-Ⅲ)

　包括的な幼児用の知能検査法であり，Wechsler（1967，1989，2002，2012）によってWPPSI，改訂版であるWPPSI-R，さらなる改訂版であるWPPSI-ⅢおよびWPPSI-Ⅳが作成されている（図4-6参照）。適用年齢は，WPPSIが4歳～6歳5カ月，WPPSI-Rが3歳～7歳3カ月，WPPSI-Ⅲが2歳6カ月～7歳3カ月，WPPSI-Ⅳが2歳6カ月～7歳7カ月である。

　日本版WPPSI（Wechsler，1967；日本心理適正研究所，1969）は，適用年齢が3歳10カ月から7歳1カ月である。日本版WPPSIの特徴は，言語性検査が5下位検査（知識，単語，算数，類似，理解）と補充問題の文章，動作性検査が5下位検査（動物の家，絵画完成，迷路，幾何図形，積木模様）と再検査の動物の家で構成されており，各下位検査は，平均＝10，1標準偏差＝3の評価点が算出でき，また，基準年齢群における平均＝100，1標準偏差＝15とした偏差知能指数（deviation intelligence quotient：DIQ）として言語性IQ（verbal IQ：VIQ），動作性IQ（performance IQ：PIQ），全検査IQ（full scale IQ：FIQ）を算出できることである。なお，検査内容が古くなり時代にそぐわなくなってきた問題が指摘されながらも長年，改訂がなされてなかったが，ようやく日本版WPPSI-Ⅲ刊行委員会（訳編）により日本版WPPSI-Ⅲの標準化がなされ2017年に刊行された。日本版WPPSI-Ⅲの適用年齢は，WPPSI-Ⅲ同様，2歳6カ月～7歳3カ月である。なお，理論的にはDIQは正規分布するが，実際には図4-1（左側）のように，わずかな盛り上がりが低値の裾の部分に認められ，高値の裾には認められない。これは，北村（2017）によると何らかの器質的原因による知能の低下状態を表し，ダウン症，13トリソミー，クラインフェルター症候群，ターナー症候群，猫なき症候群のような染色体異常，フェニルケトン尿症，ハンター症候群のような先天的代謝異常，脆弱X症候群，結節性硬化症（プリングル病）のような遺伝疾患，胎児アルコール症候群，子癇前症（妊娠高血圧腎症），母体の糖尿病，母体の痙攣など，雑多な病態が含まれているとされており，とくに乳幼児期の臨床現場ではこのことを認識しておくことは大切となろう。

　WPPSI-Ⅲ（適用年齢：2歳6カ月～3歳11カ月）の構成は，図4-2に示す通りであり，特徴は中核下位検査の言葉の理解（receptive vocabulary：RV），知識（information：In）からVIQが算出でき，積木模様（block design：BD），組合せ（object assembly：OA）からPIQが算出でき，また，両方からFIQを算出できることであり，さらに，追加下位検査の絵の名前（picture naming：PN）と中核下位検査の言葉の理解（receptive vocabulary：RV）から一

般言語総合点（general language composite：GLC）を算出できることである。

　また，WPPSI-Ⅲ（適用年齢：4歳0カ月〜7歳3カ月）の構成は，図4-3に示す通りであり，特徴は中核下位検査の知識（information：In），単語（vocabulary：Vc），語の推理（word reasoning：WR）から VIQ が算出でき，積木模様（block design：BD），行列推理（matrix reasoning：MR），絵の概念（picture concepts：PCn）から PIQ が算出でき，また，両方および符号（coding：Cd）から FIQ を算出できることであり，さらに，符号（coding：Cd）と追加下位検査の記号探し（symbol search：SS）から処理速度（processing speed：PS）や補助下位検査の言葉の理解（receptive vocabulary：RV），絵の名前（picture naming：PN）から一般言語総合点（general language composite：GLC）を算出できることである。なお，追加下位検査として，さらに理解（comprehension：Co），絵の完成（picture completion：PCm），類似（similarities：Si），組合せ（object assembly：OA）もあり，他の下位検査との組み合せにより細かなプロフィール分析ができるように構成されているのも特徴である。

　さらに，WPPSI-Ⅲの特徴は，各下位検査が，平均=10，1標準偏差=3の評価点が算出でき，また，基準年齢群における平均=100，1標準偏差=15とした DIQ として VIQ，PIQ，FIQ を算出できることである。

　日本版 WPPSI-Ⅲ（適用年齢：2歳6カ月〜3歳11カ月）の構成は，WPPSI-Ⅲと異なり図4-4に示す通りである。特徴は群指標としてことばの理解，知識から言語理解指標（verbal comprehension index：VCI），積木模様，組合せから知覚推理指標（perceptual reasoning index：PRI）が算出でき，それらの群指標から，基準年齢群における平均=100，1標準偏差15とした偏差知能指数（deviation intelligence quotient：DIQ）としての全検査 IQ（full scale IQ：FIQ）が算出でき，さらに，絵の名前（補助検査），ことばの理解から語い総合得点（general language composite：GLC）が独立して算出できることである。

　また，日本版 WPPSI-Ⅲ（適用年齢：4歳0カ月〜7歳3カ月）の構成は，WPPSI-Ⅲと異なり図4-5に示す通りである。特徴は群指標として知識，単語，語の推理，理解（補助検査），類似（補助検査）から言語理解指標（VCI），積木模様，行列推理，絵の概念，絵の完成（補助検査），組合せ（補助検査）から知覚推理指標（PRI），符号，記号探し（補助検査）から処理速度指標（processing speed index：PSI）が算出でき，それらの群指標から，基準年齢群における平均=100，1標準偏差15とした DIQ としての全検査 IQ（FIQ）が算出でき，さらに，ことばの理解（オプション検査），絵の名前（オプション検査）から語い総合得点（GLC）が独立して算出できることである。

　さらに，理論・解釈マニュアルには，米国版 WPPSI-Ⅲによる臨床群研究として，比較統制群と，①知的ギフテッド群（知的機能，創造的・生産的思考，リーダーシップ，舞台芸術・視覚芸術，あるいは他の特定の領域において高い能力を示す子どもの群），②軽度知的障害群，③中度知的障害群，④発達遅延群（認知的な遅れ，あるいは認知，適応，コミュニケーション，社会性または情動性，身体性（運動）の発達領域のうち2つ以上の領域に遅れのある子どもの群），⑤発達リスク要因群（生物学的リスク要因のある子どもの群），⑥自閉性障害群，⑦表出性言語障害群，⑧受容−表出混合性言語障害群，⑨英語未習者群，⑩ AD/HD 群，⑪運動障害群の各群間における VCI，PRI，PSI，FSIQ，GLC および各下位検査の平均値 ± SD および

t 検定結果が掲載されており，日本版 WPPSI-Ⅲ を活用した今後の臨床研究を行う上で参考となろう。

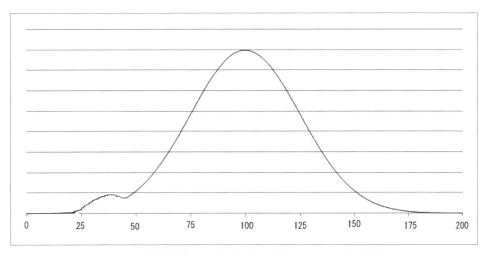

図 4-1　知能指数の実際（参考：北村，2017．一部改変）

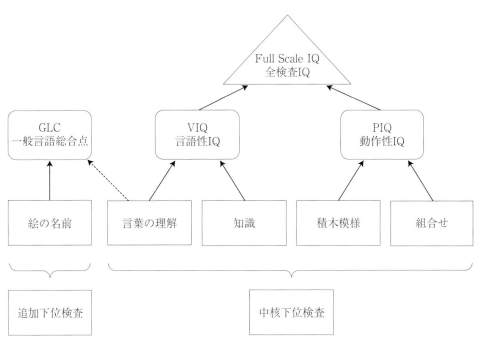

図 4-2　WPPSI-Ⅲ（適用年齢：2歳6カ月～3歳11カ月）の構成
（参考：Lichtenberger & Kaufman, 2004．小海（訳））

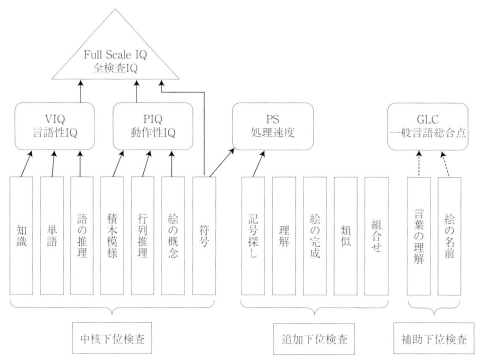

図 4-3　WPPSI-Ⅲ（適用年齢：4歳0カ月～7歳3カ月）の構成
（参考：Lichtenberger & Kaufman, 2004. 小海（訳））

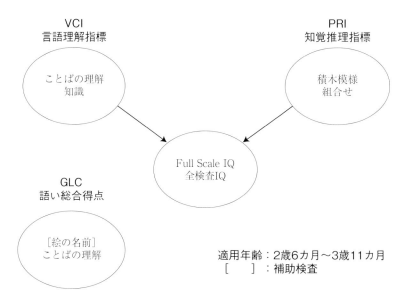

図 4-4　日本版 WPPSI-Ⅲ（適用年齢：2歳6カ月～3歳11カ月）の構成
（参考：日本版 WPPSI-Ⅲ刊行委員会（訳編），2017. の内容を参考に著者が作成）

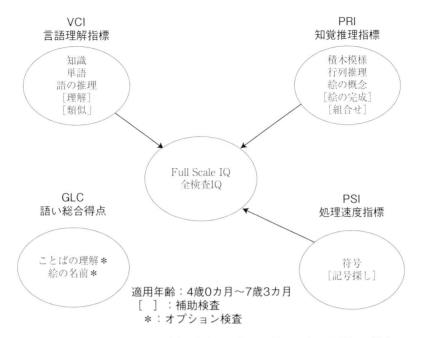

図 4-5　日本版 WPPSI-Ⅲ（適用年齢：4 歳 0 カ月～ 7 歳 3 カ月）の構成
（参考：日本版 WPPSI-Ⅲ刊行委員会（訳編），2017．の内容を参考に著者が作成）

2．ウェクスラー式児童用知能検査
（Wechsler Intelligence Scale for Children：WISC-Ⅲ・Ⅳ）

　近年，小中学校では，文字の読み書きや算数などで特に困難を示す学習障害（learning disorders：LD）や，持続性注意や衝動性の制御などで困難を示す注意欠陥／多動性障害（AD/HD）や，知的障害がないにも関わらず，集団適応が困難で，トラブルが多いなどといった高機能広汎性発達障害（HFPDD）が疑われる子どもが増えている。文部科学省初等中等教育局特別支援教育課（2002）の調査では，知的発達に遅れはないものの学習面や行動面で著しい困難を示す児童生徒は 6.3％にも上るとされている。また，LD，AD/HD，HFPDD を含む発達障害は，障害の本質はそれぞれ異なるが，高次脳機能障害とそれに起因すると思われる認知機能と情動の問題が共通して指摘されている（五十嵐，2007）。

　したがって，発達障害児の心理アセスメントを行う際には，まず神経心理学的側面からの詳細な認知機能に関する障害理解が重要となり，WISC による全般的知的機能の評価がよくなされる。現在，臨床現場では，WISC-third edition（WISC-Ⅲ：Wechsler, 1991；日本版 WISC-Ⅲ刊行委員会（訳編），1998）と WISC-forth edition（WISC-Ⅳ：Wechsler, 2003；日本版 WISC-Ⅳ刊行委員会（訳編），2010）が使用されている。適用年齢は，いずれも 5 歳 0 カ月～ 16 歳 11 カ月である。なお，WISC および WPPSI の歴史は，図 4-6 に示す通りである。

　WISC-Ⅲの特徴は，言語性検査が知識，類似，算数，単語，理解，数唱（補助検査）の 6 下位検査課題，動作性検査が絵画完成，符号，絵画配列，積木模様，組み合せ，記号探し（補助

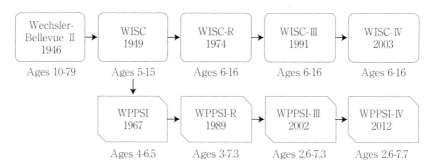

図 4-6　WISC および WPPSI の歴史（参考：Flanagan & Kaufman, 2009；Pearson, 2012）

表 4-1　精神発達遅滞の重症度判定基準

重症度	ICD-10	DSM-Ⅳ-TR
軽度（mild）	50～69	50-55～およそ 70
中度（moderate）	35～49	35-40～およそ 50-55
重度（severe）	20～34	20-25～35-40
最重度（profound）	20 未満	20-25 以下

検査），迷路（補助検査）の 7 下位検査課題からなり，基準年齢群における平均 = 100，1 標準偏差 = 15 とした偏差知能指数（deviation intelligence quotient：DIQ）を算出できる。また，言語性 IQ（verbal IQ：VIQ），動作性 IQ（performance IQ：PIQ），全検査 IQ（full scale IQ：FIQ）を算出できるほか，群指数として知識，類似，単語，理解の下位検査から言語理解（verbal comprehension：VC），絵画完成，絵画配列，積木模様，組み合せの下位検査から知覚統合（perceptual organization：PO），算数，数唱の下位検査から注意記憶（freedom from distractibility：FD），記号探し，符号の下位検査から処理速度（processing speed：PS）が算出できる。また，Kaufman（1994）による詳細なプロフィール分析表を参考に藤田（1999）が作成しなおしたものが，報告されているので参考となろう（藤田・唐澤，2005）。さらに，Microsoft Excel を活用したプロフィール分析表を作成するためのツールが公開されているので有用となろう（大六：小海）。

　各指数の評価は最優秀 130 以上，優秀 120～129，普通域上位 110～119，普通域 90～109，普通域下位 80～89，境界域 70～79，精神遅滞域 69 以下と解釈される。また，2 標準偏差未満である FIQ70 未満が精神遅滞域であり，重症度判定基準は表 4-1 に示す通りである。米国精神医学会（American Psychiatric Association：APA, 2000）による DSM-Ⅳ-TR ではオーバーラップする点があるが，世界保健機関（World Health Organization：WHO, 1992）による ICD-10 ではクリアカットな判定が可能であり，判断に迷うことがなく準拠基準にしやすいであろう。なお，APA（2013）の DSM-5 では，知的能力障害（Intellectual Disability）：知的発達症／知的発達障害（Intellectual Developmental Disorder）の重症度判定基準から IQ 値は削除されたが，知能検査による測定を否定している訳ではなく，IQ は誤差を含めて判断する

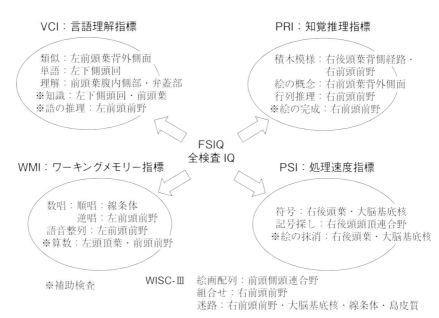

図 4-7　WISC-Ⅳの合成得点と構成および WISC の下位検査と脳機能との関係
（出典：小海，2012，創元社．日本版 WISC-Ⅳ刊行委員会，2010，日本文化科学社を一部改変）

ことが必要とされている。また，必要とされる支援のレベルを決めるのは適応機能であるため，重症度のレベルはそれぞれ IQ の値ではなく，①概念的領域，②社会的領域，③実用的領域における適用機能に基づいて臨床的な総合判断によることになっている。

　WISC-Ⅳの第1の特徴は，WISC-Ⅲまで引き継がれてきた VIQ と PIQ が廃止され，言語理解指標（verbal comprehension index：VCI），ワーキングメモリー指標（working memory index：WMI），知覚推理指標（perceptual reasoning index：PRI），処理速度指標（processing speed index：PSI）の4つの群指標とそれらの指標から全検査 IQ（FIQ）を算出することになった。第2の特徴は，WISC-R や WISC-Ⅲで用いられてきた詳細なプロフィール分析は，臨床現場で過剰な false positive の解釈になりがちであったため，それを避けるためになくなった。第3の特徴は，WISC-Ⅲの下位検査から，絵画配列，組み合せ，迷路の課題が削除され，代わりに語の推理，絵の概念，行列推理，語音整列，絵の抹消が追加され，フルセットの検査時間は2時間を要するほどになった。

　また，全般的認知機能の評価をする上では，脳機能との関連を考える必要性があり，WISC-Ⅳの合成得点と構成および WISC の下位検査と脳機能との関係は図 4-7 に示す通りである（小海，2012）。ただし，WISC の各下位検査は，一般的な神経心理学的課題とは異なり，複雑な課題が多いため，各下位検査と脳機能との関連は連合野における機能や，より全般的な脳機能が関与すると考えられている。したがって，図 4-7 で示した各下位検査と脳機能との関連を1対1で解釈することは危険ではあるが参考にはなるだろう。

　ところで，発達障害には発達性読み書き障害をともなう症例も多いが，WISC シリーズには，読み書きに関する課題がないのが欠点と言えよう。そこで，近年は宇野ら（2017）によ

る改訂版 標準 読み書きスクリーニング検査（Standardized Test for Assessing the Reading and Writing (Spelling) Attainment of Japanese Children and Adolescents: Accuracy and Fluency: STRAW-R）や，特異的発達障害の臨床診断と治療指針作成に関する研究チーム（2010）による読み検査課題（単音連続読み検査，単語音読検査，単文音読検査）および算数障害の症状評価のための課題（数字の読み，数的事実の知識，筆算手続きの知識）が開発されたので，これらの課題によるアセスメントが大切となろう。

3. ウェクスラー式成人知能検査
（Wechsler Adult Intelligence Scale：WAIS-R・Ⅲ・Ⅳ）

　包括的な知能検査法であり，Wechsler（1955, 1981, 1997, 2008）によってWAIS，改訂版であるWAIS-R，さらなる改訂版であるWAIS-ⅢおよびWAIS-Ⅳが作成されている（図4-8参照）。適用年齢は，WAISが16～64歳，WAIS-Rが16～74歳，WAIS-Ⅲが16～89歳，WAIS-Ⅳが16～90歳となり，WAIS-Ⅲ以降は高齢期後期にも対応できるようになった。

　日本版WAIS-Ⅲは，日本版WAIS-Ⅲ刊行委員会（訳編；2006）によって標準化された。また，WAIS-Ⅲの特徴は，言語性検査が単語，類似，算数，数唱，知識，理解，語音整列の7下位検査課題，動作性検査が絵画完成，符号，積木模様，行列推理，絵画配列，記号探し，組み合わせの7下位検査課題からなり，基準年齢群における平均＝100，1標準偏差＝15としたIQを算出できる。また，VIQ，PIQ，FIQを算出できるほか，群指数として単語，知識，類似の下位検査から言語理解（VC），絵画完成，積木模様，行列推理の下位検査から知覚統合（PO），算数，数唱，語音整列の下位検査から作動記憶（working memory：WM），符号，記号探しの下位検査から処理速度（PS）が算出できる。また，KaufmanとLichtenberger（1999）による詳細なプロフィール分析表を参考に藤田ら（2011）が作成しなおしたものが，報告されているので参考となろう（山中，2011）。さらに，Microsoft Excelを活用したプロフィール分析表を作成するためのツールが公開されているので有用となろう（小海，2012）。

　また，WAIS-Ⅲの下位検査のうち，詳細な基準年齢群ごとの順唱および逆唱の最長スパンの累積パーセンテージの表が，実施・採点マニュアルに掲載されている。全般的知的機能の測定をする際には，被験者がボンヤリしておらず覚醒が充分で，ベースラインとしての注意機能を担保することが大切であり，この注意機能を測定するには順唱が有用となるであろうし，逆唱は論理的ワーキングメモリーの機能を打診するのに有用となろう。数唱の順唱と逆唱の課題は，他の神経心理検査でもよく下位検査に組み込まれているので，このWAIS-Ⅲの詳細な基準年齢群ごとの順唱および逆唱の最長スパンの累積パーセンテージの表は，常に手元においておくことが大切となろう。なお，WAIS-Ⅲの数唱は累積パーセンテージで評価されており，他の神経心理学的検査はパーセンタイル値やZ得点で評価されることも多いので，一般に使用されている検査得点の正規曲線との関係および検査相互の関係（Psychological Corporation, 1955）の図4-9が，それらの換算や比較を行う際に参考となろう。また，Psychological Assessment Resourcesより，偏差得点，尺度得点，パーセンタイル値，Z得点，T得点のそれぞれの換算が簡易に計算できるPAR Assessment Toolkit Version 3.4.1（図4-10）というiアプリが無料

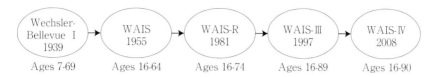

図4-8　WAISの歴史（参考：Lichtenberger & Kaufman, 2009）

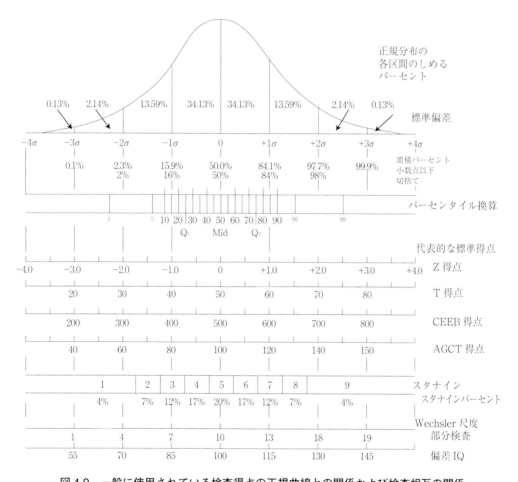

図4-9　一般に使用されている検査得点の正規曲線との関係および検査相互の関係
（出典：Psychological Corporation, 1955；Spreen & Strauss, 1998；
秋元（監修），2004，創造出版．一部改変）

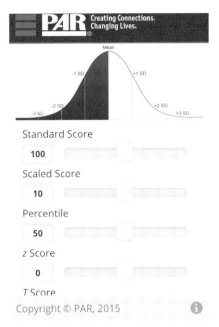

図 4-10　PAR Assessment Toolkit Version 3.4.1 の Normal Curve 換算ツール

表 4-2　DLB 鑑別のための WAIS-Ⅲ簡易実施法における評価点合計算出方法の一覧

	VIQ	PIQ	FIQ
簡易法 1[a]	① 1.5 ×（知識＋類似＋算数＋数唱）	② 1.67 ×（絵画完成＋符号＋積木模様）	①と②の合計
簡易法 2[a]	① 1.5 ×（知識＋類似＋算数＋数唱）	② 1.67 ×（絵画完成＋符号＋行列推理）	①と②の合計
簡易法 3[b]	① 2 ×（知識＋類似）＋算数＋数唱	② 2 ×（絵画完成＋積木模様）＋符号	①と②の合計
簡易法 4[b]	① 2 ×（知識＋類似）＋算数＋数唱	② 2 ×（絵画完成＋行列推理）＋符号	①と②の合計

[a]Axelrod et al.（2001），[b]Pilgrim et al.（1999）：各下位項目の評価点を使用し，各計算方法で算出された評価点合計は WAIS-Ⅲ の実施・採点マニュアルに従って，推定 IQ に換算される。小数点以下の数値は四捨五入する。

でダウンロードでき，有用なツールとなろう。

　さらに，日本版 WAIS-R は簡易実施法として，2 下位検査（知識，絵画完成），3 下位検査（知識，絵画完成，数唱），4 下位検査（知識，絵画完成，符号，類似）から推定 FIQ を算出できた（三澤ら，1993）。同様に，日本版 WAIS-Ⅲ 簡易実施法として，評価点合計を X とした際，全検査 IQ 推定式は，2 下位検査版（行列推理，知識）が推定全検査 IQ＝3.7X＋26 で，4 下位検査版（符号，行列推理，数唱，知識）が推定全検査 IQ＝2.0X＋20 となり，それらの評価点合計から推定全検査 IQ を求める換算表が報告されている（大六，2011）。所要時間は 2 下位検査版が 15 分程度，4 下位検査版が 24 分程度とされているので，予想される特異的な認知機能を精査したい場合は，推定全検査 IQ を短時間に算出した上で，他の神経心理検査をテストバッテリーとして組むことにより，被験者の負担を軽減できるので，そのような場合に，簡易実施法は有用となろう。

　また，WAIS-R の 7 下位検査により推定 IQ を算出する Ward 法（Ward，1999）を参考に，Axelrod ら（2001）と Pilgrim ら（1999）が WAIS-Ⅲ で応用した Ward 法を用いて，太田・

**表 4-3 WAIS- Ⅲ簡易実施法による DLB 群・AD 群・健常群の
本来の IQ と推定 IQ の平均，相関，2SEM，分散分析結果**
（出典：太田・村山，2017．一部改変）

	DLB 群 n=33 mean ± SD	2SEM%	AD 群 n=83 mean ± SD	2SEM%	健常群 n=83 mean ± SD	2SEM%	信頼性係数	r
年齢	74.6 ± 6.0		73.2 ± 8.8		71.3 ± 5.5			
教育年数	12.8 ± 2.6		12.0 ± 2.3		13.2 ± 2.4			
MMSE 総得点	22.2 ± 3.4		21.3 ± 3.1		28.2 ± 1.9			
VIQ								
13 項目	98.1 ± 12.3[a]	−	96.7 ± 12.8[a]	−	113.4 ± 9.4			
簡易法 1	97.7 ± 11.6[a]	87.9	95.9 ± 13.1[a]	88.0	112.0 ± 9.4	83.1	0.93	0.97
簡易法 2	97.7 ± 11.6[a]	87.9	95.9 ± 13.1[a]	88.0	112.0 ± 9.4	83.1	0.93	0.96
簡易法 3	96.8 ± 12.0[a]	84.8	95.1 ± 12.7[a]	86.7	110.9 ± 9.7	75.9	0.93	0.97
簡易法 4	96.8 ± 12.0[a]	84.8	95.1 ± 12.7[a]	86.7	110.9 ± 9.7	75.9	0.93	0.96
PIQ								
13 項目	79.5 ± 13.9[a,b]	−	86.6 ± 16.3[a]	−	108.6 ± 11.3	−		
簡易法 1	78.4 ± 15.0[a,b]	90.9	86.3 ± 16.1[a]	81.9	108.5 ± 11.7	71.1	0.90	0.98
簡易法 2	81.4 ± 14.7[a,b]	72.7	88.6 ± 15.9[a]	72.3	108.8 ± 12.0	77.1	0.91	0.97
簡易法 3	78.6 ± 15.0[a,b]	90.9	86.2 ± 16.4[a]	84.3	108.2 ± 11.7	77.1	0.90	0.98
簡易法 4	82.3 ± 14.8[a]	63.6	88.9 ± 16.4[a]	68.7	108.5 ± 12.1	72.3	0.91	0.96
FIQ								
13 項目	88.7 ± 13.1[a]	−	91.3 ± 14.9[a]	−	113.1 ± 11.8	−		
簡易法 1	86.7 ± 15.4[a]	75.8	90.6 ± 14.7[a]	80.7	111.5 ± 10.5	61.4	0.95	0.98
簡易法 2	89.2 ± 12.7[a]	72.7	91.8 ± 14.7[a]	68.7	111.7 ± 10.4	75.9	0.96	0.98
簡易法 3	87.4 ± 13.4[a]	75.8	90.2 ± 14.7[a]	72.3	110.7 ± 10.4	83.1	0.95	0.98
簡易法 4	89.2 ± 12.9[a]	66.7	91.6 ± 14.7[a]	71.1	111.4 ± 11.5	61.4	0.96	0.98

[a] $p<0.05$ vs 健常群，[b] $p<0.05$ vs AD 群，r ＝ DLB 群，AD 群，健常群を合わせた全体の相関
SEM：standard error of the mean（標本平均の標準誤差），DLB：dementia with Lewy bodies，AD：Alzheimer's disease，MMSE：Mini-Mental State Examination

村山（2017）が DLB の鑑別に関する研究結果を報告しており，DLB 鑑別のための WAIS- Ⅲ簡易実施法における評価点合計算出方法の一覧は，表4-2 に示す通りであり，WAIS- Ⅲ簡易実施法による DLB 群・AD 群・健常群の本来の IQ と推定 IQ の平均，相関，2SEM（standard error of the mean：標本平均の標準誤差），分散分析結果は，表4-3 に示す通りである。その結果，DLB 群は AD 群に比べて有意に PIQ が低く，簡易実施法1，2，3 が DLB の認知機能の特徴を捉えやすいことが示唆され，また，積木模様が含まれる簡易実施法1，3 が，DLB の認知機能障害をよりよく反映すると考えられるが，簡易実施法1 は健常群での FIQ の誤差が大きかったため，AD 群や健常群の認知機能評価も併せて考慮すると，簡易実施法3 が最も利用しやすいと言えるかも知れないと報告しており（太田・村山，2017），WAIS- Ⅲによる DLB の鑑別の際に参考となろう。

ところで，WAIS- Ⅳのテスト構成は，図4-11 に示す通りである。WAIS-Ⅳの第1の特徴は，WAIS-Ⅲまで引き継がれてきた VIQ と PIQ が廃止され，言語理解指標（VCI），ワーキングメ

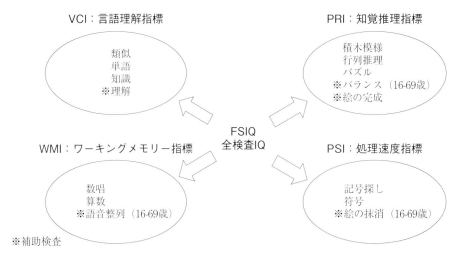

図4-11 WAIS-Ⅳのテスト構成（参考：Lichtenberger & Kaufman, 2009．一部改変）

モリー指標（WMI），知覚推理指標（PRI），処理速度指標（PSI）の4つの群指標とそれらの指標から全検査IQ（FIQ）を算出することになった。第2の特徴は，WAIS-RやWAIS-Ⅲで用いられてきた詳細なプロフィール分析は，臨床現場で過剰なfalse positive の解釈になりがちであったため，それを避けるためになくなった。第3の特徴は，WAIS-Ⅲの下位検査から，絵画配列，組み合わせの課題が削除され，代わりにパズル（visual puzzles），バランス（fugure weights），絵の抹消（cancellation）が追加されている。そして近年，日本版WAIS-Ⅳが，日本版WAIS-Ⅳ刊行委員会（訳編：2018）によって標準化された。特に，理論・解釈には，米国版ではあるが臨床群と比較統制群のWAIS-Ⅳ各得点の平均値およびt検定結果が表で示されており，臨床現場で解釈する際に有用となろう。その特徴を大まかに挙げると，境界域・軽度・中度いずれも知的障害群は全ての指標・下位得点において，読字障害群は単語・算数・語音整列・順唱・逆唱・VCI・WMI・FSIQにおいて，算数障害群は積木模様・数唱・行列推理・算数・パズル・符号・語音整列・バランス・積木模様（時間割増なし）・数唱（数整列）・PRI・WMI・FSIQにおいて，ADHD群は符号において，アスペルガー障害群は数唱・記号探し・符号・絵の抹消・絵の完成・数唱（順唱）・数唱（数整列）・WMI・PSIにおいて，軽度認知障害群は積木模様・算数・知識・理解・絵の完成・積木模様（時間割増なし）・数唱（数整列）・VCI・PRI・WMI・FSIQにおいて，それぞれが統制群より有意に平均得点が低いとされており（日本版WAIS-Ⅳ刊行委員会（訳編），2018），今後は日本版WAIS-Ⅳを様々な臨床群および重症度の者に適用してデータを集積し，検証していくことが大切となろう。

4．改訂版 鈴木ビネー知能検査（Suzuki-Binet Intelligence Scale）およひ田中ビネー知能検査Ⅴ（Tanaka-Binet Intelligence Scale Ⅴ）

フランスのBinetとSimon（1905）によって知的素質の正常児と異常児の鑑別診断を目的として，世界で初めての知能検査であるBinet-Simon Intelligence Scaleが開発され，その後，

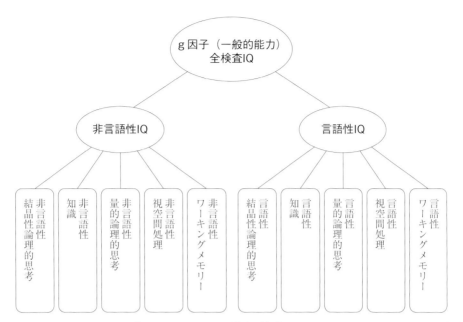

図 4-12　SB5 のスコアリング・システムの階層構造（参考：Roid & Barram, 2004. 小海（訳））

Binet 自身が 1908 年と 1911 年に改訂版を出している（Becker, 2003）。なお，Binet は知能を明確に定義しなかったが，彼の論文から基礎となる精神機能として，①方向性：到達すべき目標が何であるかを理解する能力（問題の理解），②目的性：目標に向かって解決策を求め，試み続ける能力（遂行能力），③自己批判性：目標に到達できたかを判断する能力（判断能力）の 3 つを想定していたとされる（中村, 2015）。

　その Binet の方法論を継承し，アメリカで Terman（1916）によりスタンフォード版として，IQ＝精神年齢（mental age：MA）／生活年齢（chronological age：CA）× 100 で算出できるように再構成され，以後，Terman と Merrill（1937）により第 2 版，Terman と Merrill（1960，1973）により第 3 版，Thorndike ら（1986）により第 4 版として改訂を繰り返し，Stanford-Binet Intelligence Scales, Fifth Edition（SB5）（Roid, 2003）として今日まで発展してきている（Becker, 2003）。なお，SB5 のスコアリング・システムの階層構造は，図 4-12 に示す通りであり（Roid & Barram, 2004），非言語性 IQ（nonverbal IQ：NVIQ）および言語性 IQ（verbal IQ：VIQ）は，それぞれ，結晶性論理的思考（fluid reasoning：FR），知識（knowledge：KN），量的論理的思考（quantitative reasoning：QR），視空間処理（visual-spatial processing：VS），ワーキングメモリー（working memory：WM）の 5 因子からなり，g 因子（一般的能力：general ability）として全検査 IQ（full scale IQ：FSIQ）を算出できる。また，各知能指数（NVIQ，VIQ，FSIQ），および各 5 因子の群指数（FR，KN，QR，VS，WM）をそれぞれ基準年齢群における平均＝ 100，1 標準偏差＝ 15 とした指数を算出できるのが特徴である。

　わが国では，三宅と池田（1908a, b, c）による「智力測定法」の論文でビネー法が最初に紹介され，久保（1918）が「小学児童の智能査定の研究」として本格的な標準化を行ったとされている（石川・髙橋, 2008）。

その後，膨大なデータに基づき標準化を行ったのが，鈴木（1930）による「実際的個別的智能測定法」（鈴木ビネー知能検査）であり，対象者数を16,059名にまで増やし，精神年齢（mental age：MA）を2～20歳と拡大し，一部修正を加えた「昭和11年修正増補版実際的個別的智能測定法」（鈴木，1936）を発刊している（石川・髙橋，2008）。これ以降，1941年にMAを23歳まで拡大した修正増補版，1948年にIQ算出便覧等も加えた改訂版，1956年に「実際的個別的智能測定法（昭和31年版）」が刊行され，その後は長らく50年ほど改訂されずにきていた（中村・大川，2003）。そこで，①鈴木ビネー検査の特徴や内容について引き継ぎ，②現代に即した知能検査の問題内容と尺度を作成，③検査材料，図版や絵カード，検査用具などを時代に即したものに一新，④問題数を76問から72問に減少し，短時間かつ正確な知能判定ができるよう改善され，鈴木ビネー研究会ら（編著）（2007）により，改訂版鈴木ビネー式知能検査が発刊されている。改訂版鈴木ビネー式知能検査は，適用年齢2歳0カ月～18歳11カ月で，所要時間30～50分であり，①検査への集中力を維持しながら子どもの知能を短時間で測定できる，②問題に取り組む子どもの姿勢を尊重し，その特質を診ることを目的とし，むやみに制限時間を設けていない，ことが特徴である。なお，改訂鈴木ビネーIQとWISC-Ⅲとの相関は，VIQが0.930，PIQが0.818，FIQが0.939といずれも強い正の相関が認められているが，K-ABCとの相関は，同時処理が0.211，認知処理過程が0.210と弱い正の相関で，継時処理が0.175，習得度が0.164とほとんど相関がないことも理解しておくべきであろう（鈴木ビネー研究会ら（編著），2007）。

　改訂版鈴木ビネー知能検査の健常児5歳0カ月の例は，図4-13に示す通りである。検査者は，その子どもが健常である場合は，原則としてCAの1歳くらい下の問題から開始し（本例では4歳級の問題から開始），記録例のように，「＋」が5～6問連続する時はそれ以下の平易な問題は合格として省略し，最後に「－」が5～6問連続すればそれ以上の問題の解決は困難であろうと仮定して省略する。本例では，「＋」連続5から「－」連続5の手前までの間の「＋」を合計すると25であり，巻末の「得点・IQ換算表」から，CA5歳0カ月で，25問合格であるから，本児のIQは125と判定される。なお，改訂鈴木ビネー知能検査の各基準年齢群における平均IQは明確にされていないが，CA5歳0カ月児におけるIQ100はMA（得点）が20点の場合，簡単に言い換えると問題20まで全て通過し，以降の問題が5連続して不通過の場合である。そこで，5～6歳級の問題19～24の通過率を俯瞰すると，問題21：5つの硬貨の名称以外は，通過率が71.4％～94.6％とかなり高いため，MAの平均値もかなり高い値を示すことが推定される。したがって，本児のIQ125はWISC-Ⅳのような偏差知能指数（deviation intelligence quotient：DIQ）であれば優秀域と解釈されようが，むしろ平均と解釈することが妥当する可能性があることも留意すべきであろう。

　また，本例の改訂版鈴木ビネー知能検査結果を神経心理学的に考えてみると，まず，CA5歳0カ月であることに比して7～8歳級の問題である30：5数字の復唱（5桁の順唱）と31：紐結び（モデル提示による蝶々結び），および6～7歳級の問題である26：菱形の模写に合格しているが，問題項目と通過率（鈴木ビネー研究会ら（編著），2007）によると基準年齢5歳0カ月～5歳11カ月における30：5数字の復唱の通過率は33.9％，因みにWISC-Ⅳのプロセス得点としては，順唱5桁は評価点10であり（Wechsler, 2003），26：菱形の模写の通過率は

年令	順位	＋−	問題	合格基準
2	1		身体の部分を指示	3/4
	2		見慣れた事物の名（カードファイル）	4/5
	3		性の区別	
	4		幾何図形の区別（幾何図形ボード、セット）	8/10
	5		絵の中の事物を列挙（カードファイル）	1/3
3	6		姓を問う	
	7		短文の復唱	1/3
	8		2線の比較（カードファイル）	3/3
	9		4つの数え方（数え駒）	
	10		了解問題（Ⅰ）	2/3
	11		正方形の模写（カードファイル、記入用紙、鉛筆）	1/3
4	12	＋	美の比較（カードファイル）	3/3
4	13	＋	13の数え方（数え駒）	1/2
	14	＋	3つの仕事（コップ、鉛筆）	3/3
	15	＋	2つのおもりの比較（おもり）	2/3
	16	＋	4数字の復唱	1/3
	17	＋	長方形の構成（長方形板の構成セット）【各問1分以内】	2/3
	18	−	用途による定義	4/6
	19	＋	絵の中の欠所発見（カードファイル）【各問25秒以内】	3/4
	20	−	数の概念（カードファイル）	3/3
5	21	＋	5つの硬貨の名称 ※（5種類の硬貨を事前準備）	4/5
	22	＋	右と左の区別	3/3
	23	＋	了解問題（Ⅱ）	2/3
	24	＋	色の名称（カードファイル）	4/4
6	25	−	了解問題（Ⅲ）	2/3
6	26	＋	菱形の模写（カードファイル、記入用紙、鉛筆）	2/3
	27	−	文章の復唱	1/3
	28	−	絵の内容の説明（カードファイル）	2/3
	29	−	差異を述べる	2/3
7	30	＋	5数字の復唱	2/3
	31	＋	紐結び（棒、組紐各2本）【1分以内】	
	32	−	20から1まで逆に数える【40秒以内】	
	33	−	計算の問題【各問20秒以内】	2/3
	34	−	用途以上の定義	2/4
8	35	−	書き取り（記入用紙、鉛筆）	
	36	−	時日の理解	4/4
	37		5つのおもり（おもり）	2/3

図 4-13　改訂版鈴木ビネー知能検査の健常児５歳０カ月の例

（出典：鈴木ビネー研究会ら（編著）（2007）改訂版 鈴木ビネー式知能検査．古市出版）

55.4％であり，特筆すべき項目とは考えにくいが，５桁の順唱を通過していることからベースの注意機能は問題ないことは押さえておくべきであろうし，31：紐結びの通過率は 16.1％であり，特に，①普通の客観物に対する興味度，②連続した協同運動の間を永続的に連想結合する能力，③有意的運動調節を習得する技巧（鈴木ビネー研究会ら（編著），2007）は優れており，つまり後頭頭頂連合野性の視覚－運動機能や視空間認知再構成機能が優れていることを示唆すると考えられよう。

一方，４～５歳級の問題である 18：用途による定義，５～６歳級の問題である 20：数の概念が不合格であり，問題項目と通過率（鈴木ビネー研究会ら（編著），2007）によると基準年齢５歳０カ月～５歳 11 カ月における 18：用途による定義（テーブルなど６単語の定義）の通過率は 66.1％，20：数の概念（カードを利用して右手形の指の数，左手形の指の数，両方の手形を合わせて指の数を数えさせずに回答させる）の通過率は 94.6％であり，特に知っていることと，その定義を表すことの相違としての成熟度や，数に対する自発的興味の発達の機能が脆弱であり，つまり前頭葉性の言語概念化や数的なワーキングメモリーの機能が脆弱であることを示唆すると考えられよう。さらに，６～７歳級の問題ではあるが，25：了解問題（Ⅲ）（もしあなたが何か人の物を壊した時，あなたはどうしますかなどが３問ある）が不合格であり，問題項目と通過率（鈴木ビネー研究会ら（編著），2007）によると基準年齢５歳０カ月～５歳 11 カ月における 25：了解問題（Ⅲ）の通過率は 78.6％であり，言葉で提供された課題を想像し，その想像した境遇に対して順応する状況適応能力の機能が脆弱であり，つまり前頭葉腹内側性

の想像力や社会適応能力の機能が脆弱であることを示唆すると考えられよう。このように何歳級の問題なのかは一定の目安とはなるが，事例を解釈する上では，特に基準年齢群における各問題項目の通過率のデータと比較検討することが大切となろう。さらに，本例は健常児であるとされているし，もちろん発達途上であり高次脳機能に関しても流動的であることに留意すべきではあるが，本例の認知機能特性としてのこのような長所と短所は，DSM-5 による自閉スペクトラム症を有する児童とも類似するので，要経過観察としていいかもしれないであろう。

さらに，今日のわが国のビネー法による知能検査の代表的なものは，田中ビネー知能検査（Tanaka-Binet Intelligence Scale）であり，田中（1947）により「田中びねー式智能検査法」の初版が刊行され，その後，田中（1954）により改訂版の「田中びねー式知能検査法」，田中教育研究所（編）（1970）により「TK 式田研・田中ビネー知能検査法」，田中教育研究所（編）（1987）により「全訂版田中ビネー知能検査法」と改訂が繰り返され，田中ビネー知能検査Ⅴ（Tanaka-Binet Intelligence Scale Ⅴ）（田中教育研究所（編），2007a, b, c）として今日まで発展してきている。田中ビネー知能検査Ⅴの特徴は，①現代の子どもの発達に適した尺度，②1987 年版をほぼ踏襲，③検査用具の一新（図版のカラー化・用具の大型化），④アセスメントシートの採用，⑤1 歳級以下の発達を捉える指標「発達チェック」の導入，⑥2〜13 歳までについては精神年齢（MA）を算出し，従来通りの知能指数 IQ = MA/CA × 100 で算出する。一方，14 歳以上〜成人に対しては MA を算出せず，偏差知能指数（DIQ）で算出する（例外的に行政上の措置に対応するための生活年齢修正表はある），⑦成人級の問題は，「結晶性領域」「流動性領域」「記憶領域」「論理推理領域」の4領域の因子構造を測定でき，領域ごとの評価点や領域別 DIQ，総合 DIQ を算出し，プロフィール等で各人の特徴を把握できることとされている。適応年齢は 2 歳〜成人までで，年齢尺度（1〜13 歳級）の各問題は年齢の低い子どもが取り組みやすい問題から，年齢が高くなるに従って徐々に難しい問題となるように配列されている。問題は 1 歳級から 13 歳級の 96 問と，成人級の 17 問があり，同年齢の約 55%〜75% が通過できるように構成されている。

結果は，CA2 歳 0 カ月〜13 歳 11 カ月までは，MA と IQ を求め，MA は，基底年齢（年齢級 + 1 歳）+ 基底年齢級以上の年齢級の合格問題数 × 加算年数で求める。基底年齢（base age）とは，全ての問題が合格できる年齢級に 1 を加算した年齢で，加算月数は，1〜3 歳級の各問題には 1 問につき 1 カ月，4〜13 歳級の各問題には 1 問につき 2 カ月が与えられ，問題数や難易度に応じて重みづけられている。IQ は生活年齢における合格する問題数の %，つまり，IQ = MA/CA × 100 で算出され，小数点第 1 位で四捨五入する。この比例 IQ は生活年齢を基礎として，知能の発達がどの程度進んでいるか，遅れているか，いわば知能の発達のスピードを表す縦の尺度として優れ，発達のスピードを重視する必要のある年齢群では有用といわれている（田中教育研究所（編），2007b）。14 歳以上では，原則として MA は算出せず，知能を 4 領域（結晶性，流動性，記憶，論理推理）に分け，領域別の偏差知能指数（deviation intelligence quotient：DIQ）と総合 DIQ を算出する。DIQ は，平均 = 100，1 標準偏差 = 16 になるように基準化され，（個人の得点（MA）− 同じ年齢集団の平均）/（[1/16] × 同じ年齢集団の標準偏差）+ 100）の式で算出される。したがって，ビネー DIQ およびウェクスラー DIQ と偏差値の関係は，図 4-14 に示す通りであり（田中教育研究所（編），2007b），ICD-10

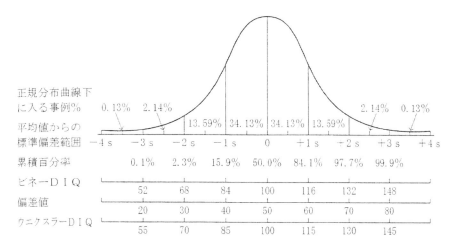

図 4-14　ビネー DIQ およびウェクスラー DIQ と偏差値（出典：田中教育研究所（編），2007b）

の精神遅滞（mental retardation：MR）の目安である2標準偏差を下回るところは，ウェクスラーDIQ では70 未満であるが，ビネー DIQ では68 未満となるので理解しておくことが大切である。また，欧米でよく使用される SB5 とは，かなり因子構造が異なることを理解しておくことも大切である。その他，検査者による行動観察結果の記載欄，検査時の被検児（者）の様子や，問題への取り組みの程度（5段階尺度）についても記載する。なお，行動観察の記録として，導入場面は「スムーズに入室，泣く，ソワソワしている，場面の変化に無頓着など」，テスターは「ラポールがとりにくい，なれなれしい，リラックス，緊張など」，経過は「終始楽しそう，最初熱心・次第にあきる，淡々としているなど」，質問に対する応答性は「話をよく聞かない，質問の了解に手間取る，何度も質問を聞き返すなど」，難しい問題に対しては「あきらめずに取り組む，気にする，すぐあきらめるなど」，問題を解いた後は「うれしそう，不安そう，正誤を気にするなど」，言語については「ハキハキと話す，ためらいがちに話す，語彙が少ないなど」，動作・作業については「テキパキ行う，慎重，行き当たりばったりなど」の観察ポイントがリストアップされているので，他の神経心理検査の行動観察の際にも参考となろう。

　また，田中ビネー知能検査Ⅴ：理論マニュアル（田中教育研究所（編），2007b）による，生活年齢別の精神年齢の平均と標準偏差を元に算出した，生活年齢別の IQ の平均と標準偏差は，図 4-15 に示す通りである。幼児期においては，得られる MA（得点）の平均値は，CA よりかなり高い値を示し，4歳から6歳の平均的な MA は，CA の約 1.2 倍，つまり平均的な IQ は約 120 になるので，解釈する際に留意すべきであろう。

【症例】28 歳，男性。＃精神発達遅滞（mental retardation：MR）（DSM-5 では，知的能力障害（知的発達症／知的発達障害：intellectual disability：intellectual developmental disorder））

　精神発達遅滞により，療育手帳を受給していたが，医師の意見書を改めて得るために受診された方である。あらかじめ，中度以上の知的障害で全検査 IQ が WAIS-R ではスケールアウトすることが予想されたため，田中ビネー知能検査 1987 年全訂版を適用することにした。因み

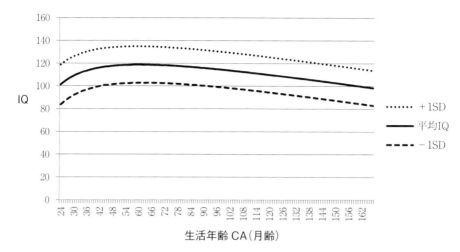

図 4-15　生活年齢別の IQ の平均と標準偏差（参考：田中教育研究所（編），2007b）

に WAIS-Ⅲでも，VIQ と PIQ は 45 未満，FIQ は 40 未満，VC，PQ，WM，PS は 50 未満でスケールアウトするため，例えば ICD-10 による精神発達遅滞の重症度判定基準に従うならば，中度，重度，最重度の判別ができない。

　その結果は，基底年齢 3 歳，3 歳級の問題は 12 問中 11 問合格（「絵の異同弁別」が不合格），4 歳級の問題は 6 問中 5 問合格（「順序の記憶」が不合格），5 歳級の問題は 6 問中 4 問合格（「反対類推」「三角形模写」「4 数詞の復唱」「絵の欠所発見」が合格），6 歳級の問題はすべて不合格であり，CA24 歳 3 カ月，MA5 歳 5 カ月であり，IQ ＝（MA5 歳 5 カ月／CA17 歳 9 カ月（注：20 歳以上の場合は全て修正年齢 17 歳 9 カ月となる））× 100 ＝ 31（注：小数点第 1 位を四捨五入）で，ICD-10 による精神発達遅滞の重症度判定基準では重度精神発達遅滞域（IQ20 ～ 34）の知能段階にあると言える。したがって，本症例の様に，WAIS や WISC でスケールアウトする可能性の高い，中度以上の重症度の可能性のある精神発達遅滞の重症度評価を行う際は，特に田中ビネー知能検査は有用となろう。

　また，6 歳級の問題（「絵の不合理（ノコギリを反対にして材木を切っているなどの 3 問）」「3 数詞の逆唱」「ひし形模写」「理解（どこかへ外出するときに，ある失敗をしてしまいました。その時あなたはどうしますかなどの 3 問）」「打数かぞえ（積み木の角で机を 7，5，8 回たたく数を解答させる）」「曜日の理解（ある曜日の前の日は何曜日ですかなどの 3 問）」）が全て不合格であり，本質的なものの抽出，聴覚言語的ワーキングメモリー，視空間認知再構成，社会的理解および判断，注意集中，言語概念把握の機能など全般的な知的機能における困難さはみられるが，合格した下位検査から，「4 数詞の復唱（4 桁順唱）」は基準年齢群 25 ～ 29 歳における WAIS-Ⅲ の順唱の最長スパンの累積パーセンテージでは 99.1 ％ ile（Wechsler, 1997），つまり下限からは，0.9％ ile（standard score 64）のところに位置し，ベースの注意機能や即時記憶の障害は軽度であることがわかり，一定程度の抽象概念の能力を必要とする「反対類推」や視空間認知再構成能力を必要とする「三角形模写」，観察能力を必要とする「絵の欠所発見」は合格しており，言語的なコミュニケーションをとる際は，注意の把持が困難であるので，短

い文節で本人の興味のあることや,わかりやすい文脈的な言い回しによる声がけが大切となるであろうし,図解し視覚的な補助を活用することも大切となろう。

5. 新版 K 式発達検査 2001
(Kyoto Scale of Psychological Development)

新版 K 式発達検査は,1931 年に設立された京都市児童院(現在の京都市児童福祉センター)で 1951 年に嶋津 & 生澤らによって開発された発達検査である(清水,2014)。その後,嶋津ら(1980)により新版 K 式発達検査(適用年齢:0 ～ 10 歳),嶋津ら(1983)により新版 K 式発達検査増補版(適用年齢:0 ～ 13 歳,14 歳以上は生活年齢(chronological age:CA)を補正することで理論上は成人まで適用可能)が公刊され,現在は生澤ら(2002)による新版 K 式発達検査 2001(適用年齢 0 歳～成人)が普及している。

新版 K 式発達検査 2001 は,328 項目について,定型発達者の 50%が通過する年齢区分として,0 カ月～ 12 カ月は 1 カ月ごと,1 歳～ 2 歳 6 カ月は 3 カ月ごと,2 歳 6 カ月～ 7 歳は 6 カ月ごと,7 歳～ 12 歳は 1 歳ごと,12 歳～ 14 歳は 2 歳ごと,成人級は難易度別の 3 水準で構成されている。また,検査用紙の適用年齢は,第 1 葉が 0 ～ 6 カ月未満,第 2 葉が 6 カ月～ 1 歳未満,第 3 葉が 1 ～ 3 歳未満,第 4 葉が 3 ～ 6 歳 6 カ月未満,第 5 葉が 6 歳 6 カ月～ 14 歳未満,第 6 葉が 10 歳～成人Ⅲ(第 5 葉と第 6 葉は一部重なりがある)である。さらに,発達指数(developmental quotient:DQ)= 発達年齢(developmental age:DA)／ CA × 100(小数点以下を四捨五入)で算出され,DA と DQ はいずれも,「姿勢・運動(postural-motor:P-M)」,「認知・適応(cognitive-adaptive:C-A)」,「言語・社会(language-social:L-S)」の 3 つの各領域,および全領域で算出される。また,検査用紙に通過項目(+)と不通過項目(−)を記録し,その境界線(プロフィール)を描くことで,多面的な精神発達の進みや遅れ,もしくは偏りなどを視覚的に捉えることができる。

なお,郷間(2006)によると,新版 K 式発達検査(嶋津ら,1980)と新版 K 式発達検査 2001(生澤ら,2002)の標準化資料の項目別 50%通過年齢を比較した現代の子どもの発達的特徴は,表 4-4 に示す通りである。姿勢・運動領域では,乳児期の発達は 20 年前と比較して促進傾向が認められるが,その促進は次第に軽減し幼児期後半には認めなくなり,認知・適応領域では幼児期後半に遅延を認め,学童期も遅延が持続し,言語・社会領域では,幼児期前半に遅延を認め,幼児期後半から遅延は軽減するものの学童期まで持続するとされている。つまり,幼児教育の進歩や教育用具の普及により,これまで一般に発達が促進されてきていると考えられていたが,本研究では逆の傾向として発達の遅延する時代に変化してきていると報告されている。したがって,近年の 20 年間でこのような結果がみられることは,発達検査としての信頼性や妥当性にも関わる問題であるとも考えられ,その後についての検証が求められよう。

発達障害に関しては,中井(2012)による,自閉症(autistic disorder:AD)群 50 名(CA 5 歳 5 カ月 ± 2 歳 0 カ月)と精神遅滞(mental retardation:MR)50 名(CA 5 歳 5 カ月 ± 2 歳 9 カ月)の新版 K 式発達検査の DQ 結果は表 4-5 に示す通りである(なお,P-M 領域は検査項目が 3 歳 6 カ月までしかないため,本研究では除外されている)。また,障害種別と個人

表 4-4 新版 K 式発達検査（嶋津ら，1980）と新版 K 式発達検査 2001（生澤ら，2002）の
標準化資料の項目別 50%通過年齢を比較した現代の子どもの発達的特徴
（出典：郷間，2006. 一部改変）

	乳児期	幼児期前半	幼児期後半	学童期
姿勢・運動領域	促進	軽度促進		
認知・適応領域			遅延	遅延
言語・社会領域		遅延	軽度遅延 （一部促進）	軽度遅延 （一部促進）
全領域		軽度遅延	遅延 （一部促進）	遅延 （一部促進）

表 4-5 AD 群と MR 群の新版 K 式発達検査の DQ 結果 （出典：中井，2012. 一部改変）

		AD 群	MR 群
全領域 DQ	mean ± SD	59.0 ± 17.9	61.1 ± 20.3
	range	29 〜 105	15 〜 95
	median	56	64
C-A 領域 DQ	mean ± SD	62.5 ± 21.0	61.4 ± 20.6
	range	28 〜 116	14 〜 97
	median	61.5	64.5
L-S 領域 DQ	mean ± SD	52.5 ± 18.8	59.2 ± 21.0
	range	20 〜 91	15 〜 95
	median	49	64

AD: autistic disorder, MR: mental retardation, DQ: developmental quotient, C-A: cognitive-adaptive, L-S: language-social

内能力の 2 要因参加者間内混合計画の分散分析により，障害種別の主効果は有意でないが（F = 0.51, ns），個人内能力の主効果は有意であり（F = 37.83, p < 0.01），単純主効果の検定より，MR 群は C-A 領域 DQ と L-S 領域 DQ に有意差は認めないが（F = 2.44, ns），AD 群は C-A 領域 DQ と比較して L-S 領域 DQ が有意に低く（F = 50.92, p < 0.01），さらに，障害種別と個人内能力の交互作用が有意である（F = 15.54, p < 0.01）と報告されている。つまり，MR 群は言語性能力と非言語性能力に有意差がなく，AD 群は非言語性能力と比較して言語性能力が有意に低いことが示唆される。また，大隅（2013）によると，知的障害をともなう自閉症の児童・生徒 60 名においては，CA4 歳〜 6 歳 11 カ月で C-A 領域の「重さの比較（例後）3：6 〜 4：0」課題で不通過を示す生徒が多く，体性感覚の全般的な鈍さから，指先の細かい感覚により積木の軽重を判断する困難さ，重い・軽いという目に見えない概念形成の困難さが示唆されるとしている。一方，CA7 歳超えの生徒の約半数が，「図形記憶 2/2 11：00 〜 12：00」や「記憶玉つなぎ 2/2」などの記憶力を必要とする課題を通過しており，なかには，CA6 歳代で「釣り合いばかりⅢ 成人域」を通過しスケールアウトしたが，L-S 領域が 2 歳代というように，個人内のアンバランスも自閉症の特徴の 1 つとしている。そして，L-S 領域で CA5 歳未満の自閉症児において，表情自体を読み取れないからなのか，「笑う」「悲しむ」などの言葉のニュアンスをイメージできないからなのかは不明であるが，「表情理解Ⅰ 2：0 〜 2：3」で不通過になる生徒が多く，CA4 歳以上では「了解Ⅰ 2/3 3：0 〜 3：6」で不通過になる生徒が多く，

コミュニケーションとしてのことばを持たない自閉症の特徴と一致すると報告されている。発達障害児・者における新版K式発達検査2001の特徴に関する研究は，以上のようなものが散見される程度なので，今後のさらなる詳細な知見の集積が待たれよう。

6．カウフマン式児童用アセスメント・バッテリー
（Kaufman Assessment Battery for Children：K-ABC，KABC-Ⅱ）

K-ABCは，KaufmanとKaufman（1983）によって，神経心理学と認知心理学の理論に基づき，心理学的アセスメントと教育的アセスメントを同時に行うことにより，学習障害児やその他の障害児の教育的支援の方向性を見出すことを目的に開発されたもので，原版の適用年齢は2歳6カ月〜12歳6カ月であるが，日本版は小学6年生である12歳11カ月までを測定できるように標準化がなされている。主な特徴は，①心理学的側面としての認知処理過程と教育的側面としての習得度（知識，言語概念，教科学習に関する技能）の2つの側面が測定できる，②継次処理（連続的・時間的な順序で情報を処理して課題を解決する能力）と同時処理（一度に与えられた多くの情報を空間的に統合し，全体的に処理して課題を解決する能力）およびこれらの合成得点による認知処理過程（認知機能の全体的水準）としての知的能力が測定できることである。

また，K-ABCは，継次処理，同時処理，認知処理過程，習得度の4つの総合尺度について標準得点（平均=100，1標準偏差=15）を算出でき，継次処理は，①手の動作（適用年齢2歳6カ月〜12歳11カ月），②数唱（適用年齢2歳6カ月〜12歳11カ月），③語の配列（適用年齢4歳0カ月〜12歳11カ月），同時処理は，①魔法の窓（適用年齢2歳6カ月〜4歳11カ月），②顔さがし（適用年齢2歳6カ月〜4歳11カ月），③絵の統合（適用年齢2歳6カ月〜12歳11カ月），④模様の構成（適用年齢4歳0カ月〜12歳11カ月），⑤視覚類推（適用年齢5歳0カ月〜12歳11カ月），⑥位置さがし（適用年齢5歳0カ月〜12歳11カ月），習得度は，①表現ごい（適用年齢2歳6カ月〜4歳11カ月），②算数（適用年齢3歳0カ月〜12歳11カ月），③なぞなぞ（適用年齢3歳0カ月〜12歳11カ月），④ことばの読み（適用年齢5歳0カ月〜12歳11カ月），⑤文の理解（適用年齢6歳0カ月〜12歳11カ月）の14下位検査からなるが，子どもの年齢によって実施する下位検査が異なるため，子どもに実際に行う下位検査は最大11である。

さらに，日本版K-ABCは1993年に出版され，特に様々な発達障害の有用な検査法として活用され，多くの知見も集積されてきた。

その後，KaufmanとKaufman（2004）により，Luriaの認知処理に関する神経心理学理論（Luria理論）とCattell-Horn-Carrollの広範的能力と限定的能力に関する心理測定学に基づく理論（CHC理論）の2つの最新理論に基づきKABC-Ⅱが開発された。その他の特徴としては，適用年齢が上限18歳までに拡大され，継次処理と同時処理だけでなく，計画や学習など認知処理能力をより多面的に測定できるようになっている。

Luria理論については，DN-CAS認知評価システム（Das-Naglieri Cognitive Assessment System：DN-CAS）の検査で詳述した，第1の機能的単位である注意（覚醒），第2の機能的

表 4-6　KABC-Ⅱの米国版と日本版の相違1（参考：日本版 KABC-Ⅱ制作委員会，2013）

	Luria の用語	CHC の用語	KABC の尺度名	
			〈米国版〉	〈日本版〉
尺度	継次処理 同時処理 学習能力 計画能力	短期記憶 Gsm 視覚処理 Gv 長期記憶と検索 Glr 流動的推理 Gf 結晶性能力 Gc	継次処理 Gsm 同時処理 Gv 学習能力 Glr 計画能力 Gf 知識 Gc	認知尺度 　継次尺度 Gsm 　同時尺度 Gv 　学習尺度 Glr 　計画尺度 Gf
		〈日本版のみ〉 量的知識 Gq 読み書き Grw		習得尺度 　語彙尺度 Gc 　読み尺度書き尺度 Grw 　算数尺度 Gq
総合尺度	MPI	FCI	MPI（Gc を除く） FCI	認知総合尺度 習得総合尺度 CHC 総合尺度

MPI: Mental Processing Index, FCI: Fluid Crystallized Index

単位である同時処理および継次処理，第3の機能的単位であるプランニングの3つの機能的単位のことであり，KABC-Ⅱにおける学習能力は，この3つの機能的単位すべてに関連づけられた処理過程の統合を反映している。

　また，CHC理論については，KABC-Ⅱの各尺度は次のような広範的能力を測定している。

・短期記憶（Gsm：short-term memory）：情報を入力し，保持し，数秒内に使用する。
・長期記憶と検索（Glr：long-term storage and retrieval）：新規に学習した，または以前に学習した情報を記憶し，効率的に検索する。
・視覚処理（Gv：visual processing）：視覚的パターンを知覚し，記憶し，操作し，思考する。
・流動性推理（Gf：fluid reasoning）：演繹的，帰納的な推理能力を使用して新規課題を解決する。
・結晶性能力（Gc：crystallized ability）：属する文化によって獲得された知識の幅や深さ。

　なお，日本版KABC-Ⅱでは，さらに次の2つの能力を測定することが可能である。特に，発達障害には発達性読み書き障害をともなう症例も多いので，読み書きの能力を評価することは有用となろう。

・読み書き（Grw：reading and writing）：言葉を読み，文を理解したり，言葉を書き，文を構成したりする。
・量的知識（Gq：quantitative knowledge）：計算し，数学的に推論する。

　ただし，日本版KABC-Ⅱ（日本版KABC-Ⅱ制作委員会，2013）は，米国版と相違がいくつかあり，それをまとめたものが表4-6と表4-7である。したがって，データの国際比較研究（cross-cultural study）を行う際は，留意を要するであろう。また，日本版KABC-Ⅱの下位検査の構成は，表4-8に示す通りであり，今後は日本版KABC-Ⅱを様々な臨床群および重症度の者に適用してデータを集積し，検証していくことが大切となろう。

表 4-7　KABC-Ⅱの米国版と日本版の相違 2（参考：日本版 KABC-Ⅱ制作委員会，2013）

	米国版	日本版
依拠する理論モデル	ルリア理論・CHC 理論	カウフマンモデル・CHC モデル
適用年齢	3 歳 0 カ月～18 歳 11 カ月	2 歳 6 カ月～18 歳 11 カ月
認知尺度	継次，同時，学習，計画，知識の 5 尺度ただし，ルリア理論では知識を除く 4 尺度	継次，同時，学習，計画の 4 尺度
習得尺度		語彙，読み，書き，算数の 4 尺度
非言語性尺度	仲間さがし，顔さがし，物語の完成，模様の構成，パターン推理，手の動作の 6 つで構成	顔さがし，物語の完成，模様の構成，パターン推理，手の動作の 5 つで構成
CHC 尺度	短期記憶，視覚処理，長期記憶と検索，流動性推理，結晶性能力の 5 つの広範的能力（量的知識は間接的に測定）	短期記憶，視覚処理，長期記憶と検索，流動性推理，結晶性能力，読み書き，量的知識の 7 つの広範的能力
下位検査	年齢に対応した基本検査に加えて補助検査が設けられ，18 下位検査で構成	全年齢すべて基本検査のみの 20 下位検査で構成（認知検査 11，習得検査 9）

表 4-8　日本版 KABC-Ⅱの下位検査の構成

認知尺度	継次尺度 Gsm	数唱 語の配列 手の動作
	同時尺度 Gv	顔さがし 絵の統合 近道さがし 模様の構成
	計画尺度 Gf	物語の完成 パターン推理
	学習尺度 Glr	語の学習 語の学習遅延
習得尺度	語彙尺度 Gc	表現語彙 なぞなぞ 理解語彙
	読み尺度 Grw	ことばの読み 文の理解
	書き尺度 Grw	ことばの書き 文の構成
	算数尺度 Gq	数的推論 計算

7．DN-CAS 認知評価システム
（Das-Naglieri Cognitive Assessment System：DN-CAS）

　新しい知的機能モデルとして，Naglieri と Das（1988）が論文のなかで提唱した元の PASS モデルは，Planning（プランニング）- Arousal（覚醒）- Simultaneous（同時処理）- Successive（継次処理）のモデルであり，その後，「Arousal（覚醒）」が「Attention（注意）」に変更されているが（Naglieri et al., 1990），この時点では注意のマーカー検査は報告されていなかった。

　Naglieri と Das（2003）によると Planning, Attention, Simultaneous, Successive theory（PASS 理論；Naglieri & Das, 1997）の基礎理論（Das et al., 1994）は，Luria（1966, 1973, 1980）に

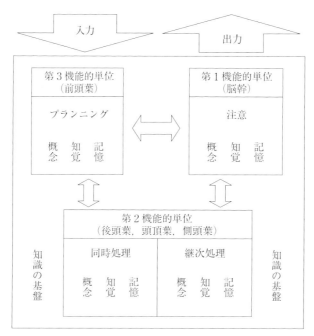

図4-16　PASS理論（出典：Naglieri & Das, 2003. 小海（訳））

よる脳の構造と機能面に関する知見に基づいている。それは，Luriaによる3つの機能的単位と関連づけられ，第1の機能的単位である脳幹，間脳，腹側は注意（覚醒）と関連づけられ，第2の機能的単位である後頭葉，頭頂葉，側頭葉は同時処理および継次処理と関連づけられ，第3の機能的単位である前頭葉，特に前頭前野はプランニングと関連づけられており，このPASS理論は図4-16に示す通りである。NaglieriとDas（1997）によると，プランニングとは，「個人が問題解決の方法を決定し，選択し，適用し，評価する心的過程」，注意とは，「個人が一定時間提示された競合する刺激に対する反応を抑制する一方で，特定の刺激に対して選択的に注意を向ける心的過程」，同時処理とは，「個人が分割された刺激を単一のまとまりやグループにまとめる心的過程」，継次処理とは，「個人が特定の系列的順序で，鎖のような形態で刺激を統合する心的過程」とそれぞれ定義されている。また，NaglieriとDas（1997）により，PASS理論に基づくプランニング，注意，同時処理，継次処理の4つの認知機能を測定するCognitive Assessment System（CAS）が開発され，日本版は，前川ら（2007）によってDN-CASの標準化がなされている。DN-CASには，標準検査（12下位検査）と簡易検査（8下位検査）の方法があり，DN-CAS下位検査の実施順序は，表4-9に示す通りである。標準検査の場合，プランニング（①数の対探し，②文字の変換，③系列つなぎ），同時処理（④図形の推理，⑤関係の理解，⑥図形の記憶），注意（⑦表出の制御，⑧数字探し，⑨形と名前），継次処理（⑩単語の記憶，⑪文の記憶，⑫発語の速さ／統語の理解）の12下位検査で構成され，発語の速さは5～7歳で実施し，統語の理解は8～17歳で実施することになっており，標準検査時間は60分である。簡易検査の場合，プランニング（①数の対探し，②文字の変換），同時処理（③図形の推理，④関係の理解），注意（⑤表出の制御，⑥数字探し），継次処理（⑦単語の記憶，⑧文の記憶）の8下位検査で構成されており，標準検査時間は40分である。なお，各下位検

表 4-9　DN-CAS 下位検査の実施順序

標準検査（12下位検査）	簡易検査（8下位検査）
プランニング 　1. 数の対探し 　2. 文字の変換 　3. 系列つなぎ	1. 数の対探し 2. 文字の変換
同時処理 　4. 図形の推理 　5. 関係の理解 　6. 図形の記憶	3. 図形の推理 4. 関係の理解
注意 　7. 表出の制御 　8. 数字探し 　9. 形と名前	5. 表出の制御 6. 数字探し
継次処理 　10. 単語の記憶 　11. 文の記憶 　12. 発語の速さ／統語の理解※	7. 単語の記憶 8. 文の記憶

※発語の速さ：5～7歳で実施　統語の理解：8～17歳で実施

査の結果は，平均10，1標準偏差3からなる評価点に換算され，各PASS尺度の下位検査の評価点合計は，平均100，1標準偏差15からなる標準得点に換算され，下位検査の評価点合計から全検査標準得点が得られるように構成されている。

さらに，DN-CASの特徴としては次のような点がある。①かな文字と数字がわかることを条件として，学習に遅れがある子どもでも知能水準の実態を適切に把握することができる。②プロフィールの特徴からLDとAD/HDの識別が可能である（同時処理が高く，継次処理が低いパターンはLD，プランニングと注意が低く，同時処理と継次処理が高いパターンはAD/HDの特徴を表しやすい）。③Kaufman Assessment Battery for Chidren（K-ABC）が測定している同時処理・継次処理に加えてプランニング・注意の4つの認知処理過程を測定可能である。④適用年齢が5～17歳と幅広い年齢で実施することが可能であるため，再検査を実施することで子どもの長期的な予後を調べたり，認知機能の特徴や変化をみたりすることが可能となっている。

なお，臨床的解釈や介入を考える上では，Naglieri（1999）やNaglieriとPickering（2003）の訳本も出版されており，参考となろう。

【症例】17歳，男性，高校1年生。左手利き。#AD/HD

中1の時に他施設で受検していたWISC-Ⅲの結果は，言語性知能指数（intelligence quotient：IQ）91，動作性IQ 97，全検査IQ 93，言語理解92，知覚統合97，処理速度91ですべて普通域であった。また，下位検査評価点は，知識10，類似8，算数8，単語9，理解8，数唱9，絵画完成10，符号10，絵画配列6，積木模様12，組み合せ10，記号探し10で，知識と積木模様が＋，絵画配列がW（weakness）で，有意味刺激の視知覚，非言語的推理，計画能力，視覚的体制化の能力が，第2仮説候補として判定される。

そこで，本症例の知的機能の特徴をより客観的に捉えるために適用したDN-CASの標

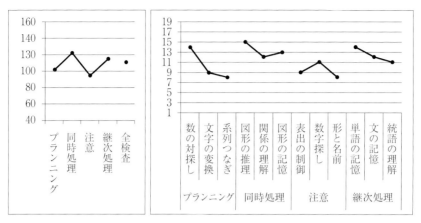

図 4-17　症例の DN-CAS 標準得点プロフィール（左図）と評価点プロフィール（右図）

準得点は，同時処理 122（優秀域：strength, $p < 0.05$），継次処理 115（普通域上位，no significant：ns），プランニング 102（普通域, ns），注意 95（普通域：weakness, $p < 0.05$）で，全検査 111（普通域上位）ではあるが，標準得点プロフィールは図 4-17 に示す通りであり，プランニングと注意が低く，同時処理と継次処理が高い AD/HD のパターンを示唆していると考えられる。また，各下位検査の評価点は，プランニング（数の対探し 14：strength, $p < 0.05$，文字の変換 9, ns，系列つなぎ 8, ns），同時処理（図形の推理 15, ns，関係の理解 12, ns，図形の記憶 13, ns），注意（表出の制御 9, ns，数字探し 11, ns，形と名前 8, ns），継次処理（単語の記憶 14, ns，文の記憶 12, ns，統語の理解 11, ns）で，評価点プロフィールは，図 4-17 に示す通りである。本症例のように，AD/HD による認知機能における困難さの特徴を，DN-CAS によって客観的に把握することが可能となろう。

　さらに，より現実的なものごとの処理能力を把握し，将来の進路を考える機会として適用した労働省編一般職業適性検査（General Aptitude Test Battery：GATB）の適性能標準得点（注：平均 100，1 標準偏差 20）は，G 知的能力 67（評価段階（以下同様）：E），V 言語能力 67（E），N 数理能力 103（Ⓒ），Q 書記的知覚 96（C），S 空間判断力 88（D），P 形態知覚 107（Ⓒ），K 運動共応 84（D），F 指先の器用さ 35（E），M 手腕の器用さ 69（E）であった（注：評価段階は上位から ABⒸCDE の 6 段階評価）。そして，適性能としての基準を満たしていると判定された適性職業群は，13 事務関係（(36) 簡易事務）のみで，適性能としての基準をほぼ満たしていると判定された適性職業群は，1 農林漁業（(1) 動植物の採取，飼育，栽培），2 運搬，加工，組立の簡易技能（(3) 身体作業，(4) 手腕作業，(6) 加工，組立），3 加工，組立，造形の熟練技能（(7) 建設，設備工事，(8) 切削加工，造形，(10) 製図関連），6 工学技術（(16) 測定，分析），9 コミュニケーション（(24) デザイン，写真），10 社会福祉（(27) 介護サービス），11 販売，サービス（(30) 販売，(31) 理容，美容，(32) 個人サービス），12 警備，保安（(34) 警備，巡視，(35) 警察，保安），13 事務関係（(37) 事務機器操作）であった。このように，発達障害者の支援を考える場合，GATB をテストバッテリーに組み，現実的なものごとの処理に関する適性能力を把握しておくことも大切となろう。

8. 神経行動認知状態検査
(Neurobehavioral Cognitive Status Examination：COGNISTAT)

　Neurobehavioral Cognitive Status Examination（NCSE）は，Kiernan ら（1987）および The Northern California Neurobehavioral Group（1995）によって，開発された全般的認知機能を評価するための検査であり，日本語版は松田と中谷（2004）によって標準化がなされ，信頼性と妥当性が確認されている。
　3領域の一般因子（覚醒水準，見当識，注意）と5領域の認知機能（言語，構成能力，記憶，計算，推理）が評価できるようになっており，言語は語り（ただし，評価点は算出せず，失語，作話などを内容分析する），理解，復唱，呼称の下位検査，構成，記憶，計算はそれぞれ単一の下位検査，推理は類似，判断の下位検査で構成されている。また，スクリーン-メトリック方式が用意されているのが特徴であり，スクリーン検査に失敗した場合のみ，メトリック検査が実施される。したがって，検査時間は，健常者であれば5分程度，軽度の認知機能障害者でも15分〜20分程度と短時間で実施することが可能である。また，検査結果をプロフィールとして図示できることが特徴であり，さらに，下位検査が標準化されているので，維持されている認知機能と障害されている認知機能を把握しやすく，障害の程度を障害なし（評価点9点以上），軽度（評価点8点），中等度（評価点7点），重度（評価点6点以下）の3段階で重症度を評価できるのも特徴である。
　また，松田（2005）によると，COGNISTAT を認知症のスクリーニングテストとして使用する際は，①障害域の成績を示した下位検査数の cut off ポイントを 2/3 個とし，3個以上の下位検査で障害域の成績を示したら認知症と判定する（感度 = 0.88，特異度 = 0.74），②標準得点の合計点の cut off ポイントを 89/90 点とし，89点以下を認知症ありと判定する（感度 = 0.88，特異度 = 0.85）との cut off ポイントが報告されており，COGNISTAT を認知症のスクリーニングテストとして使用する際に参考となろう。
　なお，課題名，評価内容，主に関連する脳の部位，各認知機能障害によって生じると考えられる生活障害，考え得るケア・アドバイスとしての体系表にまとめたものが表 4-10 であり（小海・與曽井，2014），神経心理学的報告書を作成する際の参考となろう。

【症例】45歳，男性。右手利き。# 正常圧水頭症（normal pressure hydrocephalus：NPH）
　症例の Brain MRI（magnetic resonance imaging）は図 4-18 に示す通りであり，上図は脳室-腹腔シャント（ventriculoperitoneal shunt：V-P shunt）術前，下図は VP シャント術後である。また，症例の VP シャント術前，術後の COGNISTAT 結果は，図 4-19 に示す通りである。症例のように，NPH 患者では，脳室の脳脊髄液の圧力が高まり内側面から圧排されるので脳室が拡大する。そのため，特に基底核周辺の認知機能である注意機能が障害されやすく，その上層機能である，高次脳機能が全般的に障害されると考えられる。症例の場合，VP シャント術前の注意の評価点は3点（重度障害域）であったのが，VP シャント術後には6点（重度障害域）に改善し，その他，復唱8点（軽度障害域）→ 11点（正常域），構成4点（重度障

表 4-10 COGNISTAT に関する課題名，評価内容，主に関連する脳の部位，各認知機能障害によって生じると考えられる生活障害，考え得るケア・アドバイスとしての体系表
(出典：小海・輿曽井，2014)

COGNISTAT 課題名		評価内容	主に関連する脳の部位	生活障害	ケア・アドバイス
覚醒水準		覚醒 注意の維持	脳幹 大脳基底核	今どこで何をしているか曖昧である	周囲が確認する
見当識		自己認識	大脳皮質全般	自己定位困難	支持的に関わる
		時間的見当識	大脳皮質全般 左海馬	時間的認識の混乱	リアリティ・オリエンテーション
		場所的見当識	大脳皮質全般 脳梁膨大部	場所がわからない 道に迷う	生活空間に規則性を作る 新規の場所は付き添う
注意	順唱	注意の維持 聴覚言語記銘	大脳基底核 左海馬	聞き間違いや行動間違いが増える	手順を示す 刺激を少なくする
語り		場面理解	前頭葉	場面理解の困難さ	環境刺激を少なく簡単にする
		運動言語	ブローカ野	運動失語	周囲が推測する
言語	理解	聴覚言語記銘容量	左海馬	何度聞いても聞いたことを覚えておけない	何度でも優しく伝える
		失行	右頭頂葉	失行	簡易な家電や使い慣れたものを利用する
		遂行機能	前頭葉背外側面	遂行機能低下	スモールステップで指示する
	復唱	聴覚言語記銘容量	左海馬	何度聞いても聞いたことを覚えておけない	何度でも優しく伝える
		手続き記憶	線条体	裁縫や料理の道具使用が困難になる	簡易な道具や使い慣れたものを利用する
	呼称	失名詞	側頭回	物の名前がでてこない	周囲が推測する
構成		視空間認知構成	後頭葉背側経路	道に迷う 失行	生活空間に規則性を作る
		枠組み理解	右頭頂葉	物の使い方がわからない	簡易な家電や使い慣れたものを利用する
		中身の理解	左頭頂葉	間違った使い方をする	自動車の運転を止めさせる
記憶		聴覚言語記銘の把持・再生	左前頭前野	聞いたことを覚えていない，思い出せない	メモを書いて渡す，貼る
		記憶戦略	左前頭葉背外側面		見通しや段取りを伝える
		イメージ記憶	右頭頂葉		視覚的補助を添える
計算		失算	左頭頂葉	計算できない 論理的イメージ機能低下	電卓を活用する 代理で計算する
推理	類似	カテゴリー化 抽象能力	左前頭葉背外側面	複雑な状況把握ができない 遂行機能低下	細かく指示する
	判断	社会性 意思決定	弁蓋部 前頭葉腹内側部	正しい状況判断ができない	周囲が確認する

害域）→ 7 点（中等度障害域），記憶 6 点（重度障害域）→ 9 点（正常域），計算 4 点（重度障害域）→ 8 点（軽度障害域），類似 6 点（重度障害域）→ 9 点（正常域）と顕著に高次脳機能が改善していることがわかる．なお，日本語版 COGNISTAT 検査用紙のプロフィールは，評価点 6 点以下はすべて重度障害域で括られてしまうので，症例の場合，注意は VP シャント術前後いずれも重度障害域となってしまう．そこで，Microsoft Excel で作成したプロフィール（図 4-19）のように 6 点以下の評価点を明示した方が望ましい場合もあろう．

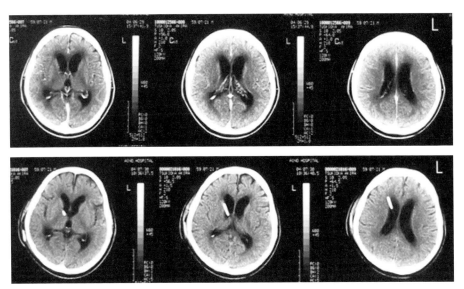

図4-18 症例（45歳，男性。右手利き。#NPH）のBrain MRI
（上図：VPシャント術前，下図：VPシャント術後）

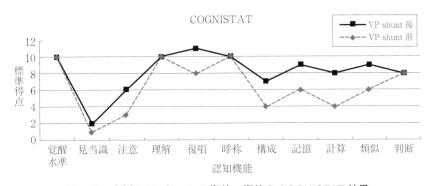

図4-19 症例のVPシャント術前，術後のCOGNISTAT結果
※標準得点の判定基準：正常域（9～12点），軽度障害域（8点），中等度障害域（7点），重度障害域（6点以下）

　NPHでは，歩行障害，認知障害，排尿障害の3つが主症状（3主徴）とされており，初期の段階では物忘れ，次いで自発性の低下，無関心，日常動作の緩慢化などがみられ，さらに進行すると無言無動といった状態になるとされている。また，何らかの原因で髄液の循環不全が生じ，その結果NPHが発症すると考えられているが，その原因が明らかな場合とそうでない場合がある。原因不明のものを特発性NPH（idiopathic NPH：iNPH），原因が明らかなものを二次性NPH（secondary NPH: sNPH）と呼び，sNPHの原因としては，くも膜下出血，頭部外傷，髄膜炎などがあげられる。

　特にiNPHの認知障害を認知機能テストで客観的にアセスメントする際にも，COGNISTATは有用な検査となるであろうし，症例のようにVPシャント術前後の改善を客観的に測定するためにも有用な検査となろう。

9. 精神状態短時間検査
(Mini-Mental State Examination：MMSE)

　MMSE は，Folstein ら（1975，表4-11）によって，元々は，精神疾患のなかで認知障害を有する患者を検出することを目的として考案されたものである。この検査は実施が容易なことや，臨床的有用性の高さから，その後，神経疾患や一般内科疾患，ならびに認知症性疾患の認知機能のテストとして，広く欧米で用いられてきている。原版における MMSE は30点満点で，健常高齢者の平均得点は 27.6 ± 1.7 点である。また，認知障害ありとなしを区別する cut off 値は 20/21 点が採用されており，総得点が 20 点以下の者は，認知症，せん妄，統合失調症，感情障害の可能性が高いが，健常者，神経症，パーソナリティ障害の者で 20 点以下のことはまれであるとされている。したがって，課題を日本の実状に合うように若干の修正を行うだけで，国際比較も十分に行えるものと考えられる。

　日本語版 MMSE は研究者により訳出が異なるが，感度と特異度に関しては，森ら（1985）によると cut off 値を 23/24 点にした場合，感度 0.84，特異度 0.93 とされている。また，小海ら（2010）によると臨床群（amnestic Mild Cognitive Impairment：MCI と probable Alzheimer's Disease：AD を含む）と健常群を判別するための cut off 値を 24/25 点とした場合，感度 0.837，特異度 0.957 となり，スクリーニングテストとして十分な感度と特異度を有するが，同様に 26/27 点を amnestic MCI 群と健常群を判別するための cut off 値とした場合，感度 0.741，特異度 0.826 となり，スクリーニングテストとして十分な感度と特異度を有するとは言い難く，他の認知機能検査による精査を行う必要性があると報告している。なお，加藤と本間（1991），北村（1991）による日本語版 MMSE における感度と特異度は未検討なままである。そして，MMSE は教育歴の影響を受けることが指摘されており（Tombaugh & McIntyre, 1992），大学卒業以上の者の場合，cut off 値を 26/27 点とした方が判別精度がよいとされる報告もある（O'Bryant et al., 2008）。

　また，森ら（1985）は，WAIS を同時に実施した被検者のデータ（32名）を用い，WAIS との相関により基準関連妥当性としての併存的妥当性を確認しているが，MMSE が 15 点以上のデータでの比較にとどまっている。これは，認知障害が中等度および重度になると，WAIS の検査にのらないことによると考えられる。したがって，MMSE における重症度判別基準を適用する上では，基準関連妥当性の併存基準として WAIS を利用することはできない。なお，認知障害の重症度分類の目安は研究者によって多少異なっており，小海ら（2001）のデータでは境界域認知障害 19.1 ± 2.4 点，軽度認知障害 16.9 ± 3.5 点，中等度認知障害 11.2 ± 3.8 点，重度認知障害 4.6 ± 4.1 点とされている。

　さらに，日本語版に関しては，近年，標準化され日本文化科学社から精神状態短時間検査：日本版（Mini-Mental State Examination-Japanese：MMSE-J）が発行されたので（Psychological Assessment Resources, 2001：杉下，2012），今後はこれを使用した知見の集積が大切になると考えられる。なお，日本文化科学社（2016）によると MMSE-J は 2014 年 4 月から販売が一時停止されていたが，2016 年 3 月から販売が再開されているので，日本語版は正式な MMSE-J を使用することが大切である。なお，販売再開の際，杉下ら（2016）により，MMSE-J の妥当性と

表 4-11　MMSE（出典：Folstein et al., 1975. 一部改変）

(Maximum score)	
	ORIENTATION
(5)	What is the (year) (season) (date) (day) (month)?
(5)	Where are we: (state) (country) (town) (hospital) (floor).
	REGISTRATION
(3)	Name 3 objects: 1 second to say each. Then ask the patient all 3 after you have said them. Give 1 point for each correct answer. Then repeat them until he learns all 3. Count trials and record. Trials
	ATTENTION & CALCULATION
(5)	Serial 7's. 1 point for each correct. Stop after 5 answers. Alternatively spell "world" backwards.
	RECALL
(3)	Ask for the 3 objects repeated above. Give 1 point for each correct.
(9)	**LANGUAGE** Name a pencil, and watch. (2 points) Repeat the following "No ifs, ands or buts." (1 point) Follow a 3-stage command: "Take a paper in your right hand, fold it in half, and put it on the floor" (3 points) Read and obey the following: CLOSE YOUR EYES (1 point) Write a sentence (1 point) Copy design: intersecting pentagons (1 point) Total score (Max.30)

信頼性に関して251例により再検討がなされ，医師によるNational Institute of Neurological and Communicative Disorders and Stroke-Alzheimer's Disease and Related Disorders Association (NINCDS-ADRDA) およびDSM-Ⅳに基づく健常/MCI群とAD群の鑑別を外的基準として23/24点をカットオフとした場合，100-7版（serial 7s version）で感度0.86，特異度0.89であり，逆唱版（backward repetition version）では感度0.80，特異度0.94と報告されている。また，受信者動作特性分析（receiver operating characteristic analysis：ROC分析）による最適のカットオフ値は，100-7版では23/24（感度0.86，特異度0.89），逆唱版では23/24（感度0.80，特異度0.94）あるいは24/25（感度0.86，特異度0.85）とも報告されている。この逆唱版のカットオフ値が24/25も提唱されているのは，100-7版と比較して逆唱版の方が有意にやさしい課題であるためである（杉下，2017）。さらにその後，杉下ら（2018）により，Japanese Alzheimer's Disease Neuroimaging Initiative (J-ADNI) のデータにはAD，MCIおよび健常者の診断をみて行われた例があり，算出された妥当性に問題があるとのことで，J-ADNIのデータを使用せず，新たに381名（妥当性と信頼性は100-7の課題を拒否した2例を除外した379名が分析対象である）のデータを集め，標準化がなされている。それによると，健常群では教育年数が低い場合と，年齢が高い場合，MMSE-J得点が有意に低かったが，性別は得点に影響せず，MCI群と軽度AD群では性別，年齢，教育年数は得点に影響せず，ROC分析により，MCI群と軽度AD群のカットオフ値は23/24点とした際，感度0.687，特異度0.788，健常群とMCI群のカットオフ値は27/28とした際，感度0.839，特異度0.835とされ，さらに再検査を行った67名の再検査信頼性は0.77と高かったとされている。つまり，MMSE-Jの最適カッ

トオフ値の弁別力は健常群と MCI 群の弁別は十分な妥当性があるが，MCI 群と AD 群との弁別は不十分ではあるが一定の妥当性があると言えよう．なお，杉下（2017, 2018）により日本文化科学社のホームページに MMSE-J（精神状態短時間検査-日本版）テクニカルレポート #1 および #2 として，「注意と計算」（シリアル 7 課題）と backward spelling 課題の施行法について公開されており，今後，本課題の施行法が受検者がシリアル 7 課題を拒否する場合のみ逆唱課題を行う方法に変更される予定とのことなので，留意する必要があろう（小海, 2018）．

また，臨床現場では，これまで無関係 3 単語の記銘および遅延再生の課題は，改訂長谷川式簡易知能評価スケール（Hasegawa Dementia Scale-Revised：HDS-R）で使用される「桜-猫-電車」の 3 単語がよく使用され，遅延再生の際，MMSE の教示概念にはないが HDS-R でなされる正答が出なかった場合にヒントを与えて実施されてきた．これは，カテゴリーに関するヒントがあって回答できる場合は，正常加齢に基づく聴覚言語記銘の保持・再生の脆弱化（age associated memory impairment：AAMI）や MCI の可能性が示唆され，カテゴリーに関するヒントがあっても回答できない場合は，probable AD の可能性が示唆されるので，有用な指標となってきた．しかし，MMSE-J の通常課題である 3 単語のうち一部の単語に関しては，ヒントとしてのカテゴリーでの教示が困難である．そこで，場合によっては，MMSE-J の代用課題である 3 単語で施行し，自発的な再生が得られなかった場合には，それぞれヒントとしてカテゴリーでの教示を補足するなど工夫を要すると思われる．

また，MMSE は冒頭に時間的見当識，地誌的見当識の課題が各 5 問ずつ，計 10 問もあり，MCI や高次脳機能障害の者は，冒頭の見当識における失敗がフィードバックしてくるため，「人として駄目になってしまった」などの抑うつ感情も持ちやすいため，雑談のなかで尋ねたり，順番を少し変更するなどの工夫を要する場合もあろう．

さらに，Serial 7's の課題は，途中でエラーがあっても原則，5 段階目まで実施し，直前の回答から，引くべき数である 7 の減算を正確にできるか否かによってスコアリングすることに留意すべきである．例えば，①93－85－78－71－64，②93－86－79－71－64，③93－85－76－70－63 と回答した場合，エラー数は①，②はいずれも 1，③は 3 であるので，①，②はいずれも 4 点，③は 2 点とスコアリングし，次のように解釈する．①は 2 段階目の桁操作減算に失敗しているが，その後は問題なく遂行できているため，解釈として論理的ワーキングメモリーは問題なく，不注意であった可能性が考えられる．②は後半 4 段階目の連続減算の後半で失敗し，5 段階目は問題なく遂行できており，解釈として論理的ワーキングメモリーは問題なく，持続性注意の障害の可能性が考えられ，生活場面における疲労の蓄積を回避することが大切になる可能性も考えられる．③のエラー数は 3 であり，解釈として論理的ワーキングメモリーの障害の可能性が示唆される．このように，単純に点数だけでなく，エラー数やエラー箇所の内容を解釈することが大切となろう．

ところで，Ara ら（2002）は，DLB は AD と比較して，MMSE の「注意と計算」と「構成」の得点が低く，「遅延再生」の得点が高い傾向にあることを応用して，MMSE の総得点が 13 点以上の場合，得点の重み付けを均等にした（注意と計算）－5／3×（遅延再生）＋5×（構成）の鑑別式で算出し，その値が 5 点未満であれば DLB が疑われるとし，その際，感度 0.82（95% confidence interval：CI ＝ 0.57-0.96），特異度 0.81（95% CI ＝ 0.62-0.94）であると報告しており，

表4-12 MMSEに関する課題名，評価内容，主に関連する脳の部位，各認知機能障害によって生じると考えられる生活障害，考え得るケア・アドバイスとしての体系表
(出典：小海・與曽井，2014；小海，2018)

MMSE課題名	評価内容	主に関連する脳の部位	生活障害	ケア・アドバイス
時の見当識	時間的見当識	大脳皮質全般 左海馬	時間的認識の混乱	リアリティ・オリエンテーション
場所の見当識	場所的見当識	大脳皮質全般 脳梁膨大部	道に迷う	生活空間に規則性を作る 新規の場所は付き添う
記銘	聴覚言語記銘 即時再生	左海馬	同じことを何度も聞く，言う	自尊心を傷つけずに聞き流す
注意と計算 (Serial 's)	分配性注意・論理的WM 持続性注意 不注意 計算	左前頭前野 大脳基底核 左島皮質 左頭頂葉	同時処理力低下 疲労蓄積による失敗 モニタリング機能低下 論理的イメージ機能低下	1度に複数のことを頼まない 疲れさせない 手掛かりメモを活用する 電卓を活用したり代理で計算する 自動車の運転を止めさせる
逆唱課題	分配性注意・論理的WM	左前頭前野	同時処理力低下	1度に複数のことを頼まない
再生	把持・再生　短期 　　　　　　長期	左海馬 左前頭前野	同じことを何度も聞く，言う 何も覚えられない	メモを書いて渡す，貼る 目に付く場所に必需品を置く
呼称	失名詞	左側頭回	喚語困難	周囲が推測する
復唱	感覚言語 運動言語 聴覚言語記銘容量 (イメージ力)	ウェルニッケ野 ブローカ野 左海馬 右脳	感覚失語 運動失語 聞いたことを覚えられない 空間的イメージ機能低下	本人が理解できる言葉を探す 周囲が推測する 指示を短くする 視覚的補助を添える)*
理解 (口頭従命)	聴覚言語従命 遂行機能 失行	海馬 前頭葉背外側面 頭頂葉	頼まれたことができない 遂行機能低下 失行	指示を短くする スモールステップで指示する 簡易な家電や使い慣れたものを利用する
読字	読字障害	左縁上回	新聞・雑誌・本等への関心がなくなる 失読	興味のあるテレビを見る
書字	書字障害	左角回	書類等の手続きができない 失書	代筆する
描画 (図形模写)	視空間認知構成	後頭葉背側経路 (後頭頭頂連合野)	道に迷う 失行	生活空間に規則性を作る 簡易な家電や使い慣れたものを利用する 自動車の運転を止めさせる

WM：working memory
* MMSE-Jはイメージを誘発する課題内容ではなく改善されたので該当しない。

DLBとADの鑑別の際，参考となろう。しかし，村山ら(2006)による同様の研究では，感度0.714，特異度0.378と報告されており，特に特異度が低く，つまりDLBでない者をDLBと見誤らない確率が37.8%と低い結果の報告も見られるので，留意を要するであろう。

なお，課題名，評価内容，主に関連する脳の部位，各認知機能障害によって生じると考えられる生活障害，考え得るケア・アドバイスとしての体系表にまとめたものが表4-12であり(小海・與曽井，2014；小海，2018)，神経心理学的報告書を作成する際の参考となろう。

10. モントリオール認知アセスメント
(Montreal Cognitive Assessment：MoCA)

　MoCAは，Nasreddineら（2005）によって，特に短時間（10分ほど）に軽度認知障害を検出することを目的として作成されたスクリーニング検査である。得点範囲は，0～30点であり，教育歴の影響を是正するために，教育歴が12年以下の場合には30点満点である場合を除いて，1点を加点することとされている。

　現在，MoCAはNasreddineのホームページで，登録後に世界各国版の検査用紙が入手可能であり，日本語版のMoCA-J（Japanese Version of The Montreal Cognitive Assessment）は図4-20に示す通りである。また，Fujiwaraら（2010）による軽度アルツハイマー病者（mild Alzheimer's disease：mild AD）30名，軽度認知障害者（mild cognitive impairment：MCI）30名，健常者36名を対象にMoCA-J，MMSE，HDS-Rをテストバッテリーに組み受信者動作特性曲線分析（receiver operating characteristic curve analysis：ROC曲線分析）を行った結果は，図4-21に示す通りであり，MCIに対するROC曲線下の面積（area under the curve：AUC）は，MoCA 0.95（95%信頼区間（confidence interval：CI）= 0.90-1.00），MMSE 0.85（95% CI = 0.75-0.95），HDS-R 0.86（95% CI = 0.76-0.95），mild ADに対するAUCは，MoCA 0.99（95% CI = 0.00-1.00），MMSE 0.97（95% CI = 0.00-1.00），HDS-R 0.97（95% CI = 0.00-1.00）となり，MoCA-Jのcut off値を25/26とした際，健常高齢者と軽度認知障害者を感度0.93，特異度0.89，健常高齢者とアルツハイマー病者を感度1.00，特異度0.89で判別されると報告されており，MoCA-JはMMSEやHDS-Rと比べて特に健常とMCIの鑑別に関して有用となろう。さらに，鈴木ら（2011）によるMCI群15名およびmild AD群18名におけるMoCA-Jの2年間の継時的変化は，図4-22に示す通りであり，特にMCI群においてMoCA-Jでは2年後に得点低下が認められたが，MMSEやHDS-Rでは変化が認められず，MoCA-JはMCIからADへの移行を検出するための継時的変化をとらえる際にも有用となろう。

　また，追分ら（2015）による物忘れ外来を主訴に受診した患者234名のCDRの重症度別のMoCA-Jの平均得点±標準偏差は，表4-13に示す通りであり，MoCAの平均総得点は，CDR 0（認知障害なし）26.3 ± 2.0点，CDR 0.5（認知症疑い）19.8 ± 2.9点，CDR 1（軽度認知症）14.5 ± 3.5点，CDR 2（中度認知症）10.9 ± 5.0と報告されており，MoCA-Jにより認知症の重症度を判定する際に参考となろう。

　さらに，岡村ら（2017）による統合失調症者39名（平均年齢49.4 ± 10.5歳）を対象に，MoCA-J，BACS日本語版，JARTをテストバッテリーに組み相関分析を行った結果，MoCA-JとBACS日本語版には高い相関が（ρ = 0.752, $p < 0.01$），また，MoCA-JとJARTには中程度の相関が認められ（ρ = 0.441, $p < 0.01$），BACS日本語版における重症度を基準にした際，MoCA-Jは，境界域21.9 ± 3.8点，軽度障害18.8 ± 3.8点，中等度障害以下15.8 ± 4.6点であったと報告されており，MoCA-Jにより統合失調症者の重症度を判定する際にも有用なスクリーニングテストの指標として参考となろう。

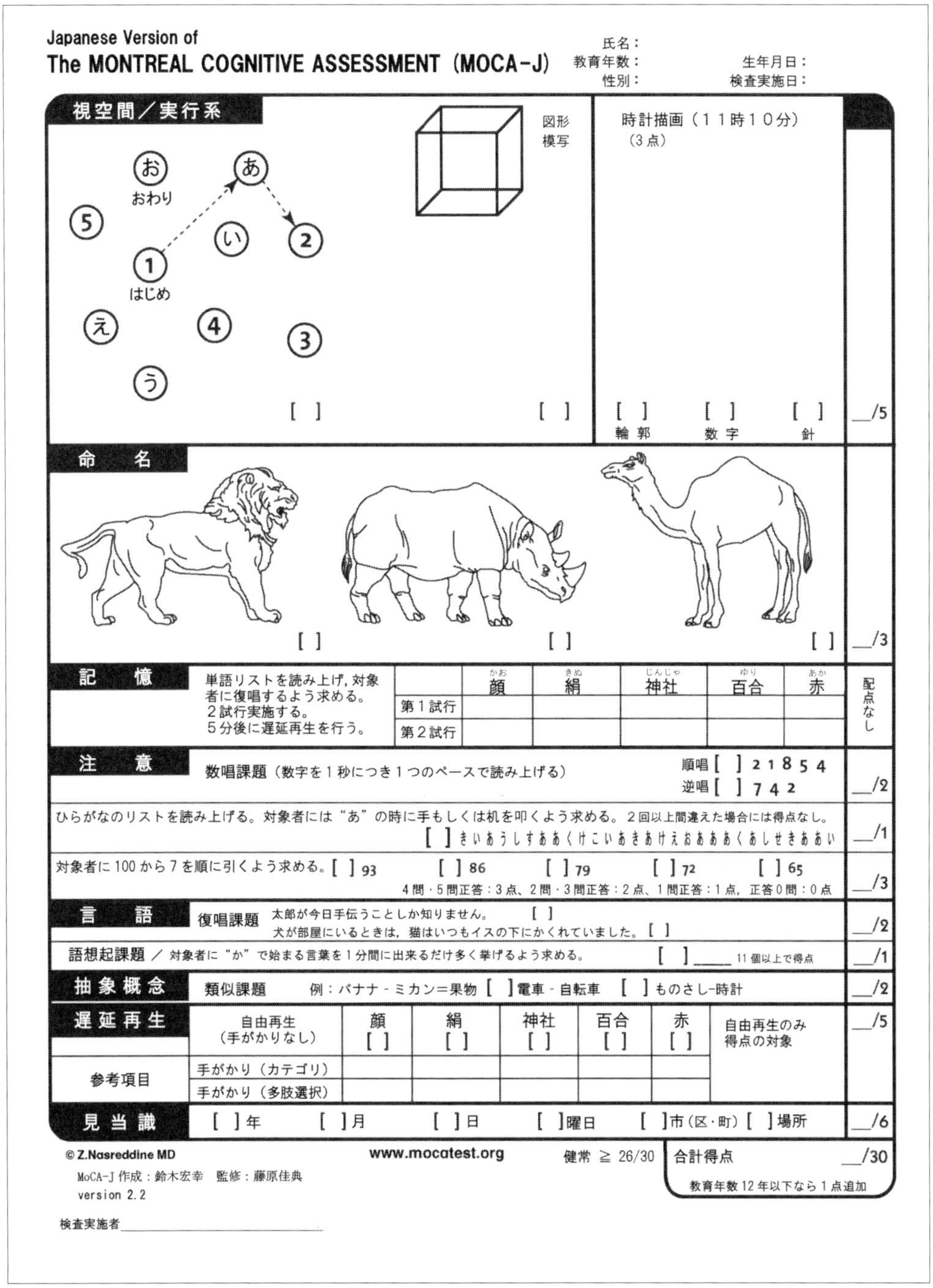
Japanese Version of
The MONTREAL COGNITIVE ASSESSMENT (MOCA-J)

氏名：
教育年数：　　　生年月日：
性別：　　　検査実施日：

視空間／実行系 [ ]　図形模写 [ ]	時計描画（１１時１０分）（3点）[ ] 輪郭 [ ] 数字 [ ] 針	__/5
命名 [ ] [ ] [ ]		__/3

記憶		顔（かお）	絹（きぬ）	神社（じんじゃ）	百合（ゆり）	赤（あか）	配点なし
単語リストを読み上げ，対象者に復唱するよう求める。２試行実施する。５分後に遅延再生を行う。	第１試行						
	第２試行						

注意　数唱課題（数字を１秒につき１つのペースで読み上げる）　順唱 [ ] 2 1 8 5 4　逆唱 [ ] 7 4 2	__/2
ひらがなのリストを読み上げる。対象者には “あ” の時に手もしくは机を叩くよう求める。２回以上間違えた場合には得点なし。[ ] きいあうしすああくけこいあきあけえおあああくあしせきあい	__/1
対象者に 100 から 7 を順に引くよう求める。[ ] 93　[ ] 86　[ ] 79　[ ] 72　[ ] 65　4 問・5 問正答：3 点、2 問・3 問正答：2 点、1 問正答：1 点，正答 0 問：0 点	__/3
言語　復唱課題　太郎が今日手伝うことしか知りません。[ ]　犬が部屋にいるときは，猫はいつもイスの下にかくれていました。[ ]	__/2
語想起課題 ／ 対象者に “か” で始まる言葉を１分間に出来るだけ多く挙げるよう求める。[ ] ____ 11 個以上で得点	__/1
抽象概念　類似課題　例：バナナ - ミカン＝果物 [ ] 電車 - 自転車　[ ] ものさし-時計	__/2

遅延再生		顔	絹	神社	百合	赤		
	自由再生（手がかりなし）	[ ]	[ ]	[ ]	[ ]	[ ]	自由再生のみ得点の対象	__/5
参考項目	手がかり（カテゴリ）							
	手がかり（多肢選択）							

見当識　[ ] 年　[ ] 月　[ ] 日　[ ] 曜日　[ ] 市（区・町）[ ] 場所	__/6

　www.mocatest.org　健常 ≧ 26/30　合計得点 __/30
教育年数 12 年以下なら 1 点追加

MoCA-J 作成：鈴木宏幸　監修：藤原佳典
version 2.2

検査実施者＿＿＿＿＿＿＿＿

図 4-20　MoCA-J
（http://www.mocatest.org/pdf_files/test/MoCA-Test-Japanese_2010.pdf, 2014.9.1. 引用）

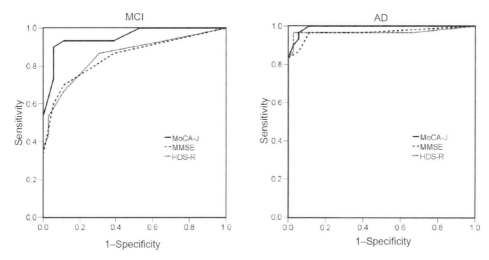

図 4-21 MCI および mild AD に対する MoCA-J, MMSE, HDS-R の ROC 分析結果
(出典：Fujiwara et al., 2010. 一部改変)
MCI: mild cognitive impairment, AD : Alzheimer's disease, ROC: receiver operating characteristic, MoCA-J: Japanese Version of The Montreal Cognitive Assessment, MMSE: Mini-Mental State Examination, HDS-R: Hasegawa Dementia Scale-Revised

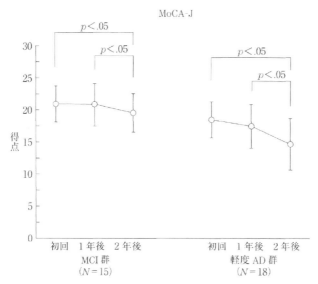

図 4-22 MCI 群および mild AD 群における MoCA-J の継時的変化 (出典：鈴木ら, 2011. 一部改変)
MoCA-J: Japanese Version of The Montreal Cognitive Assessment, MCI: mild cognitive impairment, AD: Alzheimer's disease

表 4-13 CDR（CDR 0: 認知障害なし，CDR 0.5：認知症疑い，CDR 1：軽度認知症，CDR 2：中度認知症）の重症度別の MoCA-J の平均得点および標準偏差
(出典：追分ら, 2015. 一部改変)

			CDR 0 (n=58) mean ± SD	CDR 0.5 (n=98) mean ± SD	CDR 1 (n=56) mean ± SD	CDR 2 (n=22) mean ± SD
年齢（歳）			70.0 ± 8.7	78.1 ± 6.1[a]	79.7 ± 4.6[a]	84.9 ± 4.9[a,b]
性別（男性／女性）			18/40	46/52	22/34	8/14
教育年齢（年）			11.8 ± 1.9	10.8 ± 2.4[a]	9.9 ± 2.5[a,b]	9.4 ± 1.9a[b]
MoCA-J	合計得点（/30）		26.3 ± 2.0	19.8 ± 2.9[a]	14.5 ± 3.5[a,b]	10.9 ± 5.0[a,b,c]
	記憶	第1施行（/5）	4.0 ± 0.9	2.8 ± 1.2[a]	2.3 ± 1.1[a,b]	1.6 ± 1.5[a,b]
		第2施行（/5）	4.7 ± 0.5	4.0 ± 0.9[a]	3.6 ± 1.0[a,b]	2.9 ± 1.5[a,b]
	遅延再生	自由再生（/5）	3.2 ± 1.5	1.0 ± 1.2[a]	0.1 ± 0.5[a,b]	0 ± 0[a,b]
		カテゴリ	0.8 ± 0.9	1.2 ± 1.1	0.9 ± 0.9	0.3 ± 0.7
		多肢選択	0.7 ± 0.9	1.4 ± 1.0	1.8 ± 1.0	1.3 ± 1.4
		合計正答数（/5）	4.8 ± 0.4	3.6 ± 1.4[a]	2.9 ± 1.5[a,b]	1.6 ± 1.7[a,b,c]

[a] CDR 0 と有意差あり，[b] CDR 0.5 と有意差あり，[c] CDR 1 と有意差あり（いずれも p<0.05）カテゴリ，多肢選択については自由再生の正答数に依存するため有意差検定を行っていない。
CDR; Clinical Dementia Rating, MoCA-J; Montreal Cognitive Assessment-Japanese

11．神経心理状態反復性バッテリー
(Repeatable Battery for the Assessment of Neuropsychological Status：RBANS)

　RBANS は，Randolph ら（1998）および Randolph（1998）によって開発された様々な脳疾患に合併する高次脳機能障害を，約 30 分程度の短時間で，Form A と Form B の 2 つのテストバッテリーが用意されているため，学習効果を抑えた上で繰り返し評価できる検査である。即時記憶（リスト学習，物語記憶），視空間・構成（図形模写，線方向づけ），言語（絵呼称，意味流暢性），注意（数唱，符号），遅延記憶（リスト再生，リスト再認，物語再生，図形再生）の 12 項目，5 認知領域の下位検査で構成されている。

　日本語版に関しては，山崎ら（2002）が予備研究で臨床的有用性を報告して以来，松井（2009），松井ら（2010a, 2010b, 2011）によって標準化がなされているので，市販が待たれるところである。

12．アルツハイマー病アセスメント・スケール
(Alzheimer's Disease Assessment Scale：ADAS)

　Mohs ら（1983）によって作成された記憶を中心とする認知機能と，情動を中心とする非認知機能を調べるための検査である。アルツハイマー病に対する塩酸ドネペジル（コリン作動性薬物）の薬理効果を評価するのが主な目的とされ，その際には認知機能下位尺度（ADAS-cognitive subscale：ADAS-cog.）のみが用いられることが多い。認知症の重症度を判定するためのものではなく，継時的に実施し得点変化によって認知機能の変化を評価するためのものである。そこで，参考値ではあるが，本間ら（1992）により認知症の重症度別および健常群

のADAS-Japanese cognitive subscale（ADAS-Jcog.）平均得点は，健常群（n = 33）5.5 ± 2.6 点，軽度認知症群（n = 18）15.5 ± 5.7 点，中等度認知症群（n = 22）26.7 ± 9.0 点，高度（重度）認知症群（n = 19）40.6 ± 13.4 点と報告されており，総失点を解釈する際に参考となろう。日本語版は，本間（1991）により作成され，日本語版のマニュアルとしては，同著書，本間ら（1992）や加藤ら（1996）の論文に実施方法や記録用紙が掲載されているので，いずれかを利用すればよいであろう。

ADAS-cog. は，アルツハイマー病にみられる認知機能障害が主に記憶，言語，行為の3領域にみられると仮定して作成されており，下位尺度には，①単語再生，②口頭言語能力，③言語の聴覚的理解，④自発話における喚語困難，⑤口頭命令に従う，⑥手指および物品呼称，⑦構成行為（描画），⑧観念運動，⑨見当識，⑩単語再認，⑪テスト教示の再生能力の11課題で構成されており，得点範囲は単語再生0～10，見当識0～8，単語再認0～12以外は，0～5で，最高点は70点となる。非認知機能下位尺度（ADAS-noncognitive subscale：ADAS-noncog.）は，①涙もろさ，②抑うつ気分，③集中力の欠如，④検査に対する協力度，⑤妄想，⑥幻覚，⑦徘徊，⑧多動，⑨振戦，⑩食欲の亢進／減少の10項目で構成されており，得点範囲はいずれも0～5で，最高点は50点となる。いずれの得点も失点方式であるため，高得点になるにしたがって障害の程度も高度となる。下位検査項目を理解しやすくするために本間（1991）を参考に作成したADAS-cog. の採点表は，表4-14に示す通りであるが，実際の検査時には，詳細な記録をとることが大切であるため，前述した論文などに掲載されている記録用紙を使用すべきである。

なお，単語再生は，「犬，包丁，電車，野球，猫……」の順に10単語を呈示し，正答した単語に○を記録することになっているが，例えば，「犬，猫，馬，包丁，鍋……」と回答した場合，概念化を手掛かりに保持・再生する前頭葉性のストラテジーが有効に機能していることが示唆される。したがって，このような解釈を考える上でも，回答した順番が後で判断できるように，「犬①，猫②，馬③，包丁④，鍋⑤……」のように丸数字で記録しておくことが大切となろう。

また，手指および物品呼称は，高齢者の場合，中指を「高々指」，薬指を「紅差し指」と回答することが多いので，このような呼称も覚えておくべきであろうし，物品呼称は本来，物品に触れさせず，呈示する際に物品の使い方を示すなどの工夫をしてもよいことになっている。ただし，例えばカナヅチやつめきりの物品名を呼称できなかった際に，その使用方法として，「こうやって使うでしょ」などと自ら使用方法を行動で示す場合は，側頭葉性の失名詞の症状が示唆されるにしても，それによる生活障害の程度はより軽度である可能性を示唆しているとも考えられよう。そこで，物品名呼称に失敗した際には，その物品の使用方法の認知を補助的に確認しておくことも大切となろう。

また，構成行為（描画）の2課題目は2つの重なった長方形の模写であり，通常は大きな長方形を2つ，90°で重なり合うように描画する者がほとんどであるが，時折，小さな長方形を4ないしは5つ，隣同士に描画することによっても正答になる場合がある。しかし，そのような場合は，右頭頂葉性の全体の枠組み理解の機能が脆弱化していることを示唆するので，このような特異な描画順序であった場合は，その描画順序を記録しておくことも大切となろう。

そして，見当識の季節に関しては，これまで治験などで一般的に正答範囲とされてきた気象庁で使用されている季節区分±2週間である。春2/15～6/14，夏5/18～9/14，秋8/18～

表4-14 ADAS-cog.の採点表

(出典：本間昭（1991）Alzheimer's Disease Assessment Scale（ADAS）．大塚俊男，本間昭（監修）高齢者のための知的機能検査の手引き．ワールドプランニング．pp.43-52.を参考にして作成）

Alzheimer's Disease Assessment Scale（ADAS）

氏名：	男・女　生年月日：明・大・昭　年　月　日　歳
検査日：　年　月　日　曜日	検査者：
診断：	ＩＤ：
教育年数：	所要時間：

認知行動（ADAS-cog.）

項　目	評　価　基　準	得点
1.単語再生	正解数[① ___　② ___　③ ___　平均 ___] 10 －（平均正解数） →	
2.口頭言語能力	0:支障なし　1:ごく軽度　2:軽度　3:中等度　4:やや高度　5:高度	
3.言語の聴覚的理解	0:支障なし　1:ごく軽度　2:軽度　3:中等度　4:やや高度　5:高度	
4.自発話における喚語困難	0:支障なし　1:ごく軽度　2:軽度　3:中等度　4:やや高度　5:高度	
5.口頭命令に従う	従えた命令の数[　　　　　] 　　　　5 －（従えた命令の数） →	
6.手指および物品呼称（不正解の数）	0：0〜2　　　1：3〜5　　　2：6〜8 3：9〜11　　4：12〜14　　5：15〜17	
7.構成行為(描画)	図形の正確性：□円　□2つの長方形　□ひし形　□立方体 なぞり描き：□なし　□あり	
（不正確な図形の数）	0：0（すべて正確）　1：1図形のみ　　2：2図形 3：3図形　　4：なぞり書き，囲い込み　5：書かれていない	
8.観念運動	各段階の正確性:□1段階　□2段階　□3段階　□4段階　□5段階 各段階ごとの教示:□なし　□あり　（1　2　3　4　5）	
	できた動作の数[　　　　　] 　　　　5 －（できた動作の数） →	
9.見当識	正解数[　　　　　] 　　　　　　　　8 －（正解数） →	
10.単語再認	[①___　②___　③___　平均___] 12 －（平均正解数） →	
11.テスト教示の再生能力	0:支障なし　1:ごく軽度　2:軽度　3:中等度　4:やや高度　5:高度	
合　計　得　点	（得点範囲：0〜70）	

12/14，冬11/17〜3/14の絶対評価に機械的に従うのではなく，近年は特に季節の変わり目である春は体感として冬もしくは夏と感じる場合もあるし，秋は夏もしくは冬と感じる場合もあるので，このような体感を含めて相対的に評価することが大切となろう．特に高齢者の場合，夏で暑いのに涼しいと誤認していれば熱中症の危険性が高まるであろうし，冬で寒いのに暖かいと誤認していればヒートショックの危険性が高まるであろうし，このような生活障害のリスクを予測して解釈することが大切となろう．

　さらに，観念運動は一括教示した時の反応に基づいて評価することになっているため，軽度認知障害（MCI）者で意外と多いのが，まず第4段階の「封筒にあて名を書く」を遂行後，「できました」と手を止め，一括再教示を行っても同様の反応となり，段階ごとの教示で，「便箋

を折りたたんでください」と教示すると,「あっ,そうだった」と気づき,残りの遂行を問題なくこなす場合があっても,一括教示した時の正答反応数は1で,観念運動の失点は5−1＝4点となる。しかし,このような場合は,観念運動（遂行機能）の障害が中度以上であるとは考えにくく,むしろ生活する上でヒントやきっかけがあれば問題なく遂行できる軽度障害レベルで,例えば何かをやらないといけない際には,あらかじめやるべきことの項目をメモしてから実行する習慣をつけることなどが有効となる可能性などについて解釈することが大切となろう。

また,単語再認は,12単語の呈示の後,干渉刺激となるダミー12単語も含めた24単語に対するターゲット12単語の再認正解数（3回実施）を算出し,12−（平均正解数）で単語再認の失点を評価することになっている。したがって,ダミー単語を「ある」と誤答しても失点は増えない。そこで,虚再認数を補助的に記録しておいて,前頭葉性の干渉の抑制機能を解釈に加えることも大切となろう。

なお,課題名,評価内容,主に関連する脳の部位,各認知機能障害によって生じると考えられる生活障害,考え得るケア・アドバイスとしての体系表にまとめたものが表4-15であり（小海・與曽井,2014）,神経心理学的報告書を作成する際の参考となろう。

【症例1】77歳,女性。右手利き。Non-amnestic MCI single domain

現病歴：股関節術後,名前が出てこない,やかんを焦がす,鍵をかけようとしないなどの行動変化が目立つようになる。なお,既往歴として高血圧にて服薬あり。

症例1のBrain MRIは,図4-23に示す通りであり,早期アルツハイマー型認知症診断支援システム（Voxel-Based Specific Regional Analysis System for Alzheimer's Disease：VSRAD）による海馬傍回の萎縮度は0.32で,両側海馬傍回の萎縮はほとんど見られなかった。

神経心理学的検査の結果は,MMSEは総得点27/30（normal range）で,serial 7's 2/5で失点が認められ,ADAS-Jcog.は総失点5.0/70で,単語再生3.7/10（4-7-8：学習効果を認め,3試行目は8/10で記憶容量の問題とは言えない）,口頭従命1/5（3段階目を失敗）,単語再認0.3/12（12−11−11,虚再認0−0−0）でそれぞれ失点が認められ,時計描画検査（CDT）の結果は図4-24に示す通りであり,command CDT 8/10（盤面0/2で失点となるが,再教示にて盤面を加筆する）,copy CDT 10/10であり,線引きテスト（TMT）結果は図4-25に示す通りであり,part A 75″（基準年齢群70-79歳：45.58 ± 18.91秒）：error 1,part B 136″（基準年齢群70-79歳：152.59 ± 88.42秒）：error 0,part B／part A 1.81（基準年齢群70-79歳：3.49 ± 1.76）であり,リバーミード行動記憶検査（RBMT）の結果は,物語（直後）8.5/25,物語（遅延）8.5/25で若干の失点は認められたが,標準プロフィール点24/24（60歳以上のcut off値15/16）,スクリーニング点12/12（60歳以上のcut off値5/6）であった。これらのテストバッテリーの結果から,ワーキングメモリーの障害だけが考えられる。Petersen（2004）の診断基準によるNon-amnetic MCI single domain（記憶障害を認めず,高次脳機能障害が1領域のみ）を示唆すると考えられ,バウムテスト（図4-26）からは,大きな果実を描画しており,これまでの成し得てきた人生に対する自信を示唆するとも考えられる。したがって,6カ月もしくは1年ごとのフォローにて経過観察をすることが妥当であろうとも考えられる。

表 4-15 ADAS-Jcog.（※ ADAS-cog. の日本語版）に関する課題名，評価内容，主に関連する脳の部位，各認知機能障害によって生じると考えられる生活障害，考え得るケア・アドバイスとしての体系表

(出典：小海・與曽井，2014)

ADAS-Jcog. 課題名	評価内容	主に関連する脳の部位	生活障害	ケア・アドバイス
単語再生	言語記銘・即時再生 記憶容量 学習	左海馬 左海馬 前頭葉	何度聞いても聞いたことを覚えておけない 1日の出来事を覚えていられない 物の置き場所を忘れる	何度でも優しく伝える メモを活用する 注意書きを貼り付ける
口頭言語能力	運動言語	ブローカ野	滑らかに話しにくい	周囲が推測する
言語の聴覚的理解	感覚言語	ウェルニッケ野	聞いて理解できない	本人がわかる言葉を探す
自発話における喚語困難	失名詞 文脈	左側頭回 前頭側頭連合野	言葉が出にくい 言いたいことが伝わりにくい	周囲が推測する
口頭命令に従う	聴覚言語記銘容量 遂行機能 失行	左海馬 左前頭葉背外側面 頭頂葉	頼まれたことができない 遂行機能低下 失行	指示を短くする スモールステップで指示する 簡易な家電や使い慣れたものを利用する
手指および物品呼称	手指失認 失名詞	左頭頂葉 側頭回	物の意味や用途がわからなくなる 物の名前が言えない	周囲が推測し教える
構成行為	視空間認知構成 枠組み理解 中身の理解	後頭葉背側経路 右頭頂葉 左頭頂葉	道に迷う 失行　物の使い方がわからない 　　　間違った使い方をする	生活空間に規則性を作る 簡易な家電や使い慣れたものを利用する 自動車の運転を止めさせる
観念運動	失行 遂行機能 手続き記憶	右頭頂葉 前頭葉背外側面 線条体	段取りを組み立てられない 効率よく作業を行うことができない 細かく指示されないと行動できない	1つずつその場で指示する 手本を示す スモールステップで指示する
見当識	時間・場所・人の見当識	大脳皮質全般 海馬 扁桃体	時間や居場所の混乱 情動記憶が曖昧	リアリティ・オリエンテーション 支持的に関わる
単語再認	言語記銘 干渉の抑制 学習	左海馬 前頭葉背外側面 前頭葉	同じことを何度も聞く，言う ヒントがあっても想起できないか虚再認する 物を覚えられない	メモを書いて渡す，貼る 目に付く場所に必需品を置く 注意書きを貼り付ける
テスト教示の再生能力	注意の維持	大脳基底核	今すべきことを忘れる	声かけをする

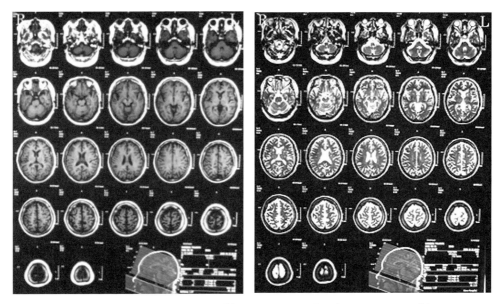

図 4-23　症例 1 の Brain MRI（左図：T1 強調画像，右図：T2 強調画像）

図 4-24　症例 1 の CDT 結果（左図：command CDT，右図：copy CDT）

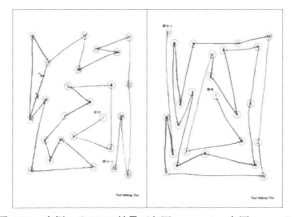

図 4-25　症例 1 の TMT 結果（左図：part A，右図：part B）

図4-26 症例1のバウムテスト結果

【症例2】73歳，男性。右手利き。amnestic MCI multiple domain

現病歴：X-2年より，記銘力低下があり，皆と会話していたことを忘れる，友人の顔を見ても名前が出てこないが，生活障害を来すほどではない。既往歴として高血圧がある。

症例2のBrain MRIは図4-27に示す通りであり，両側海馬傍回の萎縮や脳室の拡大が認められ，SPECTは図4-28に示す通りであり，右後部帯状回，海馬，左楔前部の血流低下が認められ，初期アルツハイマー病（early Alzheimer's Disease：AD）が示唆された。なお，北村(2003)による認知症性疾患のSPECTにより脳血流低下領域を示したZ score mapは図4-29に示す通りであり，俯瞰すると軽度(mild)ADは後部帯状回および楔前部の血流低下，中度(moderate)ADは前頭葉背外側面，海馬，後部帯状回および楔前部の血流低下（注：典型的にはこれらの血流低下領域を線でつなぐとV字型となる），重度（severe）ADは全般にわたっての血流低下を示しやすいとされている。そこで，症例2の血流低下部位からは，視空間認知構成や記憶の機能における低下は予測されよう。因みに，前頭側頭型認知症（frontotemporal dementia：FTD）では前頭葉および側頭葉の血流低下が認められ，レビー小体型認知症（dementia with Lewy bodies：DLB）では後頭葉および頭頂葉の血流低下が認められ，脳血管性認知症（vascular dementia：VaD）では大脳基底核，放線冠などの脳梗塞などにより前頭葉背外側面の血流低下を認めやすいとされる。

神経心理学的検査の結果は，MMSEは総得点27/30（normal range）で，見当識9/10（日付），遅延再生1/3（cueありでも不可）で失点が認められ，ADAS-Jcog.は総失点8.6/70で，単語再生4.3/10（5-6-6：学習効果を認めず，記憶容量の低下），見当識2/8（日付，曜日），単語再認2.3/12（11-8-10，虚再認3-0-1：記憶の再崩壊や干渉の抑制障害）でそれぞれ失点が認められ，CDTの結果は図4-30に示す通りであり，command CDT 10/10，copy CDT 10/10であり，TMT結果は図4-31に示す通りであり，part A 79"（基準年齢群70-79歳：45.58±18.91秒）：error 0，part B 234"（基準年齢群70-79歳：152.59±88.42秒）：error 1，part B／part A 2.96（基準年齢群70-79歳：3.49±1.76）でカテゴリーセットの転換障害が認められ，RBMTの結果は，姓0/2，名0/2，持ち物1/4，約束1/2，絵8/10，物語（直後）

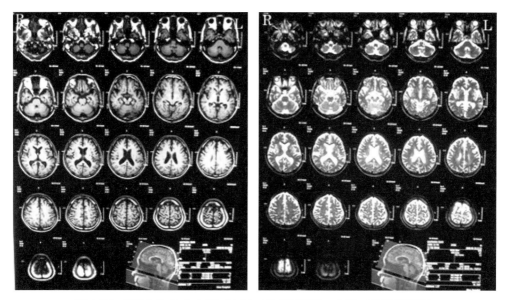

図 4-27　症例 2 の Brain MRI（左図：T1 強調画像，右図：T2 強調画像）

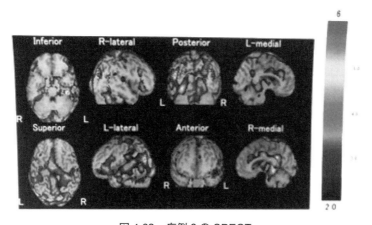

図 4-28　症例 2 の SPECT

11.5/25，物語（遅延）8.5/25，顔写真 3/5，用件（遅延）2/3，見当識 8/9，日付 0/1 で失点が認められ，標準プロフィール点 11/24（60 歳以上の cut off 値 15/16），スクリーニング点 3/12（60 歳以上の cut off 値 5/6）でいずれも cut off 値以下であった。これらのテストバッテリーの結果から，聴覚言語性記銘力，視覚性記銘力，予定記憶，行動記憶，ワーキングメモリー，遂行機能，カテゴリーセットの転換，干渉の抑制，時間的見当識の多岐にわたる障害が考えられ，両側海馬，左前頭葉腹内側，前頭前野，前頭葉背外側面周辺領域の機能低下が推測される。一方，生活障害を認めないとのことから，Petersen（2004）の診断基準による amnetic MCI multiple domain（記憶の障害を認め，その他の高次脳機能障害がいくつかの領域にもある）を示唆し，今後，さらに SPECT で認められた後部帯状回および楔前部の血流低下を反映した視空間認知

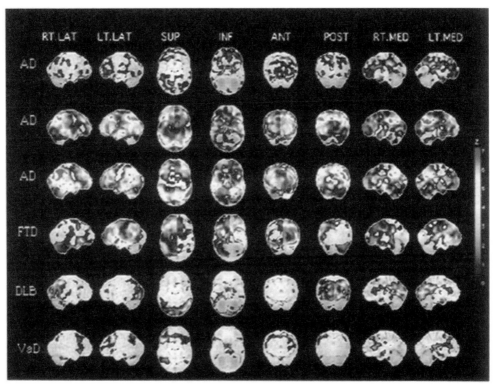

図 4-29 認知症性疾患の SPECT により脳血流低下領域を示した Z score map
(AD：Alzheimer's disease：アルツハイマー病。なお，最上段が軽度，中段が中度，
下段が重度である。FTD：frontotemporal dementia：前頭側頭型認知症。
DLB：dementia with Lewy bodies：レビー小体型認知症。VaD：vascular dementia：脳血管性認知症)
(出典：北村，2003．一部改変)

図 4-30 症例 2 の CDT 結果（左図：command CDT，右図：copy CDT）

図4-31　症例2のTMT結果（左図：part A, 右図：part B）

図4-32　症例2のバウムテスト結果

構成の障害も加わり，ADへの移行の可能性が高いとも考えられ，バウムテスト（図4-32）からは，地面の強調やストロークの重ね描きから，認知機能の低下や将来に対する不安を強く感じていることを示唆するとも考えられる．したがって，積極的に抗認知症薬の導入が必要であろうし，うつの合併にも留意しながら定期的に短期間でフォローすることが大切であろうと考えられよう．

　なお，本症例の神経心理学的検査で検出された各種の障害は，SPECTの結果から想定される障害程度をはるかに超えており，場合によっては神経心理学的検査の方がSPECTより検出力が高い可能性を示唆すると考えられ，さらに，神経心理学的検査で検出された各種の障害をふまえた，例えば記憶の補助としてのメモ活用やものごとは1つずつこなしてから，次のことをするようにとか，約束は必要最小限にし，約束する際には本人が毎日，確認するであろう場所に大きくメモを残す工夫をするなど，生活状況の聴取と併せて具体的なアドバイスが可能となるし，その意味合いでも神経心理学的評価は有用となろう．

表 4-16　長谷川式簡易認知症診査スケール（HDS）（出典：長谷川ら，1974。一部改変）

No.		配点
1	今日は何月何日か？（または）何曜日か？	0, 3
2	ここはどこか？	0, 2.5
3	年齢は？	0, 2
4	最近起こったできごとからどの位経ったか？（または）いつ頃か？	0, 2.5
5	出生地は？	0, 2
6	大東亜戦争の終了年は？（または）関東大震災はいつだったか？	0, 3.5
7	1年は何日か？（または）1時間は何分か？	0, 2.5
8	日本の総理大臣名は？	0, 3
9	100から順に7を引くと？（100－7＝93），（93－7＝86）	0, 2, 4
10	数字の逆唱（6-8-2）（3-5-2-9）	0, 2, 4
11	5つの物品の記銘（歯ブラシ，100円硬貨，ナイフ，櫛，スプーン）	0, 0.5, 1.5, 2.5, 3.5

配点は重みづけられた点。また，No.11は1つだけ覚えられたときは0点とする。

表 4-17　HDS の粗点・T 得点と評価段階

粗点	T得点	評価段階
31点以上	61以上	Normal（正常）
22～30.5	41～60	Sub-normal（境界）
10.5～21.5	31～40	Pre-dementia（準認知症）
10以下	30以下	Dementia（認知症）

13. 長谷川式簡易知能評価スケール
（Hasegawa Dementia Scale：HDS, HDS-R）

　わが国における最も長い歴史をもつ認知症のスクリーニング検査であり，長谷川ら（1974）がHDSを，加藤ら（1991）が改訂版であるHDS-Revised（HDS-R）を作成した。

　HDSの質問項目および配点は，表4-16に示す通りであり，得点範囲は，0～32.5点となる。また，HDSの粗点・T得点と評価段階は，表4-17に示す通りである。HDSはHDS-Rが作成されたため，現在では使用することが，ほぼなくなった検査ではあるが，HDS-Rの質問項目から削除された質問項目No.4の「最近起こった出来事からどの位経ったか？（または）いつ頃か？」の質問は，最近起こった出来事を，あらかじめ介護者や看護師などから当該高齢者に起こった印象的と思われる出来事をいくつか聞いておき，それを尋ねる検査であり，特に初期のアルツハイマー病患者に生じやすい出来事記憶の障害をアセスメントできる項目として重要であろう。

　HDS-Rの質問項目および配点は，表4-18に示す通りであり，得点範囲は0～30点となる。また，HDS-Rの認知症群と非認知症群のcut off値は20/21点が妥当とされており，重症度の判定基準は，表4-19に示す通りであり，重症度分類の目安は軽度認知症19.10±5.04点，中等度認知症15.43±3.68点，やや高度認知症10.73±5.40点，非常に高度認知症4.04±2.62点とされている。

　また，認知症のスクリーニング検査としては，MMSEがglobal standard（世界標準）になってきているが，わが国においては特に老健施設などではMMSEではなくHDS-Rがよく活用

表 4-18 改訂長谷川式簡易知能評価スケール（HDS-R）
（出典：加藤ら，1991，老年精神医学雑誌．一部改変）

No.			配点
1	お歳はいくつですか？（2年までの誤差は正解）		0, 1
2	今日は何年の何月何日ですか？ 何曜日ですか？ （年月日，曜日が正解でそれぞれ1点ずつ）	年 月 日 曜日	0, 1 0, 1 0, 1 0, 1
3	私たちがいまいるところはどこですか？（自発的にでれば2点，5秒おいて家ですか？ 病院ですか？ 施設ですか？ のなかから正しい選択をすれば1点）		0, 1, 2
4	これから言う3つの言葉を言ってみてください。あとでまた聞きますので，よく覚えておいてください。 （以下の系列のいずれか1つで，採用した系列に○印をつけておく） 　1：a) 桜　b) 猫　c) 電車　2：a) 梅　b) 犬　c) 自動車		0, 1 0, 1 0, 1
5	100から7を順番に引いてください。（100−7は？ それからまた7を引くと？ と質問する。最初の答えが不正解の場合，打ち切る）	(93) (86)	0, 1 0, 1 0, 1
6	私がこれから言う数字を逆から言ってください。(6-8-2, 3-5-2-9を逆に言ってもらう。3桁逆唱に失敗したら，打ち切る)	2-8-6 9-2-5-3	0, 1 0, 1
7	先ほど覚えてもらった言葉をもう一度言ってみてください。（自発的に回答があれば各2点，もし回答がない場合以下のヒントを与え正解であれば1点）　a) 植物　b) 動物　c) 乗り物		a：0, 1, 2 b：0, 1, 2 c：0, 1, 2
8	これから5つの品物を見せます。それを隠しますのでなにがあったか言ってください。（時計，鍵，タバコ，ペン，硬貨など必ず相互に無関係なもの）		0, 1, 2 3, 4, 5
9	知っている野菜の名前をできるだけ多く言ってください。（答えた野菜の名前を右欄に記入する。途中で詰まり，約10秒間待っても答えない場合にはそこで打ち切る） 0〜5＝0点，6＝1点，7＝2点，8＝3点，9＝4点，10＝5点		0, 1, 2 3, 4, 5

表 4-19 HDS-R の判定基準

判定	平均値 ± 標準偏差
非認知症	24.27 ± 3.91
軽度	19.10 ± 5.04
中等度	15.43 ± 3.68
やや高度	10.73 ± 5.40
非常に高度	4.04 ± 2.62

されている。そこで，例えば高齢者が老健施設入所中に肺炎を起こすと病院に肺炎治療のため一時的に入院してくることがあり，その場合は，HDS-Rによるアセスメントにて，経過観察を行うことも大切となろう。

　なお，その後，長谷川（2005）によるHDS-Rが三京房から出版され，とくにNo.8の5物品の視覚的記銘力課題として，「さじ，くし，サイコロ，はさみ，眼鏡，（※予備として軍手）」を使用することになっており，それぞれの物品が検査器具となっている。したがって，心理テストとして標準化された検査用紙および検査器具を使用した上で，基準データとの比較を行うべきであろう。

　また，課題名，評価内容，主に関連する脳の部位，各認知機能障害によって生じると考えら

表 4-20 HDS-R に関する課題名，評価内容，主に関連する脳の部位，
各認知機能障害によって生じると考えられる生活障害，
考え得るケア・アドバイスとしての体系表
(出典：小海・與曽井，2014)

HDS-R 課題名	評価内容	主に関連する脳の部位	生活障害	ケア・アドバイス
年齢	自己認知	大脳皮質全般	記憶障害拡大 判断力低下	支持的に関わる
時の見当識	時間的見当識	大脳皮質全般 左海馬	時間的見当識の混乱	リアリティ・オリエンテーション
場所の見当識	場所的見当識	大脳皮質全般 脳梁膨大部	場所がわからない 道に迷う	生活空間に規則性を作る 新規の場所は付き添う
3単語記銘	聴覚言語記銘 即時再生	左海馬	同じことを何度も聞く，言う	自尊心を傷つけずに聞き流す
引き算	分配性注意・論理的WM 不注意 計算	左前頭前野 左島皮質 左頭頂葉	同時処理力低下 モニタリング機能低下 イメージ機能低下	1度に複数のことを頼まない 手掛かりメモを活用する 自動車の運転を止めさせる
逆唱	分配性注意・論理的WM	左前頭前野	同時処理力低下	1度に複数のことを頼まない
遅延再生	把持・再生 短期 長期	左海馬 左前頭前野	同じことを何度も聞く，言う 何も覚えられない	メモを書いて渡す，貼る 目に付く場所に必需品を置く
5物品記銘	視覚記銘 即時再生	右海馬 左前頭側頭連合野	同じものを買ってくる 喚語困難	メモを渡す 周囲が推測する
野菜名想起	想起判断 知的柔軟性 流暢性	前頭連合野外側部 左前頭前野 ブローカ野	イメージ想起困難 思考判断力低下 流暢に話せない	具体的に指示する 周囲が確認する 周囲が推測する

WM：working memory

れる生活障害，考え得るケア・アドバイスとしての体系表にまとめたものが表 4-20 であり（小海・與曽井，2014），神経心理学的報告書を作成する際の参考となろう。

14. N 式精神機能検査 (Nishimura Dementia Scale：NDS)

　福永ら（1988）によって作成された包括的な認知機能のスクリーニング検査であり，動作性検査が多いのが特徴である（図 4-33, 図 4-34）。得点範囲は 9 ～ 100 点であり，重症度の判定基準は正常 95 点以上，境界 80 ～ 94 点，軽度認知症 60 ～ 79 点，中等度認知症 30 ～ 59 点，重度認知症 29 点以下とされている。
　運動メロディは，パーキンソン病やレビー小体型認知症における筋強剛など神経症状を検索するのに有用な課題であり，物語再生は文脈記憶の機能を検索するのに有用な課題である。ただし，物語の内容が火事であるため，例えば病棟に入院中の認知症患者に実施する場合は，仮想と現実の区別があいまいな患者もいるため，そのような患者であった場合は，検査後に仮想の話なので安心するようにとのアフターケアも大切となろう。

N式精神機能検査（NDS）

氏名：	男・女　生年月日：明・大・昭　　年　　月　　日　　歳
検査日：　　　年　　月　　日	検査者：

●集計表

問題＼粗点	0	1	2	3
①年　　　齢	0	8		
②月　　　日	3	8		
③指　の　名	2	7		
④運動メロディ	4	6		
⑤時　　　計	1	8		
⑥果物の名前	－2	10		
⑦引　き　算	4	6		
⑧図　形　模　写	－3	4	12	
⑨物　語　再　生	0	5	8	12
⑩逆　　　唱	－2	3	10	
⑪書　き　取　り	3	7		
⑫読　　　字	－1	6		

合　計　得　点
（粗点に対応する得点を合計する）

判　　　定

95以上　（正常）
80〜94　（境界）
60〜79　（軽度認知症）
30〜59　（中等度認知症）
29以下　（重度認知症）

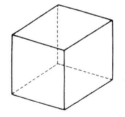

男の子が　本を読んでいる

図 4-33　N式精神機能検査
（出典：西村健，福永知子（1991）N式精神機能検査．大塚俊男，本間昭（監修）高齢者のための知的機能検査の手引き．ワールドプランニング．pp.27-34．一部改変）

教　示　（留意事項）	回　答　・　課　題	＊粗点
A　年齢は？（満もしくはかぞえ） 　　＊誤答を0，正答を1とする。以下同様	＿＿＿＿＿　歳	① 0，1
B　今日は何月何日ですか？	＿＿＿月＿＿＿日	② 0，1
C　この指（薬指）は，なに指ですか？ 　　（患者の指をさわって，指の名を言わせる）	正　　　誤	③ 0，1
D　（動作で示して）このように片手をグー，もう一方の手をパーにしてください。次に，このようにグーの手をパー，パーの手をグーというようにしてください。左右の手が同じにならないように繰り返してください。 　　＊5回以上の繰り返しを正とする。	正　　　誤	④ 0，1
E　この時計は何時何分になっていますか？ 　　（下の時計を示す。他の部分は隠す）	＿＿＿時＿＿＿分	⑤ 0，1
F　果物の名前をできるだけ沢山，できるだけ早く言ってください。私が「始め」と言ったら，すぐ言い始めてください。 　「始め」（患者の言うとおりの順序で記入） 　　＊30秒以内の正答数4以上を正答とする。 　　　重複は数えない。	＿＿＿＿＿＿＿＿ ＿＿＿＿＿＿＿＿ ＿＿＿＿＿＿＿＿ ＿＿＿＿＿＿＿＿	⑥ 0，1
G　これから私が読む話を最後まで聞いてください。私が読み終わったらいまの話の覚えていることを思い出して言って下さい。どんな順序でもよろしい。最後までよく聞いてください。（右欄の課題を明瞭に読み聞かせる）（採点はしない）	きのう　東京の　銀座で 火事があり　17軒　焼けました 女の子を　助けようとして 消防士が　火傷をしました。	
H　100から17を引くと？	正　　　誤	⑦ 0，1
I　これと同じ絵を書いてください。 　　（立方体の図を指示し，空白部に記入させる） 　　＊何も書けない＝0，何か書ける＝1，完全に書ける＝2		⑧ 0，1 　　2
J　少し前に覚えていただいた話を，いま，思い出してもう一度言ってください。火事の話でしたね。 　　＊正答句数　0＝0，1＝1，2〜6＝2，7〜10＝3	きのう　東京の　銀座で 火事があり　17軒　焼けました 女の子を　助けようとして 消防士が　火傷をしました。	⑨ 0，1 　　2，3
K　いまから私がいくつかの数字を言いますからよく聞いてください。私が言い終わったらすぐに逆の方向から言ってください。たとえば，1-2の逆は2-1ですね。 　　（1秒に1数字の速度で読み聞かせる。最後の数字は調子を少し下げて読む） 　　（2桁の1]24から始める。失敗すれば同じ桁の2]58をする。失敗すれば中止する。正しく逆唱できれば，次の1]629に進む。失敗すれば，2]415をする） 　　＊2桁失敗＝0，2桁成功・3桁失敗＝1，3桁成功＝2	1]　　　　　2] 24　　　　　58 629　　　　415	⑩ 0，1 　　2
L　これから私の言う文章を書いてください。 　　「山の上に木があります。」 　　（空白部に記入させる。患者が聞き直す場合は，繰り返し読み聞かせる）	正　　　誤	⑪ 0，1
M　声を出して読んでください。 　　（「男の子が本を読んでいる」を正位置にして示す。他の部分は隠す）	正　　　誤	⑫ 0，1

図 4-34　N式精神機能検査
（出典：西村健，福永知子（1991）N式精神機能検査．大塚俊男，本間昭（監修）
高齢者のための知的機能検査の手引き．ワールドプランニング．pp.27-34．一部改変）

表 4-21　N 式精神機能検査（Nishimura Dementia Test：ND Test）の集計表
（出典：Fukunaga et al., 2006. 一部改変）

問題	粗点			
	0	1	2	3
①年齢	2	9		
②月日	3	10		
③指の名	2	7		
④運動メロディ	1	7		
⑤時計	3	6		
⑥果実の名前	0	8		
⑦引き算	3	7		
⑧図形模写	2	11		
⑨物語再生	0	5	10	15
⑩逆唱	0	4	8	
⑪書き取り	4	6		
⑫読字	-2	6		

15. N式精神機能検査

(Nishimura Dementia Test：ND Test)

　Fukunaga ら（2006）によって，N 式精神機能検査（NDS）を元に再構成された包括的な認知機能のスクリーニング検査である。

　なお，NDS と問題名，教示法および採点法が異なるのは，以下の項目である。

- NDS の問題名「⑥果物の名前」は「⑥果実の名前」と変更され，教示 F の教示内容も「果物の名前をできるだけたくさん，できるだけ早く言って下さい」であったのが，「知っている果実の名前をできるだけたくさん言ってください」と変更されている。
- 教示 G の教示内容は「これから私が読む話を最後まで聞いて下さい。私が読み終わったら今の話の覚えていることを思い出して言って下さい。どんな順序でもよろしい。最後までよく聞いて下さい」であったのが，「これから私が読む話を最後まで聞いてください。私が読み終わったら今の話の覚えていることを思い出して言ってください」と変更されている。
- 問題⑧「図形模写」の粗点は 0，1，2 の 3 段階であったのが，何も書けない・不正確 = 0，正確に書ける = 1 の 2 段階に変更されている。
- 問題⑨「物語再生」の粗点は正答句数が 0 = 0，1 = 1，2～6 = 2，7～10 = 3 であったのが，0 = 0，1～2 = 1，3～6 = 2，7～10 = 3 に変更されている。
- 集計表は，表 4-21 に示す通りに変更されている。

　上記の変更により，得点範囲は 9～100 点で，重症度の判定基準は正常 95 点以上，境界 80～94 点，軽度認知症 60～79 点，中等度認知症 30～59 点，重度認知症 29 点以下であったのが，得点範囲は 18～100 点で，重症度の判定基準は正常 95 点以上，境界 85～94 点，軽度認知症 61～84 点，中等度認知症 33～60 点，重度認知症 32 点以下に変更されている。

16. 統合失調症用認知の簡易アセスメント
(Brief Assessment of Cognition in Schizophrenia：BACS)

　BACSは，Keefeら（2004）によって開発され，Keefeら（2008）によって標準化もされた統合失調症者の全般的な認知機能面をスクリーニングするための検査であり，検査時間は約30分である。下位検査には，言語性記憶と学習（言語性記憶課題），ワーキング・メモリ（数字順列課題），運動機能（トークン運動課題），言語流暢性（言語流暢性課題），注意と情報処理速度（符号課題），遂行機能（ロンドン塔検査）がある。

　日本語版BACSは，Kanedaら（2007）によって作成され，兼田ら（2008）により20～50歳代の統合失調症患者および健常者の標準値（平均値±標準偏差）が報告されている。

　その後，兼田ら（2013）によってさらにデータが増やされ，10～60歳代の健常者の性別の標準値（平均値±標準偏差）に基づき，年代および性別を考慮したz-score／T-scoreの算出が可能となった標準化がなされているので，この基準に基づいた判定が大切となろう。また，日本語版BACS下位検査およびcomposite score（総合得点）における年代・性別の平均は，表4-22に示す通りであり（兼田ら，2013），日本語版BACS各下位検査のz-scoreは「（素点－当該年代・性別健常者平均）／当該年代・性別健常者標準偏差」で算出される。なお，精神医学編集室（2014）が，兼田ら（2013）の原著者の要望にて，BACS-Jの名称や仮のcomposite scoreと真のcomposite scoreの算出について訂正ならびに追加を掲載報告しているので，この文献も入手しておくことが大切となろう。

17. 日本版成人読みテスト
(Japanese Adult Reading Test：JART)

　国民成人読みテスト（National Adult Reading Test：NART）は，認知症患者の病前知能を推定する方法として，Nelsonらの研究（Nelson & Mckenna, 1975；Nelson & O'Connell, 1978）を元に，不規則な綴りの50単語（例えば，Debt, Aeonなど）の音読の正誤より判定するものであり，その後，正式な検査となった（Nelson, 1982）。

　その日本語版である日本版成人読みテスト（JART）は，不規則読み熟語の音読の正誤よりアルツハイマー病患者の病前知能を推定する50単語版であるJART-50と，25単語の簡易版であるJART-25として標準化されている（松岡・金，2006）。いずれも，誤答数から予測全検査知能指数（IQ），予測言語性IQ，予測動作性IQを算出できるようになっている。

　なお，統合失調症者に対してドーパミン拮抗薬としての定型抗精神病薬が投与されていた頃は，その副作用として錐体外路症状（パーキンソニズム），口渇感，便秘や排尿障害などがみられやすく，陰性症状としての意欲の低下や緩慢な動作に加え，ドーパミンの分泌を抑制するので，よけいに動作性IQが極端に落ち込み，全検査IQも低い患者が多かったのではあるが，このような統合失調症者の病前IQを推定する有用な方法になるとも考えられ，今後，様々な疾患におけるデータを集積することが大切となろう。

表 4-22 日本語版 BACS 下位検査および composite score（総合得点）における年代・性別の平均（出典：兼田ら，2013．一部改変）

		10歳代 (N=20)		20歳代 (N=80)		30歳代 (N=64)		40歳代 (N=76)		50歳代 (N=32)		60歳代 (N=20)	
		mean ± SD	Z	mean ± SD	Z	mean ± SD	Z	mean ± SD	Z	mean ± SD	Z	mean ± SD	Z
N	男性	10	—	40	—	32	—	28	—	16	—	10	—
	女性	10	—	40	—	32	—	28	—	16	—	10	—
年齢(歳)	男性	16.6 ± 2.7	—	23.0 ± 2.1	—	33.5 ± 2.4	—	45.1 ± 2.7	—	53.1 ± 2.7	—	63.6 ± 3.3	—
	女性	17.8 ± 1.6	—	23.0 ± 2.1	—	33.6 ± 2.5	—	44.9 ± 2.9	—	54.1 ± 2.5	—	62.9 ± 3.2	—
言語性記憶課題	男性	56.1 ± 5.4	0.69	53.9 ± 7.4	0.46	48.9 ± 8.8	-0.02	43.7 ± 9.9	-0.55	43.4 ± 7.7	-0.58	36.4 ± 7.8	-1.29
	女性	50.8 ± 14.2	0.15	55.7 ± 8.1	0.65	51.2 ± 7.9	0.20	49.0 ± 8.6	-0.02	42.8 ± 11.1	-0.64	44.8 ± 6.0	-0.44
数字順列課題	男性	24.1 ± 2.6	0.73	22.8 ± 3.4	0.42	21.4 ± 3.8	0.09	19.9 ± 3.5	-0.28	19.7 ± 3.9	-0.32	20.5 ± 2.0	-0.14
	女性	21.6 ± 6.5	0.12	21.8 ± 4.1	0.17	21.7 ± 3.5	0.15	19.9 ± 4.0	-0.28	19.2 ± 5.4	-0.45	19.0 ± 4.1	-0.51
トークン運動課題	男性	81.8 ± 13.1	-0.36	88.7 ± 9.9	0.17	89.3 ± 10.7	0.22	84.3 ± 14.5	-0.16	83.6 ± 11.0	-0.22	74.1 ± 11.0	-0.96
	女性	72.6 ± 11.6	-1.08	86.1 ± 9.9	-0.02	90.7 ± 10.7	0.32	91.1 ± 10.7	0.36	89.0 ± 11.3	0.19	78.1 ± 17.3	-0.65
言語流暢性	男性	49.4 ± 8.1	0.13	50.9 ± 7.8	0.27	51.0 ± 12.7	0.28	43.8 ± 9.3	-0.35	46.6 ± 10.3	-0.10	40.8 ± 8.9	-0.62
	女性	42.0 ± 9.6	-0.52	49.9 ± 10.9	0.18	49.4 ± 12.4	0.13	48.9 ± 14.5	0.09	42.5 ± 9.6	-0.47	44.2 ± 6.3	-0.32
符号課題	男性	72.7 ± 19.9	0.42	74.1 ± 12.1	0.53	68.7 ± 8.3	0.10	64.0 ± 9.1	-0.27	59.5 ± 8.6	-0.63	56.1 ± 5.0	-0.91
	女性	66.7 ± 6.1	-0.05	73.1 ± 12.7	0.46	66.3 ± 14.0	-0.08	67.7 ± 12.9	0.02	60.8 ± 10.2	-0.52	58.5 ± 8.0	-0.71
ロンドン塔検査	男性	18.3 ± 2.2	0.04	19.0 ± 1.8	0.37	18.9 ± 1.5	0.29	17.8 ± 2.1	-0.15	18.3 ± 1.8	0.07	16.1 ± 4.4	-0.88
	女性	18.2 ± 3.0	0.00	18.9 ± 1.9	0.31	17.8 ± 2.4	-0.16	17.7 ± 2.4	-0.18	17.6 ± 2.2	-0.21	16.2 ± 3.2	-0.83
composite score(Z[a])	男性	—	0.27		0.37		0.16		-0.29		-0.29		-0.80
	女性	—	-0.23		0.29		0.09		-0.00		-0.35		-0.58

[a] composite score は，BACS-J 各下位検査の z-score 平均で，z-score は，292 名の平均値と標準偏差を使用して算出されている。

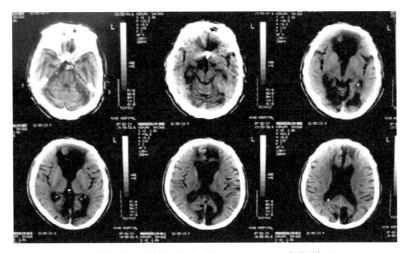

図4-35 症例（75歳, 男性。右手利き。＃アントン症候群）のBrain CT

【症例】75歳, 男性。右手利き。＃アントン症候群（Anton-Babinski syndrome）

　49歳時にくも膜下出血, 66歳時に両側前頭葉および後頭葉の脳血栓にて, 脳器質病変による夜間せん妄, さも見えているような言動から, アントン症候群と診断され, 68歳時には大腸がん肝臓転移の既往歴がある。図4-35は75歳時のBrain CTであり, 前交通動脈周辺にクリッピング, 両側前大脳動脈領域および両側後大脳動脈領域に陳旧脳梗塞（old cerebral infarction）が認められる。アントン症候群は, 希な疾患であり, 後頭葉障害としての皮質盲（cortex blindness）によりすべてもしくは一部の視覚を失っていても, 視覚障害を否定するような疾患である。症例に対してJART-25を適用したが, 皮質盲で読字不能のため, 部首説明, 別の音訓での読み方, 指でのなぞり書きなどによる教示で施行したところ, 合計正答数は25問中4問となり, 罹患前の推定IQとして, 予測全検査IQ 77（境界域）, 予測言語性IQ 75（境界域）, 予測動作性IQ 82（普通域下位）と判定され, 潜在的な知的機能はほとんど問題がないことと皮質盲を理解した上での関わりが重要であることが示唆された症例である。したがって, 臨床現場では, JARTをこのように応用して適用することも大切となろう。

18．一般職業適性検査
（General Aptitude Test Battery：GATB）

　労働省編一般職業適性検査は, 米国労働省によって開発されたGeneral Aptitude Test Battery（GATB）をその原案としており, 1952年に完成公表されている。その後, 現在の厚生労働省編一般職業適性検査は, 1956年に初版が発行され, その改訂版が1995年に発行されている。

　GATBは, 多種多様な職業分野において仕事を遂行する上で必要とされる代表的な9種の適性能（G知的能力, V言語能力, N数理能力, Q書記的知覚, S空間判断力, P形態知覚, K運動共応, F指先の器用さ, M手腕の器用さ）を測定することにより, 能力面からみた個

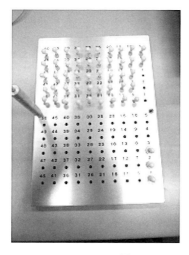
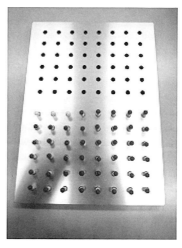

図 4-36　GATB の器具検査
(左図が指先器用検査盤：エフ・デーボード，右図が手腕作業検査盤：ペグボード)

人の理解や個人の適職領域の探索など，望ましい職業選択を行うための情報を提供することを目的とした検査であり，適用年齢は中学 2 年〜 45 歳未満の者とされている（厚生労働省職業安定局，1995）。

下位検査は，①円打点，②記号記入，③形態照合，④名詞比較，⑤図柄照合，⑥平面図版判断，⑦計算，⑧語意，⑨立体図版判断，⑩文章完成，⑪算数応用，および器具検査として，⑫さし込み，⑬さし替え，⑭組み合わせ，⑮分解で構成されており，器具検査は，図 4-36 に示す通りである。

また，G 知的能力は⑨立体図版判断，⑩文章完成，⑪算数応用，V 言語能力は⑧語意，⑩文章完成，N 数理能力は⑦計算，⑪算数応用，Q 書記的知覚は④名詞比較，S 空間判断力は⑥平面図版判断，⑨立体図版判断，P 形態知覚は③形態照合，⑤図柄照合，K 運動共応は①円打点，②記号記入，F 指先の器用さは⑭組み合わせ，⑮分解，M 手腕の器用さは⑫さし込み，⑬さし替えの各下位検査から A B Ⓒ C D E（上位からの降順）の 6 段階で評価ができる。また，平均 100，1 標準偏差 20 の標準得点が算出できるようになっているが，標準得点化が，WISC や WAIS など一般的な標準得点である平均 100，1 標準偏差 15 と異なるので解釈する際に留意する必要があろう。

さらに，得られた結果から，1 農林漁業（(1) 動植物の採取，飼育，栽培，(2) 動物管理，水産養殖，園芸），2 運搬，加工，組立の簡易技能（(3) 身体作業，(4) 手腕作業，(5) 機械操作，(6) 加工，組立），3 加工，組立，造形の熟練技能（(7) 建設，設備工事，(8) 切削加工，造形，(9) 手工技能，(10) 製図関連），4 保守管理（(11) 機械，装置の運転看視，(12) 機械設備の保守管理），5 運転，操縦（(13) 据付機関，建設機械運転，(14) 車両等の運転，(15) 航空機，船舶の操縦），6 工学，技術（(16) 測定，分析，(17) 工学，技術の開発応用），7 学術研究，医療，法務（(18) 自然科学系の研究，(19) 診断，治療，(20) 人文科学系の研究，(21) 法務，財務等），8 教育関係（(22) 教習，訓練，指導，(23) 教育，指導），9 コミュニケーション（(24) デザイン，写真，(25) 通信，(26) 著述，編集，報道），10 社会福祉（(27) 介護サービス，(28)

図4-37 臨床認知症評価法－日本版（CDR-J）（出典：Knight ADRC．一部改変）

養護，看護，保健医療，(29) 相談助言），11 販売，サービス（(30) 販売，(31) 理容，美容，(32) 個人サービス，(33) 専門的な販売），12 警備，保安（(34) 警備，巡視，(35) 警察，保安），13 事務関係（(36) 簡易事務，(37) 事務機器操作，(38) 一般事務，(39) 経理，会計，(40) 専門企画）の13 職業領域，40 適性職業群について，H（基準を満たしている），m（基準をほぼ満たしている），L（基準を満たしていない）の3段階で評価できるようになっている。

なお，GATB は本来，職業適性をみるための検査であるので，精神病やうつ病などにより休職された患者の復職支援を考える際などにも有用となるであろうし，知能検査でさほど問題を示さない高機能広汎性発達障害（HFPDD）の現実的なものごとの処理に関する適性能力を考える際にも有用となるであろうし，さらに，各下位検査は複雑な課題が少なく，各課題の内容特性から神経心理学的解釈を行うことも可能となろう。

19. 臨床認知症評定法 (Clinical Dementia Rating：CDR)

CDR は，Hughes ら（1982）によって作成された認知症の重症度を評定することを目的とした検査であり，その後，Berg（1984），Berg（1988），Morris（1993）により改訂が行われている。CDR の特徴は，①評価尺度と遂行検査を兼ね備えていること，②重症度が測定できること，③病理所見との対応で使用頻度の高い検査であること，などであり（杉下・古川，2011），国際的プロジェクトであるアルツハイマー病神経画像戦略（Alzheimer's Disease Neuroimaging

Initiative:ADNI）でも採用されている。評価項目は，①記憶（memory），②見当識（orientation），③判断力と問題解決能力（judgement and problem solving），④地域社会の活動（community affairs），⑤家庭および趣味（home and hobbies），⑥身の回りの世話（personal care），に関する6項目について，障害なし＝0，疑わしい＝0.5，軽度＝1，中等度＝2，重度＝3の5段階で評価を行い，それらの評価点の合計点がSum of Boxes得点である。さらに，記憶の項目の得点などを重視して重みづけをした各項目の評価得点の組合せから包括的CDR（Grobal CDR）の得点を算出するようになっており，包括的CDRの得点は，0＝認知症なし，0.5＝認知症疑い，1＝軽度認知症，2＝中等度認知症，3＝重度認知症と判定される。

　従来，CDRの日本版は数種試みられたが，課題の翻訳が適切でないところがみられ，原版以降の修正が反映されていないなど問題があったため，J-ADNI研究に際し，新版として臨床認知症評定法－日本版（CDR-Japanese：CDR-J）が杉下守弘・古川勝敏（翻訳・翻案）により2008年に開発されている。CDR-Jは，図4-37に示す通りで，Knight Alzheimer's Disease Research Center（Knight ADRC）のAssessment Protocolからダウンロード可能であり，患者本人のことをよく知る家族や介護者に対して行う半構造化面接法である情報提供者用のワークシートおよび患者本人に行う被験者用のワークシートも含まれている。また，各項目の評価得点の組み合わせから包括的CDRの得点を算出するためのCDR Scoring Algorithmも同Knight ADRCのホームページで提供されているので，包括的CDRの算出の際，有用となろう。

文　献

1．ウェクスラー式幼児用知能検査

北村俊則（2017）連続量的分布傾向を示す生命現象は病理的か？　北村俊則（著）精神に疾患は存在するか．星和書店．pp.13-53.

Lichtenberger EO, Kaufman AS（2004）Essentials of WPPSI-Ⅲ assessment. New York: John Wiley & Sons, Inc.

Wechsler D（1967）Wechsler Preschool and Primary Scale of Intelligence. The Psychological Corporation, U.S.A.（日本心理適性研究所（1969）WPPSI知能診断検査手引．日本文化科学社．）

Wechsler D（1989）Wechsler Preschool and Primary Scale of Intelligence-Revised. San Antonio, TX: The Psychological Corporation.

Wechsler D（2002）Wechsler Preschool and Primary Scale of Intelligence-Third Edition. San Antonio, TX: Pearson.（日本版WPPSI-Ⅲ刊行委員会（訳編）（2017）日本版WPPSI-Ⅲ知能検査：実施・採点マニュアル；理論・解釈マニュアル．日本文化科学社．）

Wechsler D（2012）Wechsler Preschool and Primary Scale of Intelligence-Forth Edition. Bloomington, MN: Pearson.

2．ウェクスラー式児童用知能検査

American Psychiatric Association（2000）Quick reference to the diagnostic criteria from DSM-Ⅳ-TR.（高橋三郎，大野裕，染矢俊幸（訳）（2003）DSM-Ⅳ-TR 精神障害の分類と診断の手引：新訂版．医学書院．）

American Psychiatric Association（2013）Diagnostic and Statistical Manual of MentalDisorders, Fifth Edition. Arlington, VA, American Psychiatric Association.（日本精神神経学会（日本語版用語監修），髙橋三郎，大野裕（監訳），染矢俊幸，神庭重信，尾崎紀夫他（訳）（2014）DSM-5 精神疾患の診断・統計マニュアル．医学書院．）

大六一志：資料集：WISC-Ⅲプロフィール分析表．http://www.human.tsukuba.ac.jp/~dairoku/materials.

html（2014.9.1. 引用）

Flanagan DP, Kaufman AS（2009）Essentials of WISC-Ⅳ assessment second edition. New York: John Wiley & Sons, Inc.

藤田和弘．（1999）WISC-ⅢとLD：研究動向と臨床的適用．LD（学習障害）：研究と実践，7, 66-79.

藤田和弘，唐澤眞弓（2005）WISC-Ⅲプロフィール分析表と利用の仕方．藤田和弘，上野一彦，前川久男他（編著）WISC-Ⅲアセスメント事例集：理論と実際．日本文化科学社．pp.44-61.

五十嵐一枝（2007）発達心理学からみた発達障害．宮尾益知（編）：「気になる子ども」へのアプローチ：ADHD・LD・高機能 PDDのみかたと対応．医学書院．pp.129-165.

小海宏之：神経心理学的検査ツール：WISC-Ⅲプロフィール分析表．http://homepage1.canvas.ne.jp/cp-hp/neurop.htm（2014.9.1. 引用）

小海宏之（2012）発達障害児の心理アセスメント：脳機能との関連について．花園大学心理カウンセリングセンター（監修），橋本和明（編）花園大学発達障害セミナー 4．発達障害支援の可能性：こころとこころの結び目．創元社．pp.123-135.

文部科学省初等中等教育局特別支援教育課：通常の学級に在籍する特別な教育的支援を必要とする児童生徒に関する全国実態調査，2002. http://www.mext.go.jp/b_menu/shingi/chousa/shotou/018/toushin/030301i.htm（2014.9.1. 引用）

Pearson（2012）Wechsler Preschool and Primary Scale of Intelligence-Fourth Edition（WPPSI-Ⅳ）https://www.pearsonclinical.com/psychology/products/100000102/wechsler-preschool-and-primary-scale-of-intelligence--fourth-edition-wppsi-iv.html（2017.12.5. 引用）

特異的発達障害の臨床診断と治療指針作成に関する研究チーム（2010）特異的発達障害診断・治療のための実践ガイドライン：わかりやすい診断手順と支援の実際．診断と治療社．

宇野彰，春原則子，金子真人他（2017）改訂版 標準 読み書きスクリーニング検査：正確性と流暢性の評価．インテルナ出版．

Wechsler D（1991）Manual for the Wechsler intelligence scale for children-third edition. The Psychological Corporation, U.S.A.（日本版 WISC-Ⅲ 刊行委員会（訳編）（1998）日本版 WISC-Ⅲ知能検査法．日本文化科学社．）

Wechsler D（2003）Technical and interpretive manual for the Wechsler intelligence scale for children-fourth edition. NCS Pearson, Inc., U.S.A.（日本版 WISC-Ⅳ 刊行委員会（訳編）（2010）日本版 WISC-Ⅳ知能検査．日本文化科学社．）

World Health Organization（1992）The ICD-10 classification of mental and behavioural disorders: clinical descriptions and diagnostic guidelines. WHO, Geneva.（融道男，中根允文，小見山実（監訳）（1993）ICD-10 精神および行動の障害臨床記述と診断ガイドライン．医学書院．）

3．ウェクスラー式成人知能検査

Axelrod BN, Ryan JJ, Ward LC（2001）Evaluation of seven-subtest short forms of the Wechsler Adult Intelligence Scale-Ⅲ in a referred sample. Archives of Clinical Neuropsychology, 16, 1-8.

大六一志（2011）簡易実施法．藤田和弘，前川久男，大六一志他（編）日本版 WAIS-Ⅲの解釈事例と臨床研究．日本文化科学社．pp.183-195.

Kaufman AS, Lichtenberger EO（1999）Essentials of WAIS-Ⅲ assessment. New York: John Wiley & Sons, Inc.

小海宏之（2012）神経心理学的検査ツール：WAIS-Ⅲプロフィール分析表．http://sakura.canvas.ne.jp/spr/cp-hp/neurop.htm（2014.9.1 引用）

Lichtenberger EO, Kaufman AS（2009）Essentials of WAIS-Ⅳ assessment. New York: John Wiley & Sons, Inc.

三澤義一（監修），小林重雄，藤田和弘，前川久男他（編著）（1993）日本版 WAIS-R 簡易実施法．日本文化科学社．

太田一実，村山憲男（2017）WAIS-Ⅲの簡易実施法はレビー小体型認知症の認知機能評価にも利用できるのか．心理臨床学研究, 34, 659-664.

Pilgrim BM, Meyers JE, Bayless J et al.（1999）Validity of the Ward seven-subtest WAIS-Ⅲ short form in a neuropsychological population. Applied Neuropsychology, 6, 243-246.

Psychological Assessment Resources, Inc.: PAR Assessment Toolkit Version 3.4.1 https://itunes.apple.com/jp/app/par-toolkit/id356919305?mt=8（2017.12.4. 引用）

Psychological Corporation（1955）Test service Bulletin, No.48. Spreen O, Strauss E（1998）: A compendium of neuropsychological tests: administration, norms, and commentary: second edition. Oxford University Press, Inc. New York.（秋元波留夫（監修）（2004）：神経心理学検査法：第 2 版．創造出版．pp.17-29.）

Ward LC（1990）Prediction of verbal, performance, and full scale IQs from seven subtests of the WAIS-R. Journal of Clinical Psychology, 46, 436-440.

Wechsler D（1955）Manual for the Wechsler Adult Intelligence Scale. The Psychological Corporation, New York.（児玉省，品川不二郎，印東太郎（1958）WAIS 成人知能診断検査法．日本文化科学社．）

Wechsler D（1981）Manual for the Wechsler Adult Intelligence Scale-Revised. The Psychological Corporation, New York.（品川不二郎，小林重雄，藤田和弘他（訳編）（1990）日本版 WAIS-R 成人知能検査法．日本文化科学社．）

Wechsler D（1997）WAIS-Ⅲ; Administration and scoring manual for the Wechsler Adult Intelligence Scale-Third Edition. The Psychological Corporation: San Antonio, TX.（Wechsler D（著），日本版 WAIS-Ⅲ刊行委員会（訳編）（2006）日本版 WAIS-Ⅲ成人知能検査法．実施・採点マニュアル．日本文化科学社．）

Wechsler D（2008）WAIS-IV; Administration and scoring manual. NCS Pearson, Inc., U.S.A.（Wechsler D（著），日本版 WAIS-Ⅳ刊行委員会（訳編）（2018）日本版 WAIS-Ⅳ知能検査．実施・採点マニュアル．日本文化科学社．）

Wechsler D, Coalson DL, Raiford SE（2008）WAIS–IV; Technical and interpretative manual. NCS Pearson, Inc.,（Wechsler D, Coalson DL, Raiford SE（著），日本版 WAIS-Ⅳ刊行委員会（訳編）（2018）日本版 WAIS-Ⅳ知能検査．理論・解釈マニュアル．日本文化科学社．）

山中克夫（2011）WAIS-Ⅲの検査結果を解釈する手順．藤田和弘，前川久男，大六一志他（編）日本版 WAIS-Ⅲの解釈事例と臨床研究．日本文化科学社．pp.12-44.

4．改訂版 鈴木ビネー知能検査および田中ビネー知能検査Ⅴ

Becker KA（2003）History of Stanford-Binet Intelligence Scales: content and psychometrics. Stanford-Binet Intelligence Scales, Fifth Edition: Assessment service bulletin number 1. http://www.hmhco.com/~/media/sites/home/hmh-assessments/clinical/stanford-binet/pdf/sb5_asb_1.pdf?la=en（2017.3.9. 引用）

Binet A, Simon T（1905）Méthodes nouvelles pour le diagnostic du niveau intellectuel des anormaux. L'Année psychologique, 11, 191-336.

石川衣紀，髙橋智（2008）大阪市視学・鈴木治太郎と知能測定法標準化の実践：1920 年代を中心に．東京学芸大学紀要 総合教育科学系，59，363-378.

久保良英（1918）小學兒童の智能査定の研究．児童研究所紀要，1，1-64.

三宅鑛一，池田隆徳（1908a）智力測定法（其一）．醫學中央雑誌，6，1-17.

三宅鑛一，池田隆徳（1908b）智力測定法（其二）．醫學中央雑誌，6，102-114.

三宅鑛一，池田隆徳（1908c）智力測定法（其三）．醫學中央雑誌，6，242-258.

中村淳子（2015）田中ビネー知能検査Ⅴ．山内俊雄，鹿島晴雄（総編集）（2015）精神・心理機能評価ハンドブック．中山書店．pp.30-32.

中村淳子，大川一郎（2003）田名ビネー知能検査開発の歴史．立命館人間科学研究，(6)，93-111.

大川一郎，中村淳子，野原理恵他（2003）田中ビネー知能検査Ⅴの開発 1：1 歳級〜 13 歳級の検査問題を中心として．立命館人間科学研究，(6)，25-42.

Roid GH（2003）Stanford-Binet Intelligence Scales, Fifth Edition. Itasca, IL: Riverside Publishing.

Roid GH, Barram RA（2004）Essentials of Stanford-Binet Intelligence Scales（SB5）Assessment. New York: John Wiley & Sons, Inc.

鈴木ビネー研究会，小宮三彌，塩見邦雄他（編著）（2007）改訂版 鈴木ビネー式知能検査．古市出版．

鈴木治太郎（1930）実際的個別的智能測定法．東洋図書．

鈴木治太郎（1936）昭和 11 年修正増補版実際的個別的智能測定法．東洋図書．

田中寛一（1947）田中びねー式智能検査法．世界社．
田中寛一（1954）田中びねー式知能検査法．日本文化科学社．
田中教育研究所（編）（1970）TK式田研・田中ビネー知能検査法．田研出版．
田中教育研究所（編）（1987）全訂版田中ビネー知能検査法．田研出版．
田中教育研究所（編）（2007a）田中ビネー知能検査V 実施マニュアル．田研出版．
田中教育研究所（編）（2007b）田中ビネー知能検査V 理論マニュアル．田研出版．
田中教育研究所（編）（2007c）田中ビネー知能検査V 採点マニュアル．田研出版．
Terman LM（1916）The measurement of intelligence: an explanation of and a complete guide for the use of the Stanford revision and extension of the Binet-Simon Intelligence Scale. Boston: Houghton Mifflin.
Terman LM, Merrill MA（1937）Measuring intelligence. Boston: Houghton Mifflin.
Terman LM, Merrill MA（1960）Stanford-Binet Intelligence Scale: manual for the third revision form L-M. Boston: Houghton Mifflin.
Terman LM, Merrill MA（1973）Stanford-Binet Intelligence Scale: manual for the third revision form L-M（1972 norm tables by Thorndike RL）. Boston: Houghton Mifflin.
Thorndike RL, Hagen EP, Sattler JM（1986）Stanford-Binet Intelligence Scale: fourth edition. Itasca, IL: Riverside Publishing.
Wechsler D（1997）WAIS-Ⅲ ; administration and scoring manual for the Wechsler Adult Intelligence Scale-Third Edition. The Psychological Corporation: San Antonio, TX.（日本版WAIS-Ⅲ刊行委員会（訳編）（2006）：日本版WAIS-Ⅲ成人知能検査法．実施・採点マニュアル．日本文化科学社．）
Wechsler D（2003）Technical and interpretive manual for the Wechsler intelligence scale for children-fourth edition. NCS Pearson, Inc., U.S.A.（日本版WISC-Ⅳ刊行委員会（訳編）（2010）日本版WISC-Ⅳ知能検査．日本文化科学社．）

5. 新版K式発達検査2001

郷間英世（2006）現代の子ども発達の特徴とその加齢に伴う変化：1983年および2001年のK式発達検査の標準化資料の比較による検討Ⅱ．小児保健研究，65，282-290．
生澤雅夫，松下裕，中瀬惇（2002）新版K式発達検査2001 実施手引書．京都国際福祉センター．
嶋津峯真，生澤雅夫，中瀬惇（1980）新版K式発達検査実施手引書．京都国際福祉センター．
嶋津峯真，生澤雅夫，中瀬惇（1983）新版K式発達検査実施手引書（増補版）．京都国際福祉センター．
清水里美（2014）新版K式発達検査．辻井正次（監修），明翫光宣（編者代表）発達障害児者支援とアセスメントのガイドライン．金子書房，pp.87-90．
大隅順子（2013）自閉症児における新版K式発達検査2001の特徴検討：最初の不通過課題と最後の通過課題について．同志社女子大学生活科学，47，34-37．

6. カウフマン式児童用アセスメント・バッテリー

Kaufman AS, Kaufman NL（1983）Kaufman Assessment Battery for Children（K-ABC）. Circle Pines, MN: American Guidance Service.（松原達哉，藤田和弘，前川久男他（共訳編）（1993）K-ABC心理・教育アセスメントバッテリー．丸善メイツ．）
Kaufman AS, Kaufman NL（2004）Kaufman Assessment Battery for Children Second Edition（KABC-Ⅱ）. Circle Pines, MN: American Guidance Service.（日本版KABC-Ⅱ制作委員会（2013）日本版KABC-Ⅱ．丸善出版．）

7. DN-CAS認知評価システム

Das JP, Naglieri JA, Kirby JR（1994）Assessment of cognitive processes. Needham Heights: MA: Allyn & Bacon.
Luria AR（1966）Human brain and psychological processes. New York: Harper and Row.
Luria AR（1973）The working brain: an introduction to neuropsychology. New York: Basic Books.
Luria AR（1980）Higher cortical functions in man: second edition. New York: Basic Books.
Naglieri JA（1999）Essentials of CAS assessment. John Wiley & Sons, Inc.（前川久男，中山健，岡崎慎治（2010）エッセンシャルズ DN-CASによる心理アセスメント．日本文化科学社．）

Naglieri JA, Das JP (1988) Planning-Arousal-Simultaneous-Successive (PASS): a model for assessment. Journal of School Psychology, 26, 35-48.

Naglieri JA, Das JP, Jarman RF (1990) Planning, attention, simultaneous, and successive cognitive processes as a model for assessment. School Psychology Review, 19, 423-442.

Naglieri JA, Das JP (1997) Cognitive Assessment System. Itasca: Riverside Publishing Company.（前川久男，中山健，岡崎慎治（2007）日本版 DN-CAS 認知評価システム．日本文化科学社．）

Naglieri JA, Das JP (2003) Planning, Attention, Simultaneous, Successive (PASS) Theory: A revision of the concept of intelligence.（ノルウェーの PEDVERKET KOMPETANSE / CAS-testen / Artikkel om PASS teorien より）http://pedverket.mamutweb.com/PASS%20THEORY%20NOV%204%202003.DOC（2014.9.1. 引用）

Naglieri JA, Pickering EB (2003) Helping children learn: intervention handouts for use in school and at home. Paul H. Brookes Publishing Co., Inc., USA.（前川久男，中山健，岡崎慎治（2010）DN-CAS による子どもの学習支援：PASS 理論を指導に活かす 49 のアイデア．日本文化科学社．）

8. 神経行動認知状態検査

Kiernan RJ, Mueller J, Langston JW et al. (1987) The Neurobehavioral Cognitive Status Examination: a brief but differentiated approach to cognitive assessment. Annals of Internal Medicine, 107, 481-485.

小海宏之，與曽井美穂（2014）神経心理学的検査報告書を作成するための神経心理学的検査に関する体系表作成の試み．花園大学心理カウンセリングセンター研究紀要，8, 27-39.

松田修（2005）高齢者の心理アセスメント．黒川由紀子，斎藤正彦，松田修（著）老年臨床心理学：老いの心に寄り添う技術：Clinical Psychology of the Elderly. 有斐閣．pp.13-97.

松田修，中谷三保子（2004）日本語版 COGNISTAT（コグニスタット）検査マニュアル．ワールドプランニング．

The Northern California Neurobehavioral Group (1995) Neurobehavioral Cognitive Status Examination (COGNISTAT). The Northern California Neurobehavioral Group, CA.

9. 精神状態短時間検査

Ara TA, Hughes LF, Kyrouac GA et al. (2002) The Mini-Mental State exam may help in the differentiation of dementia with Lewy bodies and Alzheimer's disease. International Journal of Geriatric Psychiatry. 17, 503-509.

Folstein MF, Folstein SE, McHugh PR (1975) "Mini-Mental State": a practical method for grading the cognitive state of patients for the clinician. Journal of Psychiatric Research, 12, 189-198.

加藤伸司，本間昭（1991）Mini-Mental State Examination. 臨床精神医学，20, 687-689.

北村俊則（1991）Mini-Mental State (MMS). 大塚俊男，本間昭（監修）高齢者のための知的機能検査の手引き．ワールドプランニング．pp.35-38.

小海宏之（2018）特集：認知症診療における認知機能テストの使い方：その実施と解釈の勘所：Mini-Mental State Examination. 老年精神医学雑誌，29, 1133-1137.

小海宏之，朝比奈恭子，岡村香織他（2001）日本語版 Mini-Mental State Examination-Aino の重症度判別基準．藍野学院紀要，14, 59-66.

小海宏之，前田明子，山本愛他（2010）日本語版 MMSE の検出力と特異性について．花園大学社会福祉学部研究紀要，18, 91-95.

小海宏之，與曽井美穂（2014）神経心理学的検査報告書を作成するための神経心理学的検査に関する体系表作成の試み．花園大学心理カウンセリングセンター研究紀要，8, 27-39.

森悦朗，三谷洋子，山鳥重（1985）神経疾患患者における日本語版 Mini-Mental State テストの有用性．神経心理学，1, 82-90.

村山憲男，井関栄三，山本由記子他（2006）痴呆性疾患患者における HDS-R と MMSE 得点の比較検討．精神医学，48, 165-172.

日本文化科学社（2016）「MMSE-J（精神状態短時間検査−日本版）」の販売再開に関するお知らせ．http://www.nichibun.co.jp/kobetsu/kensa/images/mmse-info.pdf（2016.5.13. 引用）

O'Bryant SE, Humphreys JD, Smith GE et al. (2008) Detecting dementia with the Mini-Mental State Examination in highly educated individuals. Archives of Neurology, 65, 963-967.

Psychological Assessment Resources, Inc.（2001）MMSE. MiniMental, LLC.（杉下守弘（2012）Mini Mental State Examination-Japanese（MMSE-J）：精神状態短時間検査：日本版．日本文化科学社．）

杉下守弘（2017）MMSE-J（精神状態短時間検査－日本版）テクニカルレポート #1：「注意と計算」課題の施行法について．日本文化科学社．https://www.nichibun.co.jp/documents/kensa/technicalreport/mmse_tech_1.pdf（2017.11.30. 引用）

杉下守弘（2018）MMSE-J（精神状態短時間検査－日本版）テクニカルレポート #2：「注意と計算」（シリアル 7 課題）と backward spelling 課題の施行法はどれがよいか？．日本文化科学社．https://www.nichibun.co.jp/documents/kensa/technicalreport/mmse_tech_2.pdf（2018.12.8. 引用）

杉下守弘，逸見功，竹内具子（2016）精神状態短時間検査－日本版（MMSE-J）の妥当性と信頼性に関する再検討．認知神経科学，18，168-183．

杉下守弘，腰塚洋介，須藤慎治他（2018）MMSE-J（精神状態短時間検査－日本版）原法の妥当性と信頼性．認知神経科学，20，91-110．

Tombaugh TN, McIntyre NJ（1992）The Mini-Mental State Examination: a comprehensive review. Journal of the American Geriatrics Society, 40, 922-935.

10．モントリオール認知アセスメント

Fujiwara Y, Suzuki H, Yasunaga M et al.（2010）Brief screening tool for mild cognitive impairment in older Japanese: validation of the Japanese version of the Montreal Cognitive Assessment. Geriatrics & Gerontology International, 10, 225-232.

Nasreddine Z: The Montreal Cognitive Assessment: MoCA. http://www.mocatest.org/（2014.9.1. 引用）

Nasreddine ZS, Phillips NA, Bédirian V et al.（2005）The Montreal cognitive assessment, MoCA: a brief screening tool for mild cognitive impairment. Journal of the American Geriatrics Society, 53, 695-699.

追分千春，大日方千恵，田畑千絵他（2015）日本語版 The Montreal Cognitive Assessment（MoCA-J）の遅延再生における床効果の検討：Mini-Mental State Examination（MMSE）との比較．老年精神医学雑誌，26，531-538．

岡村香織，福山侑希，清水信夫他（2017）日本語版 MoCA（MoCA-J）の重症度判別基準．第 58 回日本心身医学会抄録集，心身医学，57，642．

鈴木宏幸，安永正史，長沼亨他（2011）認知機能の継時的変化を評価する際の日本語版 Montreal Cognitive Assessment（MoCA-J）の有用性：MCI と軽度アルツハイマー病患者を対象とした縦断的検討．日本老年精神医学雑誌，22，211-218．

11．神経心理状態反復性バッテリー

松井三枝（2009）日本語版神経心理検査 RBANS 標準化研究：標準値について．富山大学杉谷キャンパス一般教育研究紀要，37，31-53．

松井三枝，笠井悠一，長崎真梨恵（2010a）日本語版神経心理検査 RBANS の信頼性と妥当性．富山大学医学会誌，21，31-36．

松井三枝，長崎真梨恵，笠井悠一（2010b）日本語版神経心理検査 RBANS の標準化研究（2）：基礎資料，改訂標準値および換算表．富山大学杉谷キャンパス一般教育研究紀要，38，87-133．

松井三枝，長崎真梨恵，笠井悠一（2011）日本語版神経心理検査 RBANS の標準化研究（3）：総指標．富山大学杉谷キャンパス一般教育研究紀要，39，17-30．

Randolph C（1998）RBANS Manual-Repeatable Battery for the Assessment of Neuropsychological Status. Texas. Psychological Corporation. Harcourt.

Randolph C, Tierney MC, Mohr E et al.（1998）The Repeatable Battery for the Assessment of Neuropsychological Status（RBANS）: preliminary clinical validity. Journal of Clinical Experimental Neuropsychology, 20, 310-319.

山崎哲盛，吉田真奈美，熊橋一彦他（2002）「アーバンス（RBANS）」神経心理テストによる高次脳機能評価．脳と神経，54，463-471．

12．アルツハイマー病アセスメント・スケール

本間昭（1991）Alzheimer's Disease Assessment Scale（ADAS）．大塚俊男，本間昭（監修）：高齢者のた

めの知的機能検査の手引き．ワールドプランニング．pp.43-52.
本間昭，福沢一吉，塚田良雄他（1992）Alzheimer's Disease Assessment Scale（ADAS）日本版の作成．老年精神医学雑誌，3, 647-655.
加藤伸司，本間昭，橋木てる子（1996）老年精神医学関連領域で用いられる測度：質問式による認知機能障害の評価測度(4)：Alzheimer's Disease Assessment Scale（ADAS）．老年精神医学雑誌，7, 1355-1367.
北村伸（2003）アルツハイマー病へのアプローチ：診断．Journal of Clinical Rehabilitation, 12, 109-115.
小海宏之，與曽井美穂（2014）神経心理学的検査報告書を作成するための神経心理学的検査に関する体系表作成の試み．花園大学心理カウンセリングセンター研究紀要，8, 27-39.
Mohs RC, Rosen WG, Davis KL（1983）The Alzheimer's Disease Assessment Scale: an instrument for assessing treatment efficacy. Psychopharmacology Bulletin, 19, 448-450.
Petersen RC（2004）Mild cognitive impairment as a diagnostic entity. Journal of Internal Medicine, 256, 183-194.

13. 長谷川式簡易知能評価スケール
長谷川和夫（2005）HDS-R 長谷川式認知症スケール使用手引．三京房．
長谷川和夫，井上勝也，守屋国光（1974）老人の痴呆診査スケールの一検討．精神医学，16, 965-969.
加藤伸司，下垣光，小野寺敦志他（1991）改訂長谷川式簡易知能評価スケール（HDS-R）の作成．老年精神医学雑誌，2, 1339-1347.
小海宏之，與曽井美穂（2014）神経心理学的検査報告書を作成するための神経心理学的検査に関する体系表作成の試み．花園大学心理カウンセリングセンター研究紀要，8, 27-39.

14. N式精神機能検査
福永知子，西村健，播口之朗他（1988）新しい老人用精神機能検査の作成：N式精神機能検査．老年精神医学，5, 221-231.
西村健，福永知子（1991）N式精神機能検査（Nishimura Dementia Scale）．大塚俊男，本間昭（監修）：高齢者のための知的機能検査の手引き．ワールドプランニング．pp.27-34.

15. N式精神機能検査
Fukunaga T, Ukai S, Kobayashi T et al.（2006）Neuropsychological test for the detection of dementia in elderly individuals: the Nishimura Dementia Test. Psychogeriatrics, 6, 159-167.

16. 統合失調症用認知の簡易アセスメント
Kaneda Y, Sumiyoshi T, Keefe R et al.（2007）Brief Assessment of Cognition in Schizophrenia: validation of Japanese version. Psychiatry and Clinical Neurosciences, 61, 602-609.
兼田康宏，住吉太幹，中込和幸他（2008）統合失調症認知機能簡易評価尺度日本語版（BACS-J）．精神医学，50, 913-917.
兼田康宏，住吉太幹，中込和幸他（2013）統合失調症認知機能簡易評価尺度日本語版（BACS-J）標準化の試み．精神医学，55, 167-175.
Keefe RSE, Goldberg TE, Harvey PD et al.（2004）The Brief Assessment of Cognition in Schizophrenia: reliability, sensitivity, and comparison with a standard neurocognitive battery. Schizophrenia Resarch, 68, 283-297.
Keefe RSE, Harvey PD, Goldberg TE et al.（2008）Norms and standardization of the Brief Assessment of Cognition in Schizophrenia（BACS）．Schizophrenia Research, 102, 108-115.
精神医学編集室（2014）訂正ならびに追加．精神医学，56, 468.

17. 日本版成人読みテスト
松岡恵子，金吉晴（2006）知的機能の簡易評価実施マニュアル．Japanese Adult Reading Test（JART）．新興医学出版社．
Nelson HE: National Adult Reading Test（NART）Test Manual. Windsor: NFER-Nelson, UK, 1982.
Nelson HE, Mckenna P（1975）The use of current reading ability in the assessment of dementia. The

British Journal of Social Clinical Psychology, 14, 259-267.
Nelson HE, O'Connell A（1978）Dementia: the estimation of premorbid intelligence levels using the New Adult Reading Test. Cortex, 14, 234-244.

18. 一般職業適性検査
厚生労働省職業安定局（編）（1995）厚生労働省編一般職業適性検査手引（改訂版）．雇用問題研究所．

19. 臨床認知症評定法
Berg L（1984）Clinical Dementia Rating. The British Journal of Psychiatry, 145, 339.
Berg L（1988）Clinical Dementia Rating（CDR）. Psychopharmacology Bulletin, 24, 637-639.
Hughes CP, Berg L, Danziger WL et al.（1982）A new clinical scale for the staging of dementia. The British Journal of Psychiatry, 140, 566-572.
Knight Alzheimer's Disease Research Center（Knight ADRC）：Department of Neurology, at Washington University School of Medicine. CDR™ The Clinical Dementia Rating. http://alzheimer.wustl.edu/CDR/CDR.htm（2018.1.29.引用）
Knight Alzheimer's Disease Research Center（Knight ADRC）：Department of Neurology, at Washington University School of Medicine. CDR™ Assessment Protocol. http://knightadrc.wustl.edu/cdr/PDFs/Translations/Japanese%20Japan.pdf（2018.1.29.引用）
Knight Alzheimer's Disease Research Center（Knight ADRC）：Department of Neurology, at Washington University School of Medicine. CDR™ Scoring Algorithm. http://www.biostat.wustl.edu/~adrc/cdrpgm/index.html（2018.1.29.引用）
Morris JC（1993）The Clinical Dementia Rating（CDR）: current version and scoring rules. Neurology, 43, 2412-2414.
杉下守弘，古川勝敏（2011）認知症診療の用いられる評価法と認知機能検査　各論：Clinical Dementia Rating（CDR）．日本臨牀，69：増刊号 8，413-417.

第5章
前向性記憶機能検査

1. 改訂版ウェクスラー式記憶検査
(Wechsler Memory Scale-Revised：WMS-R)

　Wechsler（1945, 1987）によってWMS，および改訂版であるWMS-Rが作成され，日本版WMS-Rは杉下（2001）が標準化した。WMS-Rの特徴は，まず，指標には換算しない情報と見当識の1下位検査課題があり，本下位検査得点が低得点である場合は，指標解釈に留意する必要性があるとされる。そして，言語性記憶が論理的記憶Ⅰ，言語性対連合Ⅰの2下位検査課題，視覚性記憶が図形の記憶，視覚性対連合Ⅰ，視覚性再生Ⅰの3下位検査課題，およびその合成得点による一般的記憶，また，注意・集中力が精神統制，数唱，視覚性記憶範囲の3下位検査課題，遅延再生が論理的記憶Ⅱ，視覚性対連合Ⅱ，言語性対連合Ⅱ，視覚性再生Ⅱの4下位検査課題の計13下位検査からなり，基準年齢群における平均＝100，1標準偏差＝15とした偏差指標であらわされ，指標50未満はスケールアウトとなる。したがって，WAIS-Ⅲ同様の評価基準および重症度評価が可能であり，130以上が最優秀域，120〜129が優秀域，110〜119が普通域上位，90〜109が普通域，80〜89が普通域下位，70〜79が境界域，50〜69が軽度記憶障害域，50未満が中等度から重度記憶障害と判定される。

　なお，視覚性対連合Ⅰ，言語性対連合Ⅰの下位検査は，後の遅延再生課題を有効にするために，誤りを訂正するのが特徴であるが，特に認知症患者の場合，不安や抑うつ感を喚起してしまう可能性や，右前頭葉や右頭頂葉損傷の高次脳機能障害者の場合，易怒性を喚起してしまう可能性もあるので，自尊心を傷つけないように教示には十分，留意することも大切となろう。また，視覚性記憶範囲の課題は，検査者が指で触れたいくつかの図形を，同順序や逆順序に触れる視覚性のタッピング課題であるが，マニュアルにナンバーリングされた図形配置が記載され，検査用紙にはタッピングすべき番号が記載されているのみなので，円滑な検査を実施することが困難である。そこで，図5-1に示すような，視覚性記憶範囲の補助ツールをあらかじめ作成し，準備しておくことも大切となろう。

　また，小海ら（2014）により，各神経心理検査（MMSE, ADAS, WMS-R）の1つの下位検査から推定言語性記憶指数（verbal memory quotient：VMQ）を判定するための基礎資料が報告されている。VMQと各神経心理検査の下位検査との間で最も高い相関係数値となった下位検査についてVMQとの単回帰式を求めた結果，推定VMQ＝50.203＋6.661×（時間的見当識素点），推定VMQ＝39.469＋6.762×（平均単語再生数），推定VMQ＝68.921＋1.439×（論理的記憶Ⅱ（遅延）素点）の単回帰式が得られたとされる。そして，これらの単回帰式から得

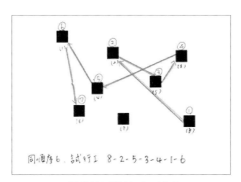

図 5-1　視覚性記憶範囲の補助ツール

られた各神経心理下位検査（時間的見当識，平均単語再生数，論理的記憶Ⅱ（遅延））と推定 VMQ に関する判定基準は，表 5-1 に示す通りであり，記憶の機能を簡易に判断する際に参考となろう。

さらに，WMS-R の適用年齢範囲は 16 ～ 74 歳までであるので，75 歳以上の高齢者に施行した場合は解釈に留意が必要となる。そこで，すでに Wechsler（1997）によって開発されている適用年齢が 16 ～ 89 歳である WMS-Ⅲや，WMS-Ⅳ（Wechsler, 2009）の日本語版の標準化が待たれている。

なお，WMS-R の歴史は，図 5-2 に示す通りであり（Drozdick et al., 2011），WMS-Ⅳからは，適用年齢 16 ～ 69 歳の Adult Battery と 65 ～ 90 歳の Older Adult Battery に分けられている。また，Adult Battery の指標算出のための下位テスト構成は，図 5-3 に示す通りであり，Older Adult Battery の指標算出のための下位テスト構成は，図 5-4 に示す通りである（Drozdick, et al., 2011）。

【症例】25 歳，女性。右手利き。# 高次脳機能障害（higher brain dysfunction：HBD）
（出典：小海，2004．一部改変）

現病歴：24 歳の時，スノーボードで滑走中に他のスキーヤーとぶつかり転倒し受傷した。現地の病院にて右硬膜下血腫の除去手術が施行された。また，意識障害が約 2 カ月続き，その後は左手指の麻痺も徐々に回復し車椅子に座れるようになり約 4 カ月間で退院した。その後，リハビリテーションを受ける目的で他の病院に約 4 カ月間の入院および約 8 カ月間の外来通院を経過後，継続のリハビリテーションを受ける目的でさらに他の病院に転院した。歯科衛生士をしていたが，この事故後は無職である。

受傷から 1 年 3 カ月後における Brain MRI では，右前頭葉後部から側頭葉，頭頂葉にかけての萎縮が認められたが，その他の病巣は認められなかった（図 5-5）。また，受傷から 1 年 6 カ月後の WAIS-R では FIQ 93，VIQ 101，PIQ 84 で普通域の知能段階にあり，VIQ と PIQ の乖離（discrepancy）が認められ，PIQ の低下が目立っていた。下位検査の評価点は知識 12，数唱 8，単語 12，算数 7，理解 12，類似 10，絵画完成 13，絵画配列 6，積木模様 10，組み合せ 8，符号 3 であり，絵画完成，知識，単語，理解の評価点が高く，視覚的全体把握，遠隔記憶，概念形成，言語理解の能力は比較的に優れているが，符号，絵画配列，算数の評価点が低く，

表 5-1　単回帰式から得られた各神経心理下位検査
（時間的見当識，平均単語再生数，論理的記憶Ⅱ（遅延））と推定 VMQ に関する判定基準
（出典：小海ら，2014）

		MMSE 時間的見当識 素点 range （0〜5）	ADAS 平均単語再生数 range （0.0〜10.0）	WMS-R 論理的記憶Ⅱ （遅延） 素点 range （0〜50）
最優秀	推定 VMQ130 以上	−	−	140.871（50） 130.798（43）
優秀	推定 VMQ120〜129	−	−	129.359（42） 120.725（36）
普通域上位	推定 VMQ110〜119	−	−	119.286（35） 110.652（29）
普通域	推定 VMQ90〜109	−	107.089（10.0） 89.508（7.4）	109.213（28） 90.506（15）
普通域下位	推定 VMQ80〜89	83.508（5）	88.832（7.3） 80.041（6.0）	89.067（14） 80.433（8）
境界域	推定 VMQ70〜79	76.847（4） 70.186（3）	79.365（5.9） 69.898（4.5）	78.994（7） 70.360（1）
軽度	推定 VMQ50〜69	63.525（2） 56.864（1） 50.203（0）	69.222（4.4） 49.612（1.5）	68.921（0）
中度	推定 VMQ49 以下	−	48.936（1.4）	−

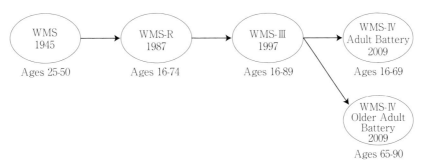

図 5-2　WMS の歴史　（参考：Drozdick et al., 2011）

精神運動速度，知覚体制化，系列処理の能力が低下していることがうかがわれた。WMS-R における指標では言語性記憶 97，視覚性記憶 79，一般的記憶 90，注意・集中力 84，遅延再生 56 であり，言語性記憶や一般的記憶は普通域で，注意・集中力は普通域下位と問題点は認められなかったが，視覚性記憶障害は境界域であり，遅延再生においては軽度の障害が認められた（表 5-2）。

　総合所見：WAIS-R では知能水準に関しては問題点が認められなかったが，符号，絵画配列，算数における評価点が低く，精神運動速度，知覚体制化，系列処理の能力が低下していることがうかがわれた。また，WMS-R では一般的記憶は普通域，注意・集中力は普通域下位と問題点は認められなかったが，視覚性記憶障害は境界域であり，遅延再生においては軽度の障害が認められた。以上の臨床心理・神経心理検査の結果からは，顕著な知的機能の低下は認められ

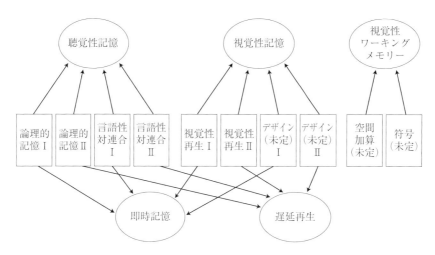

図 5-3　WMS-Ⅳ（Adult Battery）の指標算出のための下位テスト構成
（参考：Drozdick et al., 2011．小海（訳））

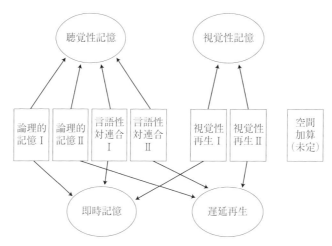

図 5-4　WMS-Ⅳ（Older Adult Battery）の指標算出のための下位テスト構成
（参考：Drozdick et al., 2011．小海（訳））

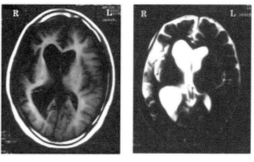

図 5-5　症例（25歳，女性。右手利き。#HBD）の Brain MRI
（左図：T1強調画像，右図：T2強調画像）

表 5-2　症例の WMS-R 検査結果

下位検査	粗点	重み	言語性記憶	視覚性記憶	一般的記憶	注意/集中力	遅延再生
情報と見当識	13						
精神統制	6	×1				6	
図形の記憶	7	×1		7			
論理的記憶 I	25	×2	50				
視覚性対連合 I	13	×1		13			
言語性対連合 I	18	×1	18				
視覚性再生 I	32	×1		32			
数唱	14	×2				28	
視覚性記憶範囲	14	×2				28	
論理的記憶 II	19	×1					19
視覚性対連合 II	6	×2					12
言語性対連合 II	6	×2					12
視覚性再生 II	6	×1					6
重みづけされた粗点(得点)の合計			68 +	52 =	120	62	49
25y（cf.25-34y）指標			97	79	90	84	56
			普通域	境界域	普通域	普通域下位	軽度

ないが，視覚性記銘力や遅延再生などの高次脳機能に関わる障害が認められ HBD であることが示唆された。また，臨床心理・神経心理検査により明らかとなった視覚的に提示された非言語的検査障害は，Brain MRI により明らかとなった右側頭葉における萎縮による影響とも考えられた。さらに，面接および行動観察により明らかとなった一時期の半側空間無視に関しては Brain MRI により明らかとなった右頭頂葉における萎縮による影響と考えられ，多弁，幼稚などの人格変化に関しては右前頭葉後部における萎縮の影響とも考えられた。

　このように，高次脳機能障害者における記憶の問題を客観的に測定する際にも，WMS-R は有用となろう。

2. 三宅式言語記銘力検査

　三宅と内田（1924a, 1924b, 1924c）によって作成された対語法による聴覚性言語性記銘力検査で，正式名称は東大脳研式記銘力検査であるが，慣習的に三宅式言語記銘力検査と呼ばれることが多い。有関係，無関係の対語それぞれ 10 対から構成されており，それぞれの検査を 3 回実施するもので，本検査の刺激セットは 5 種類あるが（表 5-3），通常，臨床では最初のセットを使用する（図 5-6）。認知症高齢者では有関係対語の成績が悪く，無関係対語での学習効果が認められないことが多い。

　また，佐藤（1975）による各臨床群の結果は表 5-4 に示す通りであり，データはやや古いが，臨床的な判断基準として有用なものとなろう。

　さらに，近年，滝浦（2007）が，本検査の抱えている問題点，および健常群ならびに一部の臨床群における本検査得点の標準値に関して文献的に検討を加え報告しており，臨床現場で使用する際に参考となろう。

表 5-3 三宅式言語記銘力検査の対語リスト（出典：三宅・内田，1924a．一部改変）

有関係対語

(1)	(2)	(3)	(4)	(5)
人－猿	えびす－大黒	運動－体操	海－船	花－蝶々
田舎－田圃	煙草－マッチ	金－銀	男－髭	家－庭
親切－情	相撲－行司	命令－服従	春－秋	役者－舞台
医者－病人	空－星	眠り－夢	机－硯	立身－出世
手－足	汽車－電車	火事－ポンプ	鳥－飛行機	夕立－雷
池－河	氷－雪	心配－苦労	雨－傘	旅行－名所
軍人－戦争	寿司－弁当	木綿－着物	夜－電灯	勲章－功労
馬車－自動車	葬式－墓	温泉－海水浴	病気－薬	女中－台所
勉強－試験	夕刊－号外	茶碗－箸	竹－虎	幸福－満足
狐－稲荷	華族－平民	カルタ－トランプ	梅－桜	鳩－豆

無関係対語

(1)	(2)	(3)	(4)	(5)
谷－鏡	地球－問題	将軍－水道	火鉢－嵐	蛍－軍艦
酒－村	少年－銀行	柱－切符	夏－徳利	雨戸－西瓜
下駄－坊主	入浴－鯨	鉄橋－公園	心－池	練習－地震
忠義－椅子	つぼみ－響き	成功－月	煙－弟	材木－老人
仕事－冬	うさぎ－障子	新年－先生	犬－ランプ	縁日－病院
娘－石炭	田植え－神社	猫－鉛筆	正直－畳	玄関－砂糖
蛙－巡査	ガラス－貧乏	屋根－菓子	学校－太陽	診察－牛
柳－電話	水泳－紫	財産－都会	松－人形	電気－藤
行列－空気	停車場－真綿	商売－警察	頭－秋	時間－鉄瓶
書生－袋	特別－衝突	けんか－香水	時計－嵐	洋行－手拭い

表 5-4 三宅式言語記銘力検査の各臨床群の結果（出典：佐藤，1975，垣内出版．一部改変）

臨床群	N	平均年齢	正答％平均						記銘再崩壊％	
			有関係対語			無関係対語			有関係対語	無関係対語
			第1回	第2回	第3回	第1回	第2回	第3回		
精神神経症群*	14	33.5	73.3 (40〜100)	94.3 (80〜100)	98.0 (90〜100)	30.0 (0〜80)	61.5 (30〜100)	79.2 (50〜100)	1.5	6.7
統合失調症，躁うつ病群	10	35.5	64.0 (20〜100)	82.0 (30〜100)	87.0 (30〜100)	20.0 (0〜50)	39.0 (10〜70)	52.0 (0〜100)	2.2	6.8
真性てんかん群	10	32.4	68.0 (50〜90)	84.0 (70〜100)	93.0 (80〜100)	14.0 (0〜40)	34.0 (20〜60)	50.0 (30〜90)	2.3	20.6
知的障害群 （IQ 平均 47）	9	33.4	37.8 (10〜80)	46.7 (0〜90)	56.7 (0〜100)	11.1 (0〜40)	11.1 (0〜60)	15.6 (0〜70)	24.7	30.6
初老期うつ病群	7	49.5	53.0 (30〜80)	65.7 (30〜100)	84.3 (50〜100)	10.0 (0〜30)	15.7 (0〜40)	28.6 (0〜40)	4.3	11.4
老人性精神病群	12	62.3	31.6 (10〜70)	44.1 (20〜90)	45.0 (20〜90)	3.3 (0〜10)	7.5 (0〜20)	5.8 (0〜40)	27.6	62.0
脳血管障害後遺症群	20	52.4	40.5 (10〜80)	54.0 (10〜80)	55.5 (0〜100)	5.5 (0〜20)	13.0 (0〜70)	16.0 (0〜80)	12.3	48.0
頭部外傷後遺症群**	32	36.6	50.0 (10〜90)	67.2 (20〜100)	75.0 (20〜100)	10.5 (0〜90)	17.5 (0〜100)	25.3 (0〜100)	8.1	11.5
アルコール依存症群	6	45.0	41.6 (20〜60)	70.0 (50〜90)	76.7 (50〜90)	3.3 (0〜10)	10.0 (0〜40)	10.0 (0〜30)	18.3	24.3
梅毒性精神障害群	8	48.5	26.3 (0〜50)	47.5 (30〜90)	57.5 (40〜90)	1.3 (0〜10)	1.3 (0〜10)	7.5 (0〜60)	21.6	8.3
CO中毒後遺症群	4	38.0	20.0 (20〜20)	20.0 (10〜30)	5.0 (0〜10)	0.0 (0〜0)	0.0 (0〜0)	0.0 (0〜0)	83.0	—

＊「もの忘れがひどい」という主訴をもった精神神経症群　＊＊外傷性てんかんを含む　（〜）はレンジ

$$記銘再崩壊\% = \frac{一旦記銘された対語がその後記銘失敗となった対語数}{第1，第2施行中1回以上記銘成功となった対語数} \times 100$$

三宅式　言語記銘力検査

氏名：	男・女　生年月日：明・大・昭　年　月　日　歳
検査日：　　年　月　日　曜日	検査者：
診断：	ＩＤ：
型式：	検査回数：

有関係語	1	2	3	無関係語	1	2	3
人　猿				谷　鏡			
田舎　田圃				酒　村			
親切　情				下駄　坊主			
医者　病人				忠義　椅子			
手　足				仕事　冬			
池　河				娘　石炭			
軍人　戦争				蛙　巡査			
馬車　自動車				柳　電話			
勉強　試験				行列　空気			
狐　稲荷				書生　袋			
正　答　率	％	％	％	正　答　率	％	％	％
追　錯　率	％	％	％	追　錯　率	％	％	％
前回正答率	％	％	％	前回正答率	％	％	％
前回追錯率	％	％	％	前回追錯率	％	％	％

図 5-6　三宅式言語記銘力検査
（出典：三宅・内田，1924a．一部改変）

なお，三宅式言語記銘力検査と類似する検査に改訂版ウェクスラー式記憶検査（WMS-R）の下位検査である言語性対連合がある。三宅式言語記銘力検査は同じ系列の対語リストを反復するのに対して，WMS-R の言語性対連合では系列ごとに順序が変化されている点が異なる。この点に関して，三宅式言語記銘力検査は WMS-R の言語性対連合と比べて，系位置効果がみられ，初頭努力や親近効果も出現しやすいであろう。

また近年，日本高次脳機能障害学会編（2014）の標準言語性対連合学習検査（Standard verbal paired-associate learning test：S-PA）が発行された。S-PA は記憶素材として使用される単語の出現頻度（frequency），親密度（familiarity），心像性（imageability），音韻の類似性，カテゴリーなどの選択基準が詳細に検討された3種類の刺激セットで構成され，WMS-R と同様に言語性対連合では系列ごとに順序が変化されており，適用年齢は16歳〜84歳であり，年齢群ごとの基準値が明確なものとなっている。したがって，今後は，S-PA を活用した知見の集積が大切になると考えられる。

【症例1】60歳，男性。# 器質性健忘症候群（organic amnesic syndrome：OAS）
（出典：小海，2006．一部改変）

営業職の会社員であったが，自殺未遂による一酸化炭素中毒後遺症により OAS に至った。精神状態短時間検査（MMSE）14/30点，長谷川式簡易知能評価スケール（HDS-R）9/30点，N 式精神機能検査（NDS）35/100点であり，ベントン視覚記銘検査（BVRT）では正確数0，誤謬数24で，誤謬は歪みと省略が多かった。三宅式言語記銘力検査では3回の有関係対語正答数はそれぞれ7－8－7（追錯数は順に0－1－3）で，無関係対語正答数はそれぞれ0－0－0（追錯数3－4－4）であり，疎通性は比較的に良好であるが会話内容には作話も目立っていた。

【症例2】63歳，男性。#OAS（出典：小海，2006．一部改変）

アルコール依存症で OAS に至った。WAIS-R では全検査知能指数（IQ）78（言語性 IQ 77，動作性 IQ 81）であり，三宅式言語記銘力検査では3回の有関係対語正答数は順に3－7－7（追錯数4－0－0），無関係対語正答数0－0－0（追錯数0－0－0）であり，疎通性は良好であるが会話内容には作話も目立っていた。

症例1と症例2のように OAS に至るのはアルコールや一酸化炭素などによる脳の器質性変化が原因によるものが多い。また，これらの症例のように三宅式言語記銘力検査における有関係対語正答数と無関係対語正答数の乖離が大きくなる場合が多い。さらに，両症例ともに作話が顕著なコルサコフ症候群（失見当識，記憶障害，作話が3主徴）でもあり，ケア場面においては自尊心を傷つけないように作話に対応することが大切となろう。

3．ベントン視覚記銘検査（Benton Visual Retention Test：BVRT）

Benton（1963）によって，元々は後天的な脳器質性障害をアセスメントする目的で考案された視覚的記銘力検査である。10枚ずつの図版として形式Ⅰ，形式Ⅱ，形式Ⅲの3セットが

用意されており，リハビリテーションなどの介入前後の評価を短期間内に行う際も，セットを変更することにより，学習効果の残存要因を排除できるようになっている。また，通常は施行Aとして各図版を10秒間提示し即時再生させる施行方法をとるが，施行Bでは各図版を5秒間提示し即時再生，施行Cでは模写，施行Dでは各図版を10秒間提示し15秒後に遅延再生させる施行方法もある。

　図形の記憶や再生などを調べる検査で，視覚認知，視覚記銘力，視覚認知再構成などの側面を評価することができる。後頭葉損傷者では記銘および図形模写の検査で特に低成績を示し，右頭頂葉損傷者では図形間の空間関係の把握に失敗する傾向があり，同部位の損傷による左半側空間無視の症状を左周辺図形の認知の失敗から評価できる場合もある。誤謬の評価は，省略，歪み，保続，回転，置き違い，大きさの誤りの6つに分類される。所要時間は10分程度であり，難聴や言語障害のある高齢者でも実施でき，モチベーションの低い高齢者でも検査を拒否することは少ない。

　また，滝浦（2007）が，わが国での使用に際して本検査の抱えている問題点，健常者の年齢と検査成績との関連とわが国における推定標準値について，ならびに臨床群における本検査の成績に関して文献に基づき報告している。なお，その報告を俯瞰すると，20～50歳の範囲で，①成人の日本人の成績は欧米人より良く，正確数，誤謬数とも，1程度の差がみられ，45歳以上ではその差が3～4程度に拡大する，②日本人では，正確数，誤謬数とも年齢の影響をあまり受けず，20～45歳の範囲で，正確数は8～9，誤謬数は1～2程度で，17～18歳の青年の成績とほぼ一致し，50歳では成績が幾分低下する，③正確数より誤謬数の方が成績の分散が大きいとされている。また，高齢者では，④60歳付近で正確数は大きく低下し，平均正確数は6～7程度であり，⑤65～70歳を超えると，日本人・欧米人ともに正確数は年齢とともに減少し，⑥70歳付近で，日本人と欧米人の平均正確数は同程度の5～6となり，⑦70歳以上で加齢とともに誤謬数が増加し，分散が大きいが6～10程度とされており，臨床現場で使用する際に参考となろう。

4．レイ複雑図形（Rey-Osterrieth Complex Figure：ROCF）

　Rey（1941）によって作成され，Osterrieth（1944）によって標準化されたレイ複雑図形（ROCF）は，高次脳機能障害者の視空間認知再構成機能や視覚記憶機能の簡易な評価法として世界中で使用されている。

　通常，A5もしくはB5の横向き用紙の中央にROCF（図5-7：Rey, 1941）を印刷した刺激カードを使用し，刺激カードと同じサイズの白紙にHBの鉛筆で模写させ，3分後および30分後に遅延再生させ，それぞれをOsterrieth（1944）による36点法で採点する。ROCFの採点基準ユニットは，図5-8に示す通りであり（Osterrieth, 1944），ROCFの18ユニットとその採点基準は，表5-5に示す通りである（Osterrieth, 1944）。

　なお，遅延再生の時間の長さは，15分，30分，45分，60分のいずれも，1時間を超えない限り，全体の再生遂行に影響がないことが指摘されており（Berry & Carpenter, 1992），臨床的には15分の遅延再生で施行することが検査時間を短縮できるので有用ともなろう。また，

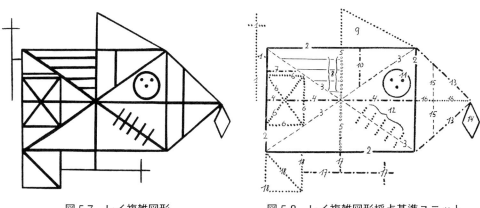

図 5-7　レイ複雑図形
（出典：Rey, 1941）

図 5-8　レイ複雑図形採点基準ユニット
（出典：Osterrieth, 1944）

表 5-5　ROCF の 18 ユニットとその採点基準（出典：Osterrieth, 1944．一部改変）

ユニット	図中の構造	模写	遅延再生 3 分後	遅延再生 15 or 30 分後
1	大きな長方形の外部にある左上隅の十字架			
2	大きな長方形			
3	大きな長方形の内部の対角線			
4	大きな長方形の内部の水平線			
5	大きな長方形の内部の垂直線			
6	大きな長方形内の左隅にある小さな長方形			
7	大きな長方形の上の短い線分			
8	大きな長方形内の左上部にある 4 本の平行線			
9	大きな長方形の右上部に付いている三角形			
10	[9] の下部にあり大きな長方形の中の短い垂直線			
11	大きな長方形の内部にある 3 つの点を含んだ円			
12	大きな長方形内の右下にあり対角線を横断している 5 本の平行線			
13	大きな長方形の右側に付いている三角形の 2 辺			
14	[13] に付いている菱形			
15	[13] の三角形の内部にある垂直線			
16	[13] の三角形の内部にある水平線			
17	大きな長方形の下部にあり，[5] に付いている十字架			
18	大きな長方形の左下に付いている正方形			
	計			

採点基準	得点
形態，位置ともに正しく描けている	2 点
形態は正しいが，位置が正確でない	1 点
形態が歪んでいるか，または不完全であるが，位置は正しい	1 点
形態が歪んでおり，位置も不正確である	0.5 点
形態の認識が不能あるいは図が欠けている	0 点

山下（2007）による本邦成人における Rey-Osterrieth 複雑図形の基準データは，表 5-6 に示す通りであり，臨床評価する際に有用となろう。

表 5-6　各年齢群の模写，3 分後再生，30 分後再生の成績（出典：山下，2007．一部改変）

	18〜24 歳 ($N=24$)	25〜34 歳 ($N=24$)	35〜44 歳 ($N=24$)	45〜54 歳 ($N=24$)	55〜64 歳 ($N=24$)	65〜74 歳 ($N=24$)
模写得点	35.8 ± 0.5	35.8 ± 0.4	35.8 ± 0.5	35.8 ± 0.5	35.8 ± 0.5	35.7 ± 0.8
3 分後再生得点	25.7 ± 5.7	24.6 ± 5.3	23.4 ± 5.6	23.3 ± 5.1	21.1 ± 4.2	19.0 ± 3.6
再生率（%）	71.8 ± 15.9	68.8 ± 14.9	66.1 ± 15.3	65.1 ± 13.9	59.0 ± 11.7	53.2 ± 10.1
30 分後再生得点	24.8 ± 5.4	23.4 ± 5.3	22.7 ± 6.0	22.1 ± 5.3	19.9 ± 4.0	17.9 ± 3.7
遅延再生率（%）	96.9 ± 6.9	95.1 ± 5.5	95.0 ± 6.9	94.8 ± 6.0	95.0 ± 7.7	94.3 ± 10.0

5．レイ聴覚言語学習検査
（Rey Auditory Verbal Learning Test：RAVLT）

　Rey（1958）によって作成された，RAVLT は，聴覚言語性の即時記憶範囲，学習と学習方略，逆向性と順向性干渉，および再認記憶の簡易な評価法として，原版はフランス語版で Tambour（ドラム），Rideau（カーテン），Ceinture（ベルト）などの単語リストを使用し，その他の様々な言語版やバリエーションがあるが，Taylor（1959）と Lezak（1976，1983，1995）が英語圏の被検者用に改変したものを中心に世界中で使用されている。通常の手続きは，リスト A の単語 15 語の聴覚言語記銘および即時再生を 5 試行繰り返し，その後，干渉刺激としてリスト B の単語 15 語の聴覚言語記銘および即時再生を行い，さらに，リスト A の即時再生と 30 分後に遅延再生を行い，最後に遅延再認を行うこととなっている。なお，実施する再認検査の単語リストはリスト A の 15 語およびリスト B の 15 語の単語を含み，さらにリスト A または B の単語と意味的関連のある単語や，リスト A または B の単語と音韻的に関連のある単語 20 語の計 50 単語を使用することとなっている。また，Geffen ら（1990）による性別，年齢別，試行別の再生単語数および再認単語数の RAVLT 標準値は，表 5-7 および表 5-8 に示す通りであり，さらに Carstairs ら（2012）による RAVLT 標準値（ロースコアの評価点換算値）は，表 5-9 に示す通りであり参考とはなろうが，今後，日本語版の標準化が待たれよう。
　日本語版に関しては，Lezak（1983／2005）の訳本に掲載されているリストが使用されることがあるが，再認検査のリストとして本来は音韻的に関連のある単語を干渉刺激として挿入されているが，必ずしもその意図を含めての訳出がなされていないなどの問題が残っている。
　また，博野と山鳥（1990）が報告している姫路循環器病センター神経心理室訳の RAVLT の単語リストを元に一部改変し，さらに検査用紙例として作成し直したものは，表 5-10 に示す通りであるので参考となろう。
　さらに，若松ら（2003）が報告しているものは，再認リストに干渉刺激であるリスト B の 15 単語が含まれておらず，また，リスト A または B の単語と意味的関連のある単語や，リスト A または B の単語と音韻的に関連のある単語が通常は 20 語であるが，30 語の計 45 単語を使用したもので，同論文の再認の項で指摘している「同時に学習された他の情報を識別する能力」に関して測定しているとは言い難い問題が残っている。しかし，わが国でもよく使用され，初期認知症群，Korsakoff 症候群，高齢健常群の基準値が公開されており（表 5-11 参照），さらに，和田（2016）が同リストを使用して詳細な高齢者の RAVLT 基準値を公開しているので

表 5-7 男性の年齢別，試行別の再生単語数および再認単語数の平均および標準偏差
（出典：Geffen et al., 1990. 一部改変）

	年齢群別（mean ± SD）						
	16-19 n=13	20-29 n=10	30-39 n=10	40-49 n=11	50-59 n=11	60-69 n=10	70+ n=10
Trial 1（List A）	6.9 ± 1.8	8.4 ± 1.2	6.0 ± 1.8	6.4 ± 1.8	6.5 ± 2.0	4.9 ± 1.1	3.6 ± 0.8
Trial 2（List A）	9.7 ± 1.7	10.8 ± 1.9	8.0 ± 2.4	9.0 ± 2.3	8.6 ± 2.0	6.4 ± 1.2	5.7 ± 1.7
Trial 3（List A）	11.5 ± 1.2	11.3 ± 1.6	9.7 ± 2.7	9.8 ± 2.0	10.1 ± 1.6	8.0 ± 2.6	6.8 ± 1.6
Trial 4（List A）	12.8 ± 1.5	12.2 ± 1.8	10.9 ± 2.8	11.5 ± 1.9	10.7 ± 1.9	8.5 ± 2.7	8.3 ± 2.7
Trial 5（List A）	12.5 ± 1.3	12.2 ± 2.2	11.4 ± 2.6	10.9 ± 2.0	11.8 ± 2.6	8.9 ± 2.0	8.2 ± 2.5
Total	53.4 ± 5.4	54.9 ± 7.0	46.0 ± 10.9	47.5 ± 8.3	47.6 ± 8.5	36.7 ± 8.4	32.6 ± 8.3
Total repeats	5.9 ± 5.6	8.0 ± 4.6	3.0 ± 3.6	4.1 ± 2.9	7.3 ± 7.5	5.0 ± 3.6	5.1 ± 8.6
Extra-list intrusions	0.39 ± 0.65	0.90 ± 1.29	1.20 ± 3.12	0.55 ± 0.82	0.73 ± 1.19	0.30 ± 0.68	0.90 ± 1.67
Trial 6（List B）	6.9 ± 1.9	6.5 ± 1.8	5.3 ± 1.6	6.1 ± 2.1	5.0 ± 2.3	4.9 ± 1.6	3.5 ± 1.3
Trial 7（Retention）	11.2 ± 1.6	11.1 ± 1.7	9.7 ± 2.3	9.7 ± 2.5	9.6 ± 2.9	7.2 ± 2.8	6.4 ± 1.7
Trial 8 （Delayed recall）	11.3 ± 1.7	10.6 ± 2.4	10.4 ± 2.3	10.5 ± 2.7	10.0 ± 2.6	7.1 ± 3.8	5.6 ± 2.6
Recognition List A	14.4 ± 0.9	14.2 ± 0.8	13.5 ± 1.5	14.2 ± 1.0	13.9 ± 0.9	12.4 ± 2.8	11.5 ± 2.6
Recognition List B	8.4 ± 2.8	8.2 ± 2.7	4.4 ± 2.0	6.9 ± 2.6	4.7 ± 2.9	4.9 ± 2.7	3.0 ± 2.5
p（A）List A	0.95 ± 0.04	0.90 ± 0.05	0.92 ± 0.04	0.92 ± 0.06	0.90 ± 0.06	0.82 ± 0.13	0.81 ± 0.10
p（A）List B	0.77 ± 0.09	0.76 ± 0.09	0.64 ± 0.01	0.71 ± 0.09	0.65 ± 0.10	0.65 ± 0.09	0.59 ± 0.08
Misassignments A to B	0.77 ± 1.01	1.00 ± 1.89	0.70 ± 1.25	1.18 ± 1.33	1.18 ± 1.54	2.20 ± 1.32	0.80 ± 1.03
Misassignments B to A	0.08 ± 0.28	0.40 ± 0.84	0.60 ± 0.70	0.18 ± 0.60	0.27 ± 0.65	1.40 ± 1.78	1.00 ± 1.25
Total false positives	1.39 ± 1.76	3.20 ± 1.99	1.50 ± 1.35	2.64 ± 2.66	2.91 ± 2.55	4.30 ± 3.95	3.10 ± 2.96

p（A）= 0.5（1 + HR：hit rate － FP：false positive rate）

表 5-8 女性の年齢別，試行別の再生単語数および再認単語数の平均および標準偏差
（出典：Geffen et al., 1990. 一部改変）

	年齢群別（mean ± SD）						
	16-19 n=12	20-29 n=10	30-39 n=13	40-49 n=11	50-59 n=9	60-69 n=12	70+ n=10
Trial 1（List A）	7.8 ± 1.9	7.7 ± 1.0	8.0 ± 2.0	6.8 ± 1.5	6.4 ± 1.5	6.0 ± 2.2	5.6 ± 1.4
Trial 2（List A）	10.5 ± 2.0	10.5 ± 1.5	10.8 ± 2.1	9.4 ± 1.5	8.2 ± 2.4	9.0 ± 2.0	6.9 ± 2.1
Trial 3（List A）	12.3 ± 1.2	12.2 ± 2.3	11.5 ± 1.7	11.4 ± 1.7	10.2 ± 2.1	10.8 ± 2.0	8.9 ± 1.9
Trial 4（List A）	12.5 ± 1.7	12.0 ± 1.6	12.9 ± 1.3	11.7 ± 2.1	11.1 ± 1.9	11.3 ± 1.4	10.1 ± 1.9
Trial 5（List A）	13.3 ± 1.5	12.9 ± 1.5	12.7 ± 1.3	12.8 ± 1.4	11.6 ± 2.1	11.9 ± 1.6	10.1 ± 1.2
Total	56.5 ± 6.0	55.3 ± 6.6	55.9 ± 6.3	52.1 ± 7.1	47.6 ± 7.7	49.0 ± 7.1	41.6 ± 6.6
Total repeats	5.5 ± 6.5	10.6 ± 14.3	5.0 ± 5.8	8.0 ± 4.8	4.9 ± 3.7	4.8 ± 2.8	3.5 ± 4.8
Extra-list intrusions	0.92 ± 1.38	1.20 ± 1.40	1.23 ± 1.74	0.83 ± 1.19	0.78 ± 1.30	0.67 ± 1.07	0.50 ± 0.97
Trial 6（List B）	7.7 ± 1.3	7.9 ± 2.0	6.5 ± 1.5	5.2 ± 1.3	4.6 ± 1.9	5.3 ± 1.1	4.2 ± 1.9
Trial 7（Retention）	11.9 ± 2.5	11.6 ± 2.5	12.1 ± 1.9	11.1 ± 2.4	9.9 ± 2.8	9.8 ± 1.6	7.8 ± 1.8
Trial 8（Delayed recall）	11.4 ± 2.5	11.0 ± 2.0	12.2 ± 2.5	11.1 ± 2.3	10.2 ± 2.7	10.3 ± 2.3	8.3 ± 2.1
Recognition List A	13.8 ± 2.0	14.4 ± 0.8	14.2 ± 1.7	14.4 ± 0.8	13.7 ± 1.1	13.8 ± 1.1	13.6 ± 2.0
Recognition List B	7.8 ± 3.1	8.0 ± 2.9	8.9 ± 4.1	7.4 ± 2.8	5.7 ± 2.4	7.5 ± 3.6	7.5 ± 3.7
p（A）List A	0.92 ± 0.08	0.91 ± 0.09	0.89 ± 0.08	0.88 ± 0.07	0.88 ± 0.08	0.90 ± 0.06	0.84 ± 0.11
p（A）List B	0.74 ± 0.10	0.75 ± 0.10	0.78 ± 0.13	0.73 ± 0.09	0.68 ± 0.07	0.74 ± 0.11	0.73 ± 0.10
Misassignments A to B	0.33 ± 0.49	0.40 ± 0.97	0.31 ± 0.63	1.17 ± 1.64	1.56 ± 1.94	1.42 ± 1.44	0.90 ± 1.37
Misassignments B to A	0.25 ± 0.45	0.30 ± 0.48	0.00 ± 0.00	0.17 ± 0.58	0.33 ± 0.71	0.58 ± 0.67	1.10 ± 0.88
Total false positives	2.33 ± 2.96	3.60 ± 3.92	4.23 ± 3.37	4.58 ± 2.68	3.67 ± 3.71	2.92 ± 3.12	5.60 ± 5.72

p（A）= 0.5（1 + HR：hit rate － FP：false positive rate）

**表 5-9 健常成人 390 名（男性 188 名，女性 202 名。18 ～ 34 歳）の
RAVLT 標準値（ロースコアの評価点換算値）**
（出典：Carstairs et al., 2012. 一部改変）

Scaled score	Trial 1	Trial 2	Trial 3	Trial 4	Trial 5	List B	IR	DR	RM	Trials 1-5	Scaled score
19	15					14+				75	19
18	14									74	18
17	13					13				72-73	17
16	12	15				11-12				70-71	16
15	11	14	15			10				69	15
14	10			15		9	15	15		66-68	14
13		13			15	8				64-65	13
12	9	12	14				14	14	15	62-63	12
11	8		13	14		7		13		59-61	11
10	7	11	12	13	14	6	13	12		56-58	10
9		10			13		12	11	14	53-55	9
8	6	9	11	12		5	11	10		50-52	8
7	5	8	10	11	12		9-10	9	13	47-49	7
6		9	10	11		4	8	8	12	44-46	6
5	4	7		9	10	3	7	7	11	41-43	5
4		6	8	8	9		6	5-6	10	39-40	4
3		5	7	7	8	2	5	4	9	36-38	3
2	3	4	6	6	6-7	1	4	3	6-8	30-35	2
1	*0-2*	*0-3*	*0-5*	*0-5*	*0-5*	0	*0-3*	*0-2*	*0-5*	0-29	1

List B=recall for list B, IR=Immediate recall for list A, DR=delayed recall for list A, RM=recognition memory list A, Interpolated or extrapolated values are presented in italics.

（表 5-12 参照），解釈する際に参考となろう。

【症例】27 歳，男性。＃ PDD 疑い

　自閉症スペクトラム指数（autism spectrum quotient：AQ）の結果は，総得点 29/50 点で成人のアスペルガー症候群を識別する cut off 値は 32/33 点であるため（注：原版は 31/32 点），cut off 値以下である（Baron-Cohen et al., 2001；若林，2016）。また，AQ では 5 下位尺度全体が一定水準以上高いことが自閉症スペクトラム障害（自閉スペクトラム症：autism spectrum disorder：ASD）の指標であると考えられており，基本的に下位尺度でのスクリーニングは考慮されていない。しかし，その点を考慮した上での下位尺度での自閉症スペクトラム状態の指標となる cut off 値は，社会的スキル 5/6 点，注意の切り替え 6/7 点，細部への関心 0/1 点，コミュニケーション 5/6 点，想像力 5/6 点とされており（Baron-Cohen et al., 2001；若林，2016），本症例は，社会的スキル 7/10 点，注意の切り替え 8/10 点，細部への注意 3/10 点，コミュニケーション 6/10 点，想像力 5/10 点であり，想像力以外は全て cut off 値以上であり，特に，社会的スキル，注意の切り替え，細部への関心に苦手さを認識していることがうかがわれる。

　博野と山鳥（1990）による RAVLT と異なる単語リストを用いた RAVLT の結果および学習曲線は表 5-13 および図 5-9 に示す通りであり，試行毎の達成数は 3（評価点 2）（注：Carstairs ら（2012）による標準データに基づくもので，特に再認検査の単語リストはリスト A およびリスト B の単語を含み，さらにリスト A または B の単語と意味的関連のある単語や，

表 5-10 Rey Auditory Verbal Learning Test (RAVLT) 検査用紙例

(出典：博野信次，山鳥重（1990）記憶の神経心理学．医学のあゆみ，155，149-153．を一部改変し，さらに検査用紙例として作成し直した)

氏名： 　　　　　　性別： 　　　　
検査日： 　　　　　　年齢： 　　　　
検査者： 　　　　　　

注：即時再生や遅延再生では，リストAを再読しないこと

リストA	再生検査					リストB	再生検査	
	Trial1	Trial2	Trial3	Trial4	Trial5		ListB 即時再生	遅延再生(30分後)
太鼓						机		
カーテン						警察官		
電車						鳥		
コーヒー						靴		
学校						ストーブ		
親						山		
月						眼鏡		
庭						タオル		
帽子						雲		
煙突						ボート		
鼻						羊		
アヒル						鍵		
色						鉛筆		
家						寺		
川						魚		

再認検査の単語リスト　※博野 & 山鳥（1990）では「煙」となっているが，targetの「煙突」と改変した．

鉛筆(B)		帽子(A)		※煙突(A)		机(B)		タオル(B)	
星		紅茶		池		月(A)		森	
色(A)		警察官(B)		学校(A)		鍵(B)		親(A)	
庭(A)		雲(B)		靴(B)		列車		城	
山羊		かっこう		笛		コーヒー(A)		太鼓(A)	
仮名		口		眼鏡(B)		蚕		ボート(B)	
山(B)		カーテン(A)		小屋		煙		空	
椅子		羊(B)		鶏		魚(B)		上着	
電車(A)		アヒル(A)		鼻(A)		窓		寺(B)	
コート		鳥(B)		ストーブ(B)		川(A)		家(A)	

リストAを，約2秒に1語の割合で聴覚的に提示し，すぐに再生させることを5回繰り返す．ついでリストBを同様に提示し再生させた後，リストAの語を遅延再生させる．このあと再認リストの語を順に聴覚的に提示し，リストAの語を再認再生させる．

第1試行達成数（T1）　　　　　ListB（B1）　　　　　言語学習能力（T5-T1）　　　　
第2試行達成数（T2）　　　　　即時再生数　　　　　忘却数（T5-即時再生数）　　　　
第3試行達成数（T3）　　　　　遅延再生数　　　　　順向性干渉効果数（ListB-T1）　　　　
第4試行達成数（T4）　　　　　遅延再認数　　　　　逆向性干渉効果数（即時再生数-T5）　　　　
第5試行達成数（T5）　　　　　
総達成数Σ（T1～T5）

表 5-11 各群における RAVLT の即時再生数，最大再生数および遅延再生数

（出典：若松直樹，穴水幸子，加藤元一郎（2003）認知機能障害の個別的評価に関する神経心理学的検査：記憶障害：Rey Auditory Verbal Learning Test（RAVLT）．日本臨牀，61 増刊号 9, 279-284. 一部改変）

		年齢	即時再生						遅延再生
			第1試行	第2試行	第3試行	第4試行	第5試行	最大値	
初期認知症群	平均	65.5	2.5**	4.6**	5.2**	5.5**	5.6**	6.2**	2.9**
	SD	6.3	1.4	2.1	1.8	2.2	1.6	1.8	2.0
Korsakoff 症候群	平均	63.9	3.0**	5.3*	6.0**	6.0**	6.1**	6.8**	4.1**
	SD	8.0	1.3	1.3	0.9	1.2	2.0	1.5	1.7
高齢健常者	平均	67.9	5.2	7.4	9.4	10.3	11.3	11.3	9.4
	SD	2.9	1.0	2.1	1.6	1.7	1.4	1.4	1.7

**高齢健常群に対して p<0.01, *高齢健常群に対して p<0.05

表 5-12 高齢者の RAVLT 基準値

（出典：和田美弦（2016）地域在住の高齢者の MMSE と RAVLT による近時記憶に関する検討．Dementia Japan, 30, 280-289. 一部改変）

		Age groups					ANOVA
		all (n=117)	70～74 (n=25)	75～79 (n=54)	80～84 (n=21)	85～90 (n=17)	p<
RAVLT	T1	4.8 (1.9)	5.5 (2.0)	4.6 (1.9)	4.8 (2.1)	4.5 (1.7)	0.017
	T2	7.7 (2.4)	9.0 (1.9)*	7.4 (2.3)	7.4 (2.2)	7.2 (2.9)	0.042
	T3	9.4 (2.5)	10.5 (2.0)	9.2 (2.5)	8.8 (2.8)	8.7 (2.2)	0.042
	T4	10.5 (2.5)	11.9 (2.1)#	10.3 (2.5)	9.6 (2.5)	10.1 (2.3)	0.01
	T5	11.2 (2.6)	12.6 (1.8)#	11.0 (2.6)	10.1 (2.8)	10.9 (2.5)	0.01
	delayed recall	9.1 (3.0)	9.8 (2.8)	9.0 (2.8)	9.0 (3.5)	8.2 (3.3)	ns
	delayed recognition	13.1 (2.2)	13.8 (1.2)	12.9 (2.2)	13.2 (2.5)	12.6 (2.7)	ns
	total recalls	43.5 (10.3)	49.5 (8.1)*#	42.5 (10.2)	40.7 (11.0)	41.5 (10.0)	0.009
	learning	6.4 (2.2)	7.0 (2.2)	6.4 (2.3)	5.4 (2.2)	6.5 (1.8)	ns
	forgetting	2.1 (2.1)	2.8 (2.3)	2.0 (2.0)	1.1 (2.3)	2.8 (1.7)	ns

Mean (SD), RAVLT: Rey Auditory Verbal Learning Test, Learning=T5-T1, forgetting=T5-delayed recall
ns=no significant, * p<0.05 for 75～79, # p<0.05 for 80～84

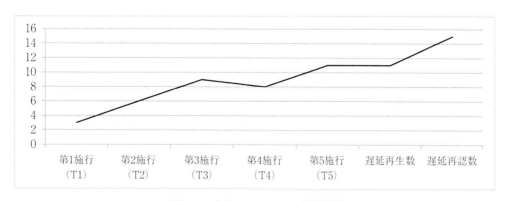

図 5-9 症例の RAVLT の学習曲線

表 5-13 症例（27 歳，男性，#PDD 疑い）の RAVLT 検査結果

		氏名：		性別：	男性
		検査日：		年齢：	27 歳

注：即時再生や遅延再生では，リストAを再読しないこと　検査者：

リストA	再生検査 T1	T2	T3	T4	T5	リストB	再生検査 List B	即時再生	遅延再生（30分後）
太鼓			1	1	2	机	1	1	
カーテン				2	1	警察	2	3	
鈴					3	鳥	4	2	
コーヒー		1	2	3	4	靴		4	
学校	1	2	3	4	5	ストーブ		教室	
親			6	5	7	山		9	
月					9, 12	コップ		5	
帽子						タオル			
庭			7	7	6	雲		8	
農夫	2	3	8	8	10	船		10	
鼻						灯り			
アヒル						包丁			
色		5	4	6	8	鉛筆		6	
家	3	4	5			神社	3	7	
湖		6	9		11	魚		11	

再認検査の単語リスト

花壇		数字		法事		石		農夫（A）	13
鴨		耳		太陽		カーテン(A)	10	手袋	
色（A）	1	海		太鼓（A）	7	毛布		月（A）	14
公園		紅茶		はんだ		孫		鼻（A）	15
紙		学校（A）	4	入り江		にかわ		大砲	
庭（A）	2	アヒル（A）	5	家（A）	8	先生			
楽器		窓		帽子（A）	9	鈴（A）	11		
笛		丘		積み木		嵐			
親（A）	3	土地		水着		湖（A）	12		
農業		コーヒー(A)	6	鐘		カーペット			

リストAを，約2秒に1語の割合で聴覚的に提示し，すぐに再生させることを5回繰り返す。ついでリストBを同様に提示し再生させた後，リストAの語を遅延再生させる。このあと再認リストの語を順に聴覚的に提示し，リストAの語を再認再生させる。

第1試行達成数（T1）	3	ListB（B1）	4	言語学習能力（T5-T1）	8
第2試行達成数（T2）	6	即時再生数	11	忘却数（T5-即時再生数）	0
第3試行達成数（T3）	9	遅延再生数		順向性干渉効果数（ListB-T1）	1
第4試行達成数（T4）	8	遅延再認数	15	逆向性干渉効果数（即時再生数-T5）	0
第5試行達成数（T5）	11				
総達成数Σ（T1〜T5）	37				

リスト A または B の単語と音韻的に関連のある単語 20 語の計 50 単語を使用したものなので参照値であり，以下の評価点も同様である）− 6（評価点 4）− 9（評価点 6）− 8（評価点 4）− 11（評価点 6），総達成数 37（評価点 3）であり，基準値と比較して特に試行 1（T1）における顕著な低下がみられ，前頭葉性の精神発動性の生じにくさがうかがわれ，一定の言語学習能力（T5 − T1 = 8）はみられるが，最終的な達成数や総達成数も低下が認められ，聴覚言語記憶の容量が低下していると考えられる。しかし，リスト B は 4（評価点 6）と低いが，リスト A1 が 3（評価点 2）であるため，順向性干渉の影響の受けやすさ（順向性干渉効果数 = 1）は否定でき，即時再生が 11（評価点 8），試行 5（T5）が 11（評価点 6）であるため，逆向性干渉の影響の受けやすさ（逆向性干渉効果数 = 0）も否定できる。因みにリスト B が試行 1（T1）に比べて低得点，つまり順向性干渉効果数がマイナスであれば，順向性干渉の影響の受けやすさが考えられ，即時再生数が試行 5（T5）に比べて低得点，つまり逆向性干渉効果数がマイナスであれば，短期遅延の間に忘却する程度が高いか，逆向性干渉の影響の受けやすさが考えられる。さらに，遅延再認数は 15（評価点 12）と問題を認めず，手がかりがあると記憶の想起は良好になることがうかがわれる。

文　献

1．改訂版ウェクスラー式記憶検査

Drozdick LW, Holdnack JA, Hilsabeck RC（2011）Essentials of WMS-Ⅳ assessment. New York: John Wiley & Sons, Inc.

小海宏之（2004）外傷性脳損傷による高次脳機能障害の心理アセスメント．臨床精神医学，33, 453-460.

小海宏之，加藤佑佳，成本迅他（2014）時間的見当識，平均単語再生数，論理的記憶の下位検査から簡易に言語性記憶指数を推定する方法に関する基礎研究．花園大学社会福祉学部研究紀要，22, 29-37.

Wechsler D（1945）A standardized memory scale for clinical use. The Journal of psychology, 19, 87-95.

Wechsler D（1987）Manual for the Wechsler Memory Scale-Revised. The Psychological Corporation, New York.（杉下守弘（訳）（2001）日本版ウェクスラー記憶検査法（WMS-R）．日本文化科学社．）

Wechsler D（1997）Wechsler Memory Scale-Third Edition: WMS-Ⅲ. San Antonio, TX: Harcourt Assessment.

Wechsler D（2009）Wechsler Memory Scale-Fourth Edition: WMS-Ⅳ. San Antonio, TX: Pearson.

2．三宅式言語記銘力検査

小海宏之（2006）高齢期の心理的アセスメント：適切なケアを行うために．曽我昌祺，日下菜穂子（編）高齢者のこころのケア．金剛出版．pp.35-47.

三宅鑛一，内田勇三郎（1924a）記憶ニ關スル臨牀的實驗成績（上）．神経学雑誌，23, 458-488.

三宅鑛一，内田勇三郎（1924b）記憶ニ關スル臨牀的實驗成績（中）．神経学雑誌，23, 523-565.

三宅鑛一，内田勇三郎（1924c）記憶ニ關スル臨牀的實驗成績（下）．神経学雑誌，24, 12-45.

日本高次脳機能障害学会（編），日本高次脳機能障害学会 Brain Function Test 委員会　新記憶検査作製小委員会（著）（2014）標準言語性対連合学習検査．新興医学出版社．

佐藤忠司（1975）記銘検査法．岡堂哲雄（編）心理検査学：心理アセスメントの基本．垣内出版．pp.387-393.

滝浦孝之（2007）三宅式記銘力検査（東大脳研式記銘力検査）の標準値：文献的検討．広島修大論集．人文編，48, 215-272. http://ci.nii.ac.jp/naid/110006954642/（2014.9.1.引用）

3．ベントン視覚記銘検査

Benton AL（1963）The Revised Visual Retention Test:clinical and experimental applications, 3rd edition. Psychological Corporation, New York.（髙橋剛夫（訳）（1985）改訂版視覚記銘検査使用手引：臨床と実験的利用：増補版．三京房．

滝浦孝之（2007）日本におけるベントン視覚記銘検査の標準値：文献的検討．広島修大論集．人文編，48，273-313. http://ci.nii.ac.jp/naid/110006954643（2014.9.1. 引用）

4．レイ複雑図形

Berry DTR, Carpenter GS（1992）Effect of four different delay periods on recall of the Rey-Osterrieth Complex Figure by older persons. The Clinical Neuropsychologist, 6, 80-84.

Osterrieth PA（1944）Le test de copie d'une figure complexe: contribution à l'étude de la perception et de la mémoire. Archives de Psychologie, 30, 205-356.

Rey A（1941）L'examen psychologique dans: les cas d'encéphalopathie traumatique（Les problémes）. Archives de Psychologie, 28, 286-340.

山下光（2007）本邦成人における Rey-Osterrieth 複雑図形の基準データ．精神医学，49, 155-159.

5．レイ聴覚言語学習検査

Baron-Cohen S, Wheelwright S, Skinner R et al.（2001）The Autism-Spectrum Quotient（AQ）: evidence from Asperger Syndrome / high-functioning autism, males and females, scientists and mathematicians. Journal of Autism and Developmental Disorders, 31, 5-17.（若林明雄（構成者）（2016）AQ 日本語版・成人用使用手引．三京房．）

Carstairs JR, Shores EA, Myors B（2012）Australian norms and retest data for the Rey auditory and verbal learning test. Australian Psychologist, 47, 191-197, 2012.

Geffen G, Moar KJ, O'Hanlon AP et al.（1990）Performance measures of 16- to 86- year-old males and females on the auditory verbal learning test. The Clinical Neuropsychologist, 4, 45-63.

博野信次，山鳥重（1990）記憶の神経心理学．医学のあゆみ，155, 149-153.

Lezak MD（1976）Neuropsychological assessment. New York: Oxford University Press.

Lezak MD（1983）Neuropsychological assessment: 2nd edition. New York: Oxford University Press.

Lezak MD（1983）Neuropsychological assessment: third edition. New York: Oxford University Press.（鹿島晴雄（総監修），三村將，村松太郎（監訳）（2005）レザック神経心理学的検査集成．創造出版．）

Rey A（1958）L'examen Clinique en psychologie: Clinical tests in psychology. Paris: Presses Universitaire de France.

Taylor EM（1959）The appraisal of children with cerebral deficits. Cambridge, MA: Harvard University Press.

和田美弦（2016）地域在住の高齢者の MMSE と RAVLT による近時記憶に関する検討．Dementia Japan，30, 280-289.

若松直樹，穴水幸子，加藤元一郎（2003）認知機能障害の個別的評価に関する神経心理学的検査：記憶障害：Rey Auditory Verbal Learning Test（RAVLT）．日本臨牀，61 増刊号 9，279-284.

# 第6章
行動記憶検査

1. リバーミード行動記憶検査
（Rivermead Behavioural Memory Test：RBMT）

　行動記憶機能検査としては，RBMTがある。この検査は，認知症などの生活障害を定量化できる数少ない検査であり，検査結果およびその解釈が本人および介護者にも理解しやすいことや，予定（展望）記憶（prospective memory）を測定できる数少ない検査であるため，非常に有用な検査であると言える。
　ただし，本検査マニュアル（Wilson et al., 1986；綿森ら，2002）における解釈基準は，標準プロフィール合計点のcut off値として，39歳以下が19/20点，40〜59歳が16/17点，60歳以上が15/16点，スクリーニング合計点のcut off値として，39歳以下が7/8点，40〜59歳が7/8点，60歳以上が5/6点と示されているだけである。松田ら（2002）による近年の研究では，健常者とアルツハイマー病においては，標準プロフィール合計点のcut off値を13/14点にした際，感度0.988，特異度0.957，スクリーニング合計点のcut off値を5/6点にした際，感度0.978，特異度0.957と報告されている。さらに，Kazuiら（2005）による研究では，健常者と軽度認知障害者においては，標準プロフィール合計点のcut off値を16/17点にした際，感度1.000，特異度0.917，スクリーニング合計点のcut off値を6/7点にした際，感度0.917，特異度0.958，MCIとアルツハイマー病においては，標準プロフィール合計点のcut off値を5/6点にした際，感度0.729，特異度0.875，スクリーニング合計点のcut off値を1/2点にした際，感度0.792，特異度0.792との報告もあり，臨床現場における解釈基準として参考になるであろう。
　なお，課題名，評価内容，主に関連する脳の部位，各認知機能障害によって生じると考えられる生活障害，考え得るケア・アドバイスとしての体系表にまとめたものが表6-1であり（小海・與曽井，2014），神経心理学的報告書を作成する際の参考となろう。
　また，すでにいずれも適用年齢が16〜96歳であるRBMT-Second Edition（RBMT-Ⅱ：Wilson et al., 2003）やRBMT-Third Edition（RBMT-3：Wilson et al., 2008）が開発されており，RBMT-Ⅱの下位検査には大きな変更点はないが，RBMT-3には新奇課題（日本語訳は未定：novel task）の即時と遅延再生が付加されており，総合記憶指標（global memory index：GMI）も算出できるようになっており，日本語版の標準化が待たれよう。
　さらに，Wilsonら（1991）により，適用年齢が5歳〜10歳11カ月のRBMT for Children（RBMT-C）も既に開発されており，下位検査として言語領域は名前の想起（以下，いずれも日本語訳は未定：remember name），散文の即時および遅延再生（prose recall），空間領域

表6-1 RBMTに関する課題名、評価内容、主に関連する脳の部位、各認知機能障害によって生じると考えられる生活障害、考え得るケア・アドバイスとしての体系表（出典：小海・鹿曽井、2014）

RBMT課題名		評価内容	主に関連する脳の部位	生活障害	ケア・アドバイス
姓名		相貌認知 人名の記憶 未知の顔と名前のマッチング	左紡錘状回 左海馬 左側頭極	新しく会った人の顔を覚えられない 新しく会った人の名前を覚えられない 顔と名前が一致しない	周囲が自己紹介を繰り返す 名札を付ける リアリティ・オリエンテーション
持ち物		存在想起 内容想起	前頭葉腹内側部 側頭葉腹内側部	物をなくす 物盗られ妄想がみられる	しまう場所を限定する
約束		存在想起 内容想起	前頭葉腹内側部 側頭葉腹内側部	約束を忘れる 服薬を忘れる	約束をしない スケジュール表を常時確認する
絵		視覚的記憶 干渉の抑制	右海馬 頭頂葉 前頭葉背外側面	見た事柄を忘れる 場所を覚えられない 多くのものを見ると混乱する	目印やラベルを貼る 視覚刺激を少なくする
物語	直後	言語的記憶 文脈理解	左海馬 前頭側頭連合野	聞いたことを覚えられない	メモを活用する
	遅延		紡錘状回 大脳皮質全般 前頭側頭連合野	聞いたことを思い出せない	繰り返し伝える
顔写真		相貌認知 干渉の抑制	紡錘状回 前頭葉背外側面	人の顔を覚えられない 声掛けができない 人混みで混乱する	周囲が自己紹介を繰り返す 名札を付ける 身近な人が付き添う
		空間的WM	右前頭前野	同時処理能力低下	1度に複数のことを頼まない
道順	直後	相対的方位感覚	脳梁膨大部 後部帯状回 後頭葉背側経路	道順や場所を認識できない 方向を見失う	見守る 手をつなぐ
	遅延	短期記憶	大脳皮質全般 左海馬	自分の行動を覚えておけない	生活空間に規則性を作る
用件	直後	空間的WM 論理的WM	右前頭前野 左前頭前野	同時処理能力低下	1度に複数のことを頼まない
	遅延	短期記憶	大脳皮質全般 左海馬	自分のとった行動を覚えておけない	スケジュール表を常時確認する
見当識・日付		時間的・場所的見当識 短期記憶	大脳皮質全般 左海馬	時と場所認識の混乱	リアリティ・オリエンテーション 生活空間に規則性を作る 新規の場所は付き添う
		自己認識	大脳皮質全般	自己設定困難	支持的に関わる

WM：working memory

は道順の即時および遅延再生（route recall），予定（展望）領域は持ち物の想起（remember belonging），約束の想起（remember appointment），用件の想起（remember message），再認領域は絵の再認（picture recognition），顔写真の再認（face recognition），見当識（orientation）で構成されており，子ども用の予定（展望）記憶を測定できる数少ない検査であるため，これも日本語版の標準化が待たれよう．

文　献

1．リバーミード行動記憶検査

Kazui H, Matsuda A, Hirono N et al.（2005）Everyday memory impairment of patients with mild cognitive impairment. Dementia and Geriatric Cognitive Disorders, 19, 331-337.

小海宏之，與曽井美穂（2014）神経心理学的検査報告書を作成するための神経心理学的検査に関する体系表作成の試み．花園大学心理カウンセリングセンター研究紀要，8, 27-39.

松田明美，数井裕光，博野信次他（2002）軽症アルツハイマー病患者におけるリバーミード行動記憶検査の有用性．脳と神経，54, 673-678.

Wilson BA, Aldrich F, Ivani-Chalian R（1991）The Rivermead Behavioural Memory Test for Children（RBMT-C）．London. Pearson Assement.

Wilson BA, Cockburn JM, Baddeley AD（1986）Rivermead Behavioural Memory Test. Suppl 2（綿森淑子，原寛美，宮森孝史他（2002）日本版RBMT リバーミード行動記憶検査．千葉テストセンター．）

Wilson BA, Cockburn J, Baddeley AD（2003）The Rivermead Behavioural Memory Test- Second Edition（RBMT-Ⅱ）．London. Pearson Assement.

Wilson BA, Greenfield E, Clare L et al.（2008）The Rivermead Behavioural Memory Test- Third Edition（RBMT-3）．London. Pearson Assement.

第7章
逆向性記憶機能検査

1. 自伝的記憶検査
(Autobiographical Memory Test：ABMT)

　交通事故外傷後遺症のように，受傷した時点から後の前向性記憶の障害が前向性健忘であり，受傷した時点から過去に遡っての逆向性記憶の障害が逆向性健忘である。このような，逆向性記憶に関する評価を行うものとして，Kopelmanら（1989）やBorriniら（1989）が作成した自伝的記憶（autobiographical memory）を利用した検査がある。日本語版については，吉益ら（1993）が，Kopelmanら（1989）およびBorriniら（1989）の検査法を参考に作成した自叙伝的記憶検査が公開されており，その後，若干の修正が加えられた慶應版自伝的記憶検査も公開されている（吉益ら，1998）。

　慶應版ABMTの自伝的出来事記憶の質問項目は，表7-1に示す通りであり，個人的意味記憶の質問項目は，表7-2に示す通りである。また，子ども時代（15歳まで），成人期初期（16～40歳），成人期後期（41歳～発症）の3期それぞれについて，時間と場所が特定可能な記憶の場合が3点，個人的な記憶だが単一の出来事記憶ではない場合が2点，曖昧な個人的記憶の場合が1点，無反応あるいは意味記憶に基づく反応の場合が0点の15点満点で判定され，自伝的記憶に関する，時間的勾配（temporal gradient）も評価できるものとなっている。

　なお，障害の受傷時期がより若い時期の場合は，ABMTの質問項目を参考にした質問を行うことにより自伝的記憶について定性的に評価する応用も必要となろう。

2. 価格テスト (Prices Test)

　Prices Testとは，Wilson（1987）により，身近な物の現在の価格を質問することにより，逆向健忘の程度を測定する検査として考案されたものであり，Kopelmanら（1989）により，健忘患者に適用した症例報告がなされている。

　しかし，この検査は現在の物の価格を質問しているので，前述した自伝的記憶検査における「（過去の）何々という出来事を覚えていますか？」というような遠隔記憶検査とは異なり，本来，遠隔記憶を測定するならば，「例えば，30年前の何々の価格を覚えていますか？」と質問すべきと考えられる。

　なお，山中ら（1997）は，このことを指摘した上で，Prices Testを現実認識の課題とみなし，日本版のPrices Testを開発している。また，①過去50年間に価格が大きく変化したこと，

表 7-1　慶應版自伝的記憶検査（ABMT）
(出典：吉益晴夫，加藤元一郎，三村將他（1998）遠隔記憶の神経心理学的評価．
失語症研究，18，205-214．一部改変)

---

(1) 出来事　autobiographical incidents（ABI）

Ⅰ：子供時代（〜15歳）
　①学校：「あなたが15歳になるまでに，学校で起こった出来事を話してください」
　②買物：「あなたが15歳になるまでにした，印象に残っている買物について話してください」
　③家族：「あなたが15歳になるまでに，あなた，または，あなたの家族に起こった出来事を話してください」
　④病気：「あなたが15歳になるまでに，あなた，または，あなたの家族が，病気になったり，またはけがをしたことを話してください」
　⑤遊び：「あなたが子供の時によくした遊びに関係した出来事を話してください」

Ⅱ：成人期初期（16〜40歳）
　①買物：「16歳以上40歳以下の時にあなたがした，印象に残った買物について話してください」
　②旅行：「16歳以上40歳以下の年齢の時にした旅行について話してください」
　③結婚・旅行：
　　a）既婚者なら「あなたの結婚式の日のことを話してください」
　　b）未婚者なら「この期間にした旅行について話してください」
　④子供・病気：
　　（A）被検者が女性の場合：
　　　Aa）子供がいれば「妊娠していることがわかった時のことを話してください」
　　　Ab）子供がなければ「この期間に病院／歯科を受診したことを話してください」
　　（B）被検者が男性の場合：
　　　Ba）子供がいれば「あなたの子供が生まれた時のことを話してください」
　　　Bb）子供がなければ「この期間に病院／歯科を受診したことを話してください」
　⑤仕事・家事：
　　a）「仕事と関係した出来事を話してください」
　　b）被検者が主婦であれば「家庭の中のことに関係した出来事を話してください」

Ⅲ．成人期後期（41歳〜発症）
　①買物：「40歳を過ぎてから，あなたがした買物のうち，印象に残ったものについて話してください」
　②仕事・家事：
　　a）「40歳を過ぎてからの，仕事と関係した出来事を話してください」
　　b）被検者が主婦であれば「家庭の中のことに関係した出来事を話してください」
　③病気：「40歳を過ぎてからの，あなた，家族，または，知人の病気またはけがについて話してください」
　④家族：「40歳を過ぎてから，あなた，または，あなたの家族，または，知人に起こった出来事を話してください」
　⑤旅行：「40歳を過ぎてから，休暇をとってどこかへ行ったことを話してください」。もしなければ，「あなたが，友人，隣人，または，誰かを特別に訪問したことを話してください」

---

②生活に身近であること，③単位が明確であることに留意した上で，価格を質問する物品が選択されており，そのリストは表7-3に示す通りである．さらに，実施手続きとして，検査者は「豆腐を食べますか，買ったりしますか」と尋ね，各項目について対象者が生活のなかで経験しているか否かを確認し，確認できた複数（最低3つ以上）の項目について，現在の価格を尋ね，総務庁（現在の総務省）統計局の日本長期統計総覧，日本統計総覧，朝日新聞社の「値段の明治・大正・昭和風俗史」をもとに値段変遷表を作成し，この表をもとに被験者の物の価格について想起された平均年代を測定している．そして，重症度の異なるアルツハイマー病患者にPrices Testを適用した上で，病期が進むにつれ，想起される価格の年代が遡っていく傾向にあることが明らかとなり，①アルツハイマー病患者は，病期が進むとともに逆向健忘が進行

表 7-2　慶應版自伝的記憶検査（ABMT）

（出典：吉益晴夫，加藤元一郎，三村將他（1998）遠隔記憶の神経心理学的評価．
失語症研究，18, 205-214．一部改変）

(2) 個人的意味記憶　personal semantic memory（PSM）

O：背景情報
　①両親／保護者（1 人正解なら OK）
　　1）名前（姓名とも）
　　2）誕生日（年月日）
　　3）出生地（市町村名まで）
　②兄弟姉妹（1 人正解なら OK）
　　4）名前（姓名とも）
　　5）誕生日（年月日）
　　6）出生地（市町村名まで）
　③自己
　　7）誕生日（年月日）
　　8）出生地（市町村名まで）

Ⅰ．子供時代（〜 15 歳）
　①入学以前
　　1）住所（市町村名まで）
　　2）友人の名前（姓のみでもよい。1 人正解なら OK）
　②小学校
　　3）名前
　　4）場所（市町村名まで）
　　5）先生の名前（姓のみでもよい。1 人正解なら OK）
　③中学校
　　6）名前
　　7）場所（市町村名まで）
　　8）先生の名前（姓のみでもよい。1 人正解なら OK）

Ⅱ．成人期初期（16 〜 40 歳）
　①大学／各種学校／最初の仕事
　　1）学校／会社の名前
　　2）当時の自分の住所（市町村名まで）
　　3）上司／先生の名前（姓のみでもよい。1 人正解なら OK）
　②自分／他人の結婚
　　4）場所（会場の名前または所在地の市町村名または最寄りの駅名）
　　5）日時（年月日）
　　6）仲人の名前（姓のみでもよい）
　③自分／兄弟姉妹／親友の子供（1 人正解なら OK）
　　7）子供の名前（姓名とも）
　　8）出生地（市町村名まで）

Ⅲ．成人期後期（41 歳〜発症）
　①病院／施設
　　1）病院／施設の名前
　　2）病院／施設の所在地（市町村名または最寄り駅名）
　　3）入院／入所年月日
　②自己／配偶者／兄弟姉妹（1 人正解なら OK）
　　4）勤め先の名前
　　5）勤め先の住所（市町村名または最寄り駅名）
　③自分／兄弟姉妹／親友の子供（1 人正解なら OK）
　　6）現住所（市町村名）
　　7）会社／学校の名前
　　8）会社／学校の所在地（市町村名または最寄り駅名）

表7-3 Prices Test における価格を質問した物品リスト
(出典：山中ら，1997．一部改変)

(1) 食パン（1斤）
(2) 豆腐（1丁）
(3) 緑茶（1袋／100g）
(4) ビール（大瓶1本）
(5) そば（1杯）
(6) タバコ（1箱：ゴールデンバット，しんせい，ピース，ホープ，ハイライト，桃山）
(7) タクシー代（初乗り運賃）
(8) はがき（1枚）
(9) 新聞代（1カ月購読料）
(10) 入浴料
(11) 理髪代
(12) パーマ代

し，現実認識の材料となる過去の知識もより古い時代のものが残されていく，②それにともない，現実認識の時間も過去に遡っていくことが考えられるとの重要な知見を報告している。

前述したように，本来，遠隔記憶を測定するならば，Prices Test では，「例えば，30年前の何々の価格を覚えていますか？」と質問すべきと考えられるので，今後はそのような視点に基づいた検査の開発が期待されるだろう。

文　献

1．自伝的記憶検査

Borrini G, Dall'Ora P, Della Sala S et al.（1989）Autobiographical memory: sensitivity to age and education of a standardized enquiry. Psychological Medicine, 19, 215-224.

Kopelman MD, Wilson BA, Baddeley AD（1989）The autobiographical memory interview: a new assessment of autobiographical and personal semantic memory in amnesic patients. Journal of Clinical and Experimental Neuropsychology, 11, 724-744.

吉益晴夫，加藤元一郎，鹿島晴雄他（1993）自叙伝的記憶と新しい検査法について．脳と精神の医学，4, 87-91.

吉益晴夫，加藤元一郎，三村將他（1998）遠隔記憶の神経心理学的評価．失語症研究，18, 205-214.

2．価格テスト

Kopelman MD, Wilson BA, Baddeley AD（1989）The autobiographical memory interview: a new assessment of autobiographical and personal semantic memory in amnesic patients. Journal of Clinical and Experimental Neuropsychology, 11, 724-744.

Wilson BA（1987）Rehabilitation of memory. New York/London: The Guilford Press.

山中克夫，田中邦明，一瀬邦弘他（1997）痴呆の病気の進行とともに現実認識は過去に遡るのか？：Price Test にみられた Alzheimer 型痴呆患者の特徴．神経心理学，13, 207-214.

# 第8章
注意・集中機能検査

1. 標準注意検査法（Clinical Assessment for Attention：CAT）・標準意欲評価法（Clinical Assessment for Spontaneity：CAS）
［略称＝Clinical Assessment for Attention and Spontaneity：CATS］

　CATSは，日本高次脳機能障害学会Brain Function Test委員会（2006）により，成人の脳損傷者にしばしば認められる注意の障害や意欲・自発性の低下を臨床的かつ定量的に評価することを目的に開発されたものである。

　CATは，①Span［数唱（Digit Span）と視覚性スパン（Tapping Span）］，②抹消・検出検査（Cancellation and Detection Test）［視覚性抹消課題（Visual Cancellation）と聴覚性検出課題（Auditory Detection Task）］，③Symbol Digit Modalities Test（SDMT），④記憶更新検査（Memory Updating Test），⑤Paced Auditory Serial Addition Test（PASAT），⑥上中下検査（Position Stroop Test），⑦Continuous Performance Test（CPT）の7つの下位検査で構成されており，CASは，①面接による意欲評価スケール，②質問紙法による意欲評価スケール，③日常生活行動の意欲評価スケール，④自由時間の日常行動観察，⑤臨床的総合評価の5つの評価項目で構成されており，開発とその経過およびCATにおける健常例と脳損傷例（右半球損傷，左半球症状，両側損傷）との間の成績の差についてを加藤（2006）が報告しているので，参考となろう。

　また，CATにおける数唱（Digit Span）の記録例は図8-1に示す通りであり，WAISやWISCなどの数唱では必ず第2系列も実施するが，CATの場合は，正答すれば桁数を順に上げ，誤答した時点で第2系列も実施することにより被検者の負担を軽減できるようになっている点に留意すべきだろう。視覚性スパンは，WMS-Rの視覚性記憶範囲の課題と同様で，検査者が指で触れたいくつかの図形を，同順序や逆順序に触れる視覚性のタッピング課題であるが，マニュアルにナンバーリングされた図形配置が記載され，検査用紙にはタッピングすべき番号が記載されているのみなので，円滑な検査を実施することが困難である。そこで，WMS-Rの視覚性記憶範囲の箇所で前述したような補助ツールをあらかじめ作成し，準備しておくことが大切となろう。聴覚性検出課題とPASATはコンパクト・ディスク（CD）を再生して実施する課題であるが，健常者でもかなり聞き取りにくいので，CDプレーヤーの音質を低音気味にして再生する配慮が必要となろう。上中下検査は，注意の分配機能，カテゴリー変換機能，注意の制御能力を打診するのに適した課題ではあるが，通常のStroop Test（色名文字を干渉刺激となる様々な色で作成したもの）の方が難度は高いようであることに留意すべきだろう。

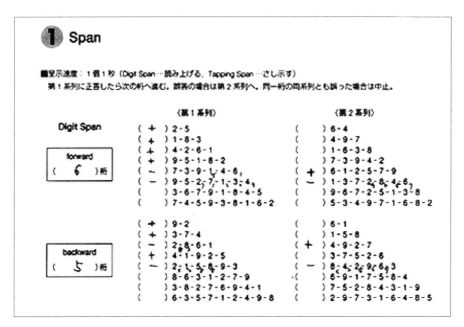

図 8-1　CAT における数唱（Digit Span）の記録例
（日本高次脳機能障害学会編，日本高次脳機能障害学会 Brain Function Test 委員会著（2006）
標準注意検査法・標準意欲評価法．新興医学出版社 参照）

　CPT はあらかじめパーソナルコンピュータにセットアップして準備しておくことが必要となり，CPT の施行だけで 50 分，他の検査で 50 分と CATS は長時間を要することに留意しておくべきとなろう。また，CAS の自由時間の日常行動は，最低 5 日間，できれば 2 週間以上の行動観察にて評価することが必要となることにも留意しておくべきだろう。
　なお，検査結果の数値を入力するとプロフィールにグラフが自動表示されるソフト（Excel のバイナリーファイル）が，日本高次脳機能障害学会，検査法プロフィールのホームページより無料でダウンロードできるようになっており，有用なツールとなろう。

【症例】67 歳，男性。右手利き。#1 型糖尿病，慢性硬膜下血腫
　症例の Brain MRI は，図 8-2 に示す通りであり，両側に硬膜下血腫が認められる。CAT のプロフィール結果は，図 8-3 に示す通りであり，SDMT における達成率が低く，Visual Cancellation, Position Stroop における所要時間も長く，注意による制御機能（control or capacity）の低下や，CPT（X task, AX task）における所要時間が長く，注意の維持機能（sustained attention）の低下が認められ，両側の慢性硬膜下血腫による両側前頭前野の圧排による影響が考えられるだろう。また，CAS のプロフィール結果は，図 8-4 に示す通りであり，自由時間の日常行動に関する評価は実施しなかったが，臨床的総合評価として，段階 1（軽度の意欲低下）と判定され，特に糖尿病のコントロールの疲弊感による影響としての軽度の意欲低下が考えられよう。

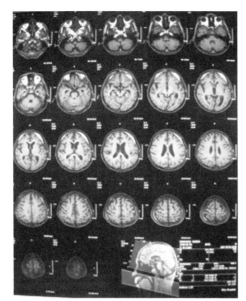 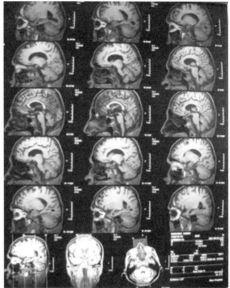

図8-2 症例(67歳,男性。右手利き。#1型糖尿病,慢性硬膜下血腫)のBrain MRI
(T1強調画像:左図は軸位断,右図は矢状断)

2. 行動性無視検査 (Behavioural Inattention Test:BIT)

　半側空間無視(unilateral spatial neglect:USN)は,Brain(1941)が右半球損傷による症状を空間の左半分に対する失認(agnosia for the left half of the space)と報告して以来,脳卒中や頭部外傷などによる右半球頭頂葉周辺領域の損傷に伴ってよくみられることが報告され,DillerとGordon(1981)によると,右半球の脳卒中患者では約40%の者が左半側空間無視(left USN)の症状を示すと報告されている。一方,左半球頭頂葉周辺領域の損傷患者における右半側空間無視(right USN)の症状を呈する頻度は低く,症状も軽度であることが多い。このUSNに左右差を認める現象については,HeilmanとVan den Abell(1980)によると,右半球は両側視野に注意を向けるが,左半球は対側視野に注意をより強く向けるためではないかと指摘されている。

　USNの症状を検出する検査として,わが国では久保(1980)が,それまでに開発されてきた6項目の検査法にてテストバッテリーを組み,①直線の2等分(線分2等分検査),②線分抹消テスト(Albert, 1973),③絵の呼称,④図形・絵の模写,⑤読み(漢字と横書き単語),⑥書字による半側空間失認テスト(試案)を報告し,リハビリテーションの臨床現場ではこれらの検査法を応用して使用されてきた。

　しかし,従来の検査は,半側空間無視の症状の存在は明らかにすることはできていたが,日常生活の障害を予測することは困難な検査が多かったため,それを克服することを目的として,Wilsonら(1987)がBITを開発し,BIT日本版作製委員会代表の石合(1999)により日本版も開発された。

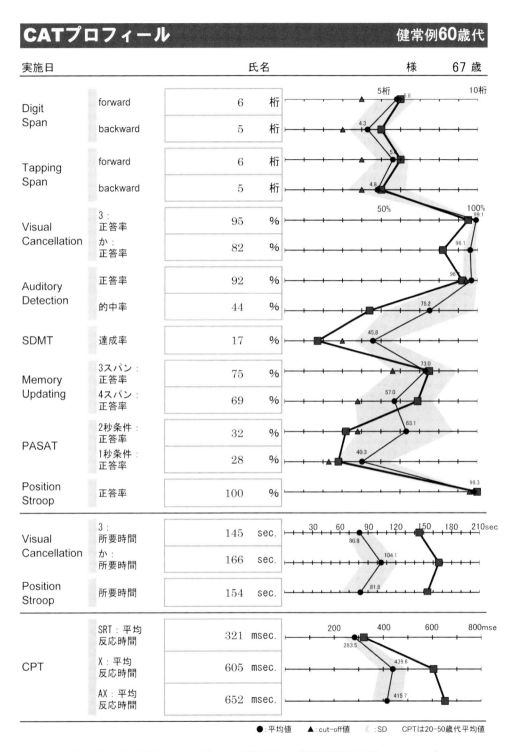

図 8-3　症例（67歳，男性。右手利き。#1型糖尿病，慢性硬膜下血腫）のCATプロフィール
（出典：日本高次脳機能障害学会，標準注意検査法（CAT）プロフィール自動作成ソフトウェア http://www.higherbrain.or.jp/）

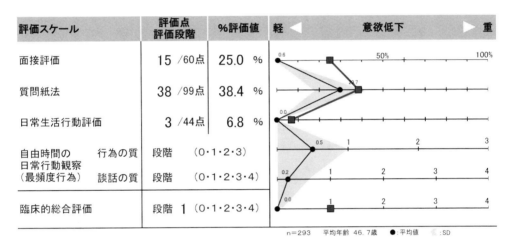

図 8-4　症例（67 歳，男性．#1 型糖尿病，慢性硬膜下血腫）の CAS プロフィール
（出典：日本高次脳機能障害学会，標準意欲評価法（CAS）プロフィール自動作成ソフトウェア
http://www.higherbrain.or.jp/）

　日本版 BIT の通常検査は，①線分抹消試験，②文字抹消試験，③星印抹消試験，④模写試験，⑤線分 2 等分試験，⑥描画試験で構成され，行動検査は，⑦写真課題，⑧電話課題，⑨メニュー課題，⑩音読課題，⑪時計課題，⑫硬貨課題，⑬書写課題，⑭地図課題，⑮トランプ課題で構成されている。

【症例 1】73 歳，男性。右手利き。# 多発性脳梗塞

　症例 1 の Brain MRI は，図 8-5 に示す通りであり，右前頭葉および左頭頂葉に大きな病巣が認められる。BIT の結果は，表 8-1 に示す通りであり，行動検査におけるスコアの合計は 75/81（cut off 値 68/69）で問題は認めなかったが，写真課題 4/9（cut off 値 6/7）でのエラーがみられ，左右差がないことから全般的な不注意（inattention）の影響が考えられる。また，通常検査におけるスコアの合計は 130/146（cut off 値 131/132）であり障害ありの範疇にあり，特に文字抹消試験 29/40（cut off 値 34/35）では右側の見落としが多く（L18/20, R11/20），模写

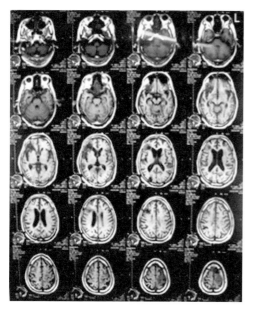
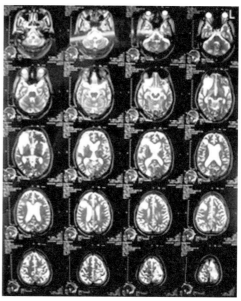

図 8-5 症例1（73歳，男性。右手利き。# 多発性脳梗塞）の Brain MRI
（軸位断．左図：T1 強調画像，右図：T2 強調画像）

表 8-1 症例1（73歳，男性。右手利き。# 多発性脳梗塞）の BIT 結果
（BIT 日本版作製委員会代表石合純夫（1999）BIT 行動性無視検査日本版．新興医学出版社 参照）

通常検査成績	cut off	得点	／最高点
1. 線分抹消試験	34	36	／36
2. 文字抹消試験	34	29	／40
3. 星印抹消試験	51	51	／54
4. 模写試験	3	2	／4
5. 線分二等分試験	7	9	／9
6. 描画試験	2	3	／3
合計得点	131	130	／146
行動検査成績	cut off	得点	／最高点
1. 写真課題	6	4	／9
2. 電話課題	7	8	／9
3. メニュー課題	8	9	／9
4. 音読課題	8	9	／9
5. 時計課題	7	9	／9
6. 硬貨課題	8	9	／9
7. 書写課題	8	9	／9
8. 地図課題	8	9	／9
9. トランプ課題	8	9	／9
合計得点	68	75	／81

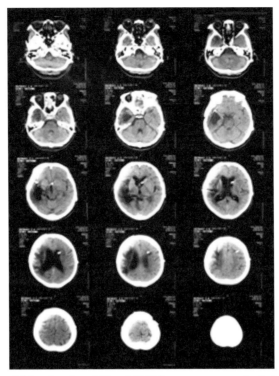

図8-6　症例2（59歳，女性。右手利き。#SAH，NPH）のBrain CT

試験2/4（cut off値3/4）では左側の見落とし傾向が認められた。したがって，左半球頭頂葉における機能障害の影響と考えられる軽度な構成障害を認めるが，顕著な右USNは認められないことが示唆されよう。

【症例2】59歳，女性。右手利き。＃くも膜下出血（subarachnoid hemorrhage：SAH），正常圧水頭症（NPH）

　症例2のBrain CTは，図8-6に示す通りであり，右頭頂葉周辺領域に病巣が認められ，NPHにて脳室の拡大が認められ，脳室－腹腔シャント（V-Pシャント）術も受けている。BIT通常検査の一部を適用したところ，線分抹消試験の結果は図8-7に示す通りであり，正中線4本および左側18本の抹消がすべて欠損しており，模写試験の結果は図8-8に示す通りであり，左側の描画が欠損しており，線分2等分試験の結果は図8-9に示す通りであり，中点の右側偏位が顕著であり，左USNの障害が顕著に認められている。

　なお，USNは視床や大脳基底核などの病巣でも出現することが知られているが（久保，1980；Watson & Heilman, 1979），梨谷ら（2002）は，右被殻出血症例に図形模写試験だけではなくバウムテストも適用し（図8-10），左USNの症状をいずれでも呈し，とくにバウムテストにおける障害からは，内的な記憶情報からのイメージの描出にも障害がある可能性を指摘しており，USNの出現機序や左右差の問題も含め，今後の検討がさらに必要となろう。

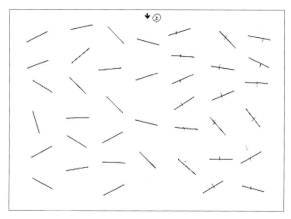

図 8-7　症例 2（59 歳，女性。右手利き。♯SAH，NPH）の BIT 線分抹消試験結果
（注：本来↑UP 記号が用紙の下部となる様に提示するが，施行時に誤っていたため，そのままの位置となっている。）

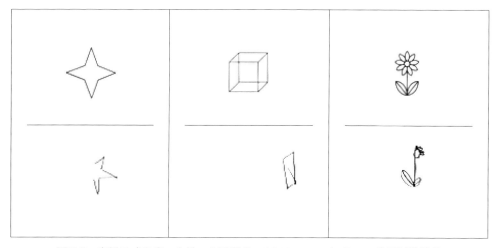

図 8-8　症例 2（59 歳，女性。右手利き。♯SAH，NPH）の BIT 模写試験結果

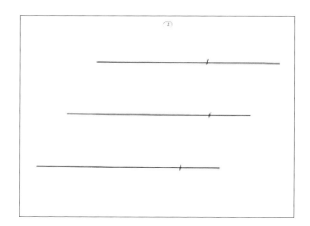

図 8-9　症例 2（59 歳，女性。右手利き。♯SAH，NPH）の BIT 線分 2 等分試験結果

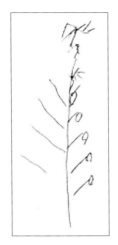

図 8-10　右被殻出血症例のバウムテスト結果（出典：梨谷ら，2002）

文　献

1．標準注意検査法

加藤元一郎，注意・意欲法作製小委員会（2006）標準注意検査法（CAT）と標準意欲評価法（CAS）の開発とその経過．高次脳機能研究，26, 310-319.

日本高次脳機能障害学会，標準注意検査法（CAT）プロフィール自動作成ソフトウェア．http://www.higherbrain.or.jp/（2017.12.21. 引用）

日本高次脳機能障害学会，標準意欲評価法（CAS）プロフィール自動作成ソフトウェア．http://www.higherbrain.or.jp/（2017.12.21. 引用）

日本高次脳機能障害学会（編），日本高次脳機能障害学会 Brain Function Test 委員会（著）（2006）標準注意検査法・標準意欲評価法．新興医学出版社．

2．行動性無視検査

Albert ML（1973）A simple test of visual neglect. Neurology, 23, 658-664.

Brain WR（1941）Visual disorientation with special reference to lesions of the right cerebral hemisphere. Brain, 64, 244-272.

Diller L, Gordon WA（1981）Interventions for cognitive deficits in brain-injured adults. Journal of Consulting and Clinical Psychology, 49, 822-834.

Heilman KM, Van den Abell T（1980）Right hemisphere dominance for attention: the mechanism underlying hemispheric asymmetries of inattention（neglect）．Neurology, 30, 327-330.

久保浩一（1980）半側空間失認．神経進歩，24, 598-609.

梨谷竜也，中野俊明，宇野淳二他（2002）右被殻出血により半側空間無視を呈した1例．神経内科，57, 521-525.

Watson RT, Heilman KM（1979）Thalamic neglect. Neurology, 29, 690-694.

Wilson B, Cockburn J, Halligan P（1987）Behavioural Inattention Test. Thames Valley Test Company, England.（BIT 日本版作製委員会代表石合純夫（1999）BIT 行動性無視検査日本版．新興医学出版社．）

第9章
視空間認知機能検査

1. フロスティッグ視知覚発達検査
(Frostig Developmental Test of Visual Perception：DTVP)

　DTVPは，Frostigが，視知覚能力に障害のある子どもたちを就学前の時期あるいは就学時に発見するスクリーニングと，視知覚障害の困難性のあり方を具体的に評価し，その困難性に対して訓練することにより，視知覚困難によって起こる学業不振と不適応の予防に役立つため，その障害把握を目的に作成し，本検査が構成され1963年に標準化されている。日本版訳は，1977年に初版が発行され，1966年の改訂版の日本版訳が，1979年に尺度修正版として発行されている（Frostig，1966；飯鉢ら，1979）。対象は，集団検査によって得られた標準データは，4歳～7歳11カ月までであるので，原則，それらの年齢が適応となる。

　下位検査として機能上定義づけられた5つの知覚技能である，Ⅰ視覚と運動の協応（eye-motor coordination），Ⅱ図形と素地（figure-ground），Ⅲ形の恒常性（constancy of shape），Ⅳ空間における位置（position in space），Ⅴ空間関係（spacial relationships）を測定することができ，さらに，各下位検査の評価点合計から算出された偏差得点である知覚指数（perceptual quotient：PQ）を算出することもできる。得られた各下位検査の粗点から，各基準年齢における全体の子どもの成績の平均によって定められた知覚年齢（perceptual age：PA）を算出し，各下位検査の評価点（scale scores：SS）は，PA／生活年齢（chronological age：CA）×10で算出する。さらに，下位検査ごとに各年齢における粗点の平均の変化（発達曲線のデータ）に修正を加えた後に得られた5つの評価点を合計した結果から算出された偏差得点として，PQを算出する。解釈方法は，PQによる視知覚機能の全体的評価と，各下位検査のSSによるⅠ視覚と運動の協応，Ⅱ図形と素地，Ⅲ形の恒常性，Ⅳ空間における位置，Ⅴ空間関係の5つの視知覚機能の領域における困難性を解釈する。なお，遅れの領域について視知覚の訓練をするための『フロスティッグ視知覚学習ブック』（初・中・上級用）および『フロスティッグ視知覚能力促進法』（初・中・上級用）が出版されていたが，現在，絶版となっているため，再販が待たれよう。

【症例】5歳8カ月（出典：マニュアルより）。
　DTVPの結果は，Ⅰ視覚と運動の協応は粗点13，知覚年齢（PA）5－6，評価点（SS）10，Ⅱ図形と素地は粗点6，PA4－1，SS7，Ⅲ形の恒常性は粗点12，PA6－7，SS12，Ⅳ空間における位置は粗点3，PA4－0，SS7，Ⅴ空間関係は粗点2，PA4－5，SS8で，評価点合

計44，知覚指数84である。事例の生活年齢は5歳8カ月であるから，Ⅰ視覚と運動の協応では2月の遅れ，Ⅱ図形と素地では1年7月の遅れ，Ⅳ空間における位置では1年の遅れを示す。一方，Ⅲ形の恒常性では11月上まわった成績を示す。したがって，Ⅱ図形と素地およびⅣ空間における位置の評価点が7点，Ⅴ空間関係の評価点が8点であり，それらの能力が普通よりも低いことを示し，これら3領域での知覚訓練に重点を置くことが大切となろう。また，PQ84は下位25％ile内にあることを示し，この範囲に入る子どもは，就学した当初の頃に，学習不適応を招きやすいため，事例に対する計画された知覚訓練プログラムを適用することが大切ともなろう。

2．時計描画検査 (Clock Drawing Test：CDT)

現在，CDTには様々なスコアリング法が開発されているが，臨床現場ではRouleau法 (Rouleau et al.,1992) の使用頻度が高い。施行方法は，Command CDTでは，A4サイズの白紙に，「11時10分を指す時計の絵を描いてください」といった教示による描画課題を行い，その後，Copy CDTでは，A4サイズの白紙にあらかじめ11時10分を指す時計の絵が描画されたものを提示して，「これと同じ時計の絵を描いてください」といった教示により模写させる描画課題で構成されるものである。Command CDTおよびCopy CDTのそれぞれの採点基準は表9-1に示すように，盤面，数字，針を計10点満点で評価する。

また，Command CDTでは，視空間認知や構成に関わる後頭葉や頭頂葉における機能のみならず，時計の概念把握としての側頭葉機能や，描画方略としての前頭葉機能も含めたより広範囲な高次脳機能が関与し，Copy CDTでは，視空間認知や構成に関わる後頭葉や頭頂葉における機能のみならず，模写にエラーが生じた際，そのエラーに気づき修正できるかといったモニタリングとしての島皮質周辺領域における機能が関与していると考えられ，それらをふまえた解釈が重要となろう。なお，刺激の知覚要素に牽引されて，11時10分という指示に対して針を10に置こうとする前頭葉性牽引 (frontal pull；Shulman & Feinstein, 2003) は，Rouleauら (1992) が報告している図9-1の描画例のような形でしばしば生じやすいが，図9-2の描画例のような形でも生じる。

さらに，Katoら (2013) による健常群と軽度認知障害群とアルツハイマー病群の3群間における各神経心理検査の分散分析結果は表9-2に示す通りであり，Command CDTは，健常群とMCI群を鑑別する際に有用であり，Copy CDTは，健常群やMCI群とAD群を鑑別する際に有用となることが示唆されよう。

なお，AD患者ではCommand CDTにおいて時計や時刻の表記ができない時計の概念把握障害が生じやすいが，Copy CDTでは成績が向上しやすいと報告されており (Rouleau et al., 1992)，側頭葉性の意味連合機能の障害が影響している可能性が考えられている (加藤ら，2011)。一方，脳血管性認知症患者では，円の中心部から放射線状の線を引くことにより円を分割する描画特徴が見られやすいことが報告されている (Meier, 1995)。

表 9-1　Rouleau 法の採点基準（出典：Rouleau, et al., 1992．小海（訳））

盤面の構成
2　粗大な歪みなし
1　不完全，あるいはいくらか歪みがある
0　欠如している，あるいは描かれていても不適切である

数字
4　全ての数字が順序正しく配列され，ほとんど誤りがない
3　全ての数字が描かれているが，配列に誤りがある
2　数字の欠如や余分な数字の付加があるが，他の数字に大きな歪みはない
　　数字が反時計回りに配列されている。数字は描かれているが，空間的配置に粗大な歪みがある（半側空間無視，数字が枠からはみ出している）
1　数字の欠如や余分な数字の付加があり，加えて，配列に粗大な歪みがある
0　数字がない，もしくは描かれていても拙劣である

針
4　針は正しい位置にあり，長針と短針の区別がなされている
3　針の位置に若干の誤りがあり，長針と短針の区別がない
2　針の位置に大きな誤りがある
1　針が 1 本のみ，もしくは 2 本あっても表記が拙劣である
0　針がない，もしくは針の保続がみられる

計　　　／max　10 点

図 9-1　CDT における前頭葉性牽引の描画例（出典：Rouleau et al., 1992）

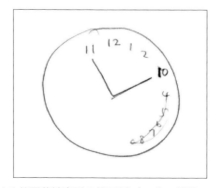

図 9-2　CDT における前頭葉性牽引の描画例（65 歳，男性。# 前頭側頭型認知症）

表 9-2 健常群と MCI 群と AD 群の 3 群間における各神経心理検査の分散分析結果
(出典:Kato et al., 2013。一部改変)

	健常群 $N=49$ mean ± SD	MCI 群 $N=60$ mean ± SD	AD 群 $N=146$ mean ± SD
Adjusted for age and gender			
MMSE	28.1 ± 0.7	24.6 ± 0.5	19.4 ± 0.4[a, b]
ADAS-Jcog.	4.8 ± 1.0	10.7 ± 0.9[a]	18.7 ± 0.6[a, b]
Command CDT	9.0 ± 0.4	7.6 ± 0.3[c]	5.8 ± 0.2[a, b]
Copy CDT	10.0 ± 0.3	9.7 ± 0.2	8.2 ± 0.2[a, b]

[a] $p<0.001$ vs 健常群;[b] $p<0.001$ vs MCI 群;[c] $p<0.05$ vs 健常群
N=number, SD=standard deviation, MCI=mild cognitive impairment,
AD=Alzheimer's disease, MMSE=Mini-Mental State Examination.
ADAS-Jcog. =Alzheimer's Disease Assessment Scale-Japanese
version, cognitive part, CDT=Clock Drawing Test

3. コース立方体組み合わせ検査 (Kohs Block Design Test)

　Kohs (1920) によって作成された，積木模様の組み合わせだけにより一般知能としての IQ を算出できる検査である。元々は，聾唖者，聴覚障害者，言語障害者などの非言語的知能の評価としてよく使用されてきたが，現在は後頭葉背側経路における視空間認知構成や前頭前野における心的回転などの認知機能の評価としても利用されてきている。

　また，その構成活動においては，①検査に対する意欲，②積極性（発動性），③実際の構成操作を始める前の手本の予備的視覚的分析，④見当付け，⑤構成活動の全般的図式の作成，⑥具体的逐次的操作の遂行（具体的空間操作），⑦結果と手本の対照と誤りの訂正（自己制御）の 7 つのコンポーネントが関与するとされている（鹿島，1987）。

　さらに，Luria (1973) によると，前頭葉病変を持つ患者の場合は，提示された手本の直接的視覚的印象に基づいてのみ課題を遂行する。一方，左半球頭頂－後頭領域病変を持つ患者の場合は，提示された手本を注意深く分析するが，操作において立方体を空間で正確に位置付けられない空間的統合の障害がみられる。つまり，コース立方体組み合わせ検査によって，前頭葉領域障害では知的活動としての構成活動の心理学的側面が障害され，頭頂－後頭領域障害では構成活動の具体的操作面のみに障害があることが指摘されている。

　なお，高齢者の場合はアルツハイマー病の初期症状に構成障害が認められることも多く，それを検出する目的としても有効である。また，レビー小体型認知症患者の場合，積み木を上に積むような特異なエラーが生じる場合もあり，右頭頂葉性の全体の枠組み理解の障害を検出できる可能性もあるだろう。さらに，山上ら (2001) によると，コース立方体組み合わせ検査の素点 24/25 点を cut off 値にすると，老人ホーム入居者における臨床認知症評価法（Clinical Dementia Rating：CDR）0.5（認知症疑い）と CDR 1（軽度認知症）の計 14 人中 13 人の軽度認知障害者を検出できたことから，コース立方体組み合わせ検査が MCI のスクリーニング検査として有用である可能性が指摘されている。

　例えば，コース立方体組み合わせ検査の結果例（57 歳，男性。右手利き。＃中大脳動脈領域梗塞，右上下肢麻痺，失語）は，図 9-3 に示す通りであり，精神年齢（mental age：MA）／

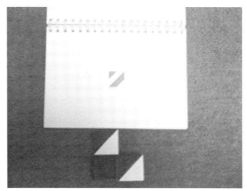

Test 4 Test 5

図9-3 コース立方体組み合わせ検査の結果例
(57歳,男性。右手利き。# 中大脳動脈領域梗塞,右上下肢麻痺,失語)

暦年齢(chronological age：CA)＝7歳10月／16歳0月×100＝知能指数(IQ)49となり,中度の視空間認知構成障害と判定される。そして,エラー内容をよく観察すると,全体の枠組み理解は比較的に良好であるが,中身の理解が障害されている可能性が示唆され,しかも,左側は比較的に良好に再構成されているが,右側の失認傾向が強いことが考えられる。一般に,右頭頂葉が障害されると左半側空間無視(left USN)が生じ易いが,逆に左頭頂葉が障害されても右半側空間無視(right USN)は生じにくく,本症例も同様の傾向を示唆しているとも考えられる。このように,単に障害程度の評価だけではなく,エラーの仕方から内容分析を行うことも大切となろう。

4. レーヴン色彩マトリックス検査
(Raven's Coloured Progressive Matrices：RCPM)

用稲と種村(2009)によると,レーヴン漸進的マトリックス(Raven's Progressive Matrices：RPM)は,Ravenにより1938年に視覚的課題の演繹的な推理能力を測定する検査として考案され,一般には知能検査として使用され,5歳以上の児童と高齢者を対象としたRCPM(Raven et al., 1976)と,概ね6歳以上を対象としたレーヴン標準漸進的マトリックス(Raven's Standard Progressive Matrices：SPM, Raven et al., 1988a)と,概ね11歳以上の者や平均以上の成績を示す者を対象としたレーヴン高度漸進的マトリックス(Raven's Advanced Progressive Matrices：APM：Raven et al., 1988b)の3課題がある。

わが国では,杉下と山崎(1993)が,45歳～92歳の健常者308名を対象とし標準化を行った日本版RCPMが使用されている。また,本検査はWestern Aphasia Battery(WAB)失語症検査(日本語版)(WAB失語症検査(日本語版)作製委員会,1986)の下位検査にも含まれており,言語障害者や高次脳機能障害者の知的機能障害の有無を判定することが可能である。

さらに,宇野ら(2005)による健常児(小学2年生～6年生,644名)における学年別レーヴン色彩マトリックスの平均得点±標準偏差が報告されており(表9-3参照),学習障害

表9-3 健常児における学年別レーヴン色彩マトリックスの平均得点および標準偏差
(出典:宇野ら,2005,一部改変)

		2年生	3年生	4年生	5年生	6年生
セット別平均点	A	9.8	10.2	10.8	10.9	10.9
	A_B	10.5	10.7	11.1	11.4	11.3
	B	9.2	9.6	10.4	10.6	10.8
全体平均点		29.5	30.4	32.3	32.9	33.0
1 SD		5.6	4.8	4.4	3.7	3.8
2 SD		11.1	9.6	8.8	7.3	7.6

各セット12点満点で,全体は36点満点である。
SD: standard deviation

(learning disorders:LD)児や発達性読み書き障害(developmental dyslexia:DD)児のスクリーニング知能検査としてRCPMを活用する際に有用となろう。

RCPMは,12課題で1セットの3セット(セットA,セットA_B,セットB)があり,計36課題,36点満点でテストが構成されており,検査手引(杉下・山崎,1993)にあるRCPMとWAISの全検査知能指数(total intelligence quotient:TIQ)の相関図より,推定IQを算出できるようになっているが,スケーリングが粗いので細かい目盛りにもスケーリングしておくと判定しやすいだろう。

なお,セットAは,図形の欠けている部分を選択肢から選ぶ課題で,セットA_BおよびセットBは,空白部分に相当する図形や模様の推論を求める課題であり,具体的でわかりやすい課題から,抽象的で難易度の高い課題まである。また,用稲と種村(2009)によるRCPMのセットA_B12課題,SPMの60課題,APMⅠおよびAPMⅡの48課題,計120課題を使用した研究ではあるが,RCPMの推理過程は,知覚(視知覚的分析に基づく1次元的な規則性の発見),知覚統合(視知覚的分析に基づく2次元的な規則性の発見),類推(視知覚的分析に基づいた2次元的規則性に変換を加えた推理)の階層的3層構造を持つことを報告している。そこで,セットAの第1問のような課題は知覚機能としての後頭葉,セットA_Bの第1問のような課題は知覚統合機能としての後頭葉と頭頂葉,セットBの第1問のような課題は類推機能としての後頭葉と頭頂葉と前頭葉における機能との関連が深いことが考えられ,数的なIQの判定だけでなく,誤った課題の種類に応じた内容分析を加えることも重要となろう。

また,坂爪と今村(1995)は,RCPMの課題解決には外界刺激の受動的な視空間認知的処理(例えば半側空間無視による見落としなど)や構成動作の遂行手順のプログラム自体よりも,空間形態をより能動的で心的に構成する過程が必要であると指摘している。さらに,認知症と判定されていてもRCPMで基準点以上の成績を示した患者は,感情の鈍化や興味・関心の減退,見当識の低下などを伴っていることが特徴であると報告し,その理由として知能を静的な能力(ability)と環境への効果的働きかけを含む動的なコンピテンス(competence)と区別し,このような患者はコンピテンスとしての知能がより低下していたのではないかとも指摘しており,このような内容分析を含めて結果を考えることも重要となろう。

5. 標準高次視知覚検査
(Visual Perception Test for Agnosia：VPTA)

　VPTAは，日本失語症学会により，視覚失認（visual agnosia），視空間失認（visuospatial agnosia）を中心とした高次視知覚機能やその障害を包括的に把握できるように開発された成人用のテストバッテリーであり，初版は1997年に発行され，改訂版が2003年に発行されている。また，VPTAの検査項目は，表9-4に示す通りで，7つの大項目があり，①視知覚の基本機能，②物体・画像認知，③相貌認知，④色彩認知，⑤シンボル認知，⑥視空間の認知と操作，⑦地誌的見当識の機能を測定できるように構成されている。検査時間は，1時間40分程度かかり，必要に応じて分割実施をすることは可能であるが，検査開始から終了までの期間は原則として2週間以内とするようになっている。

　なお，視覚関連の神経心理学的障害には，BentonとTranel（1993）によると，①視覚認知障害（visuoperceptual disorder），②視空間障害（visuospatial disorder），③視覚構成障害（visuoconstructive disorder）があるが，視空間障害のうち半側空間無視の症状測定としては，行動性無視検査（BIT）が適用となろうし，視覚構成障害の症状測定としては，標準高次動作性検査（Standard Performance Test of Apraxia：SPTA）が適用となろう。

　また，視覚失認の古典分類は，Lissauer（1890）によると，入力された視覚情報を元に，まとまりの視覚表象を脳内で構成することが困難となる統覚（知覚）型視覚失認（apperceptive visual agnosia）と，視覚表象の構成は可能だがその表象とそれを表す意味とを結びつけることが困難となる連合型視覚失認（associative visual agnosia）がある。つまり，線画の模写課題で評価すると，模写することが困難となるのが統覚（知覚型）失認で，すばやく模写は可能であるが，それが何であるのかがわからないのが連合型失認である。その後，線画の模写に時間がかかり，部分の形態は認知可能であるが，全体に統合できないタイプがRiddochとHumphreys（1987）により，統合型視覚失認（integrative visual agnosia）として区別されるようになった。統覚（知覚）型視覚失認の代表的な原因は，一酸化炭素中毒で，両側後頭葉内側面（舌状回，鳥距溝周辺領域）における損傷が指摘されており（Benson & Greenberg, 1969；平山，2008），連合型と統合型視覚失認は，左内側側頭後頭領域（舌状回，紡錘状回，海馬傍回，下側頭回後部）が重要視されている（石合，2003；平山，2008）。

　さらに，近年，視覚情報処理には，1次視覚皮質（V1）から側頭葉へ向かう対象の色や形からその意味を分析処理し同定するいわゆる「なに系（what system）」に関する情報処理経路である「腹側の流れ（ventral stream）」と，V1から下頭頂小葉へ向かう対象の位置や運動の知覚を分析処理するいわゆる「どこ系（where system）」に関する情報処理経路である「腹背側の流れ（ventro-dorsal stream）」と，V1から頭頂間溝や上頭頂小葉へ向かう行為の無意識的制御を行ういわゆる「いかに系（how system）」に関する情報処理経路である「背背側の流れ（dorso-dorsal stream）」の3つの流れがあると考えられており（Rizzolatti & Matelli, 2003），それを図示したものが図9-4である（平山，2009）。そして，腹側の流れ（なに系）の損傷が視覚性失認の障害を，腹背側の流れ（どこ系）の損傷が半側空間無視，観念運動性失行，観念性失行のような行為の意識的制御の障害を，背背側の流れ（いかに系）の損傷が視覚性運

表 9-4 VPTA の検査項目

		上限
1. 視知覚の基本機能	1) 視覚体験の変化	2
	2) 線分の長さの弁別	10
	3) 数の目測	6
	4) 形の弁別	12
	5) 線分の傾き	6
	6) 錯綜図	6
	7) 図形の模写	6
2. 物体・画像認知	8) 絵の呼称	16
	9) 絵の分類	10
	10) 物品の呼称	16
	11) 使用法の説明	16
	12) 物品の写生	6
	13) 使用法による指示	16
	14) 触覚による呼称	16
	15) 聴覚呼称	6
	16) 状況図	8
3. 相貌認知	17) 有名人の命名（熟知相貌）	16
	18) 有名人の指示（熟知相貌）	16
	19) 家族の顔（熟知相貌）	6
	20) 未知相貌の異同弁別	8
	21) 未知相貌の同時照合	6
	22) 表情の叙述	6
	23) 性別の判断	8
	24) 老若の判断	8
4. 色彩認知	25) 色名呼称	16
	26) 色相の照合	16
	27) 色相の分類	12
	28) 色名による指示	16
	29) 言語－視覚課題	6
	30) 言語－言語課題	6
	31) 色鉛筆の選択	6
5. シンボル認知	32) 記号の認知	8
	33) 文字の認知（音読）　イ）片仮名	6
	ロ）平仮名	12
	ハ）漢字	12
	ニ）数字	12
	ホ）単語・漢字	12
	単語・仮名	12
	34) 模写	12
	35) なぞり読み	20
	36) 文字の照合	8
6. 視空間の認知と操作	37) 線分の2等分　左へのずれ	6
	右へのずれ	6
	38) 線分の抹消　左上	20
	左下	20
	右上	20
	右下	20
	39) 模写　花　左	14
	右	14
	40) 数字の音読　右読み　左	24
	右	24
	左読み　左	24
	右	24
	41) 自発画　左	6
	右	6
7. 地誌的見当識	42) 日常生活	6
	43) 個人的な地誌的記憶	4
	44) 白地図	16

(出典：日本高次脳機能障害学会，標準高次視知覚検査（VPTA）プロフィール自動作成ソフトウェア http://www.higherbrain.or.jp/)

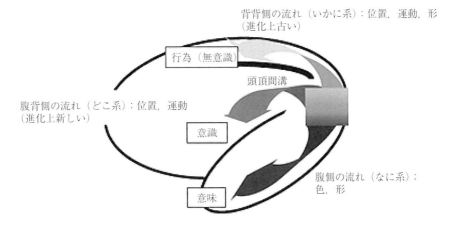

図 9-4　視覚情報処理の 3 つの流れ（出典：平山，2009．一部改変）

動失調のような行為の無意識的制御の障害に関与するとされている。

　その他，相貌失認（Prosopagnosia, agnosia for faces）の責任病巣として紡錘状回周辺領域，地誌失認（topographagnosia, agnosia for place）の責任病巣として脳梁膨大部周辺領域，Bálint 症候群の責任病巣として両側頭頂 − 後頭葉境界領域などが従来から指摘されている。なお，Bálint 症候群は，①精神性注視麻痺（対象への視線移動が困難で固視も不確実な症状。視線の動きは概して小刻みで，さまようように不規則な探索と停留を示す），②視覚性注意障害（視野の主に中心部で典型的には 1 つの物体しか見ることができない症状。注意の向いた方向に対象を捉えられると見えるが，周辺視野にあっても気づかなかったり，また，見えた対象でも視線との関係がずれて見えなくなったりする），③視覚性運動失調（発見し固視した対象であってもスムーズに手を伸ばしてつかむことができない症状。見えているものをつかもうとしているのに手探りに頼らざるを得ないこともある）を 3 主徴とする。これらのことも念頭において VPTA の結果を解釈することが大切となろう。

　また，検査結果の数値を入力するとプロフィールにグラフが自動表示されるソフト（Excel のバイナリーファイル）が，日本高次脳機能障害学会，検査法プロフィールのホームページより無料でダウンロードできるようになっており，有用なツールとなろう。

6．ベンダー・ゲシュタルト・テスト（Bender Gestalt Test：BGT）

　BGT は，Bender（1938）によって開発された検査であり，正しく言えばベンダー・視覚・運動ゲシュタルト・テスト（Bender Visual Motor Gestalt Test）と呼ぶのがよいとされている。ゲシュタルト心理学の創始者である Wertheimer M が視知覚の研究に用いたいくつかのデザインから適宜選んだ図形と，Bender 自身が考案した計 9 枚の幾何図形を被検者に模写させる課題で構成されている（図 9-5 参照。一部誤った図版を紹介している論文が存在するので，必ず原図版を確認する必要がある）。視覚・運動ゲシュタルト機能の成熟度および障害の様相，

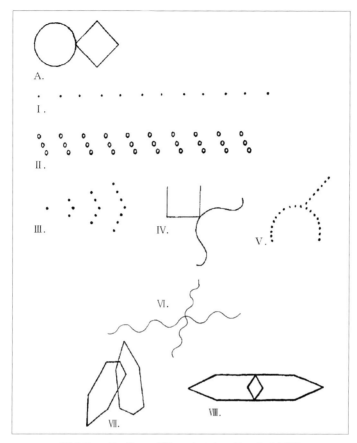

図 9-5　ベンダー・ゲシュタルト・テストの図形
（出典：ベンダー・ゲシュタルト・テスト図版．三京房．一部改変）

知能，心理的な障害，器質的な脳機能障害の検索，パーソナリティの偏りの把握，治療効果の測定などを測定することを目的とする検査である。

　また，BenderはBGTにおいて，「図形を模写することは，単に刺激となるデザインを正確に知覚し，再生することではなく，刺激と有機体との関連において，過去の経験を統合することになる。図形の模写がこの統合の所産である以上，模写する人の人格要因が反映される」と述べており（高橋，2011），本検査は，短時間で施行できるため被検者への心理的負荷が少ない検査であり，適用年齢は5歳〜成人と児童から高齢者まで検査対象が広いのが特徴である。

　分析方法は，わが国では11歳〜成人の場合は，パスカル・サッテル（Pascal – Suttel）法，5〜10歳の児童の場合は，コピッツ（Koppitz）法による評価法が多く用いられている。パスカル・サッテル法では，図版Aを除く図版Ⅰから図版Ⅷまでの図形について採点する。また，採点項目は図形ごとに10〜13項目と，図形全体の構成に関する7項目があり，重みづけられた得点の合計得点を用いる方法である。コピッツ法は，図版Aから図版Ⅷまですべての図形について採点する。また，計30項目について，その誤りの有無を採点し，それらの合計得点を用いる方法であり，いずれも失点方式であるため，点数が高いほど障害の程度が重度となる。

また，高橋（2011）によるハンドブックでも紹介されているハット（Hutt ML）の解釈仮説では，①組織に関する因子（自己中心性，抑圧された敵意などとの関連），②寸法に関する因子（不安，葛藤などとの関連），③ゲシュタルトの形の変化に関する因子（感情の抑圧，情緒的な不安定などとの関連），④ゲシュタルトの歪みに関する因子（抑圧傾向，敵対傾向などとの関連），⑤運動に関する因子（葛藤，自己中心性などとの関連），⑥雑多な因子（不安，自己統制力の弱さなどとの関連），⑦被検者の作業方法に関する因子（葛藤，不十全感などとの関連）の7因子に該当するものがあるか否かという視点から質的に解釈する方法もある。

　ただし，滝浦（2007）により，三京房のハンドブックには，日本人，特に健常成人の標準値として利用できるデータが掲載されておらず，日本人における，年齢あるいは年齢層ごとの検査得点の統計的資料が用意されていないと指摘されているように，わが国におけるきちんとした標準化が待たれよう。なお，滝浦（2007）により日本人の標準値をこれまでの研究を俯瞰して，児童の年齢とパスカル・サッテル法によるBGT得点との関係としてまとめられたものは図9-6，同コピッツ法によるBGT得点との関係としてまとめられたものは図9-7，健常成人および健常高齢者の年齢とBGT得点との関係としてまとめられたものは図9-8に示す通りであり，臨床データを解釈する際に参考となろう。

　さらに，村山ら（2007）による，DLB群（20名），AD群（30名），健常群（21名）を対象にしたCDR，Geriatric Depression Scale（GDS），HDS-R，MMSE，BGT検査結果および多重比較結果は，表9-5に示す通りであり，BGTのパスカル・サッテル法による得点のcut off値を97/98とした際，DLBと判定する感度は0.95，特異度はAD群で0.97，健常群で1.00と報告されており，特にDLBとADの鑑別の際，有用な指標となろう。また，村山ら（2007）により本研究結果を元にしたDLB鑑別のためのBGT簡易採点法（16項目）が開発されており（表9-6参照），cut off値を4/5にした際，DLBと判定する感度は0.95，特異度はAD群で0.97，健常群で0.95となり，パスカル・サッテル法と同様の高い鑑別力が示されたと報告されており，DLBを簡易に鑑別する際，有用となろう。

【症例】37歳，男性，ある強盗未遂等事件の被告人（出典：小海，1991．一部改変）

　精神鑑定の際，頭部CT検査などが実施されなかったため，器質的な脳機能障害の検索目的でテストバッテリーにBGTを組んだ結果は，図9-9に示す通りである。パスカル・サッテル法による得点は34点であり，ゲシュタルトの歪みもみられないことから，器質的な脳機能障害を疑わしめるものは，認められないと考えられ，正常者，神経症者，精神病者における標準得点分布によると，正常者分布の範疇に入る可能性を示唆すると考えられた。なお，顕著なものではないが，"ふるえ"が目立ち，「耐え忍んでいる攻撃性」の存在が考えられた。

　本症例は，器質的な脳機能障害の検索目的でBGTをテストバッテリーに組んだが，器質的な脳機能障害の検索に関しては，現在，脳画像診断技術がめざましく進歩をとげたので，その目的は少なくなってきたであろう。しかし，例えば児童で体動が激しいため長時間の脳のMRI検査を受けられない場合や，初期のDLBなどの変性疾患の場合，脳のMRIにより脳器質的，形態的な損傷が認められない場合も多く，そのような脳機能的な視覚認知障害の検出などには有用な検査となろう。

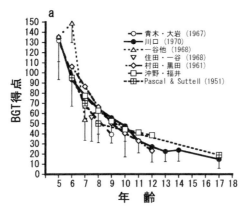

図 9-6　児童の年齢とパスカル・サッテル法による BGT 得点との関係
（出典：滝浦孝之（2007）ベンダー・ゲシュタルト・テストにおける日本人の標準値：文献的検討．広島修大論集．人文編，48，315-346．一部改変）

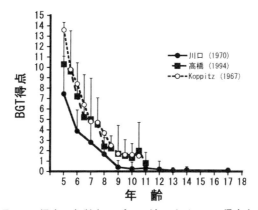

図 9-7　児童の年齢とコピッツ法による BGT 得点との関係
（出典：滝浦孝之（2007）ベンダー・ゲシュタルト・テストにおける日本人の標準値：文献的検討．広島修大論集．人文編，48，315-346．一部改変）

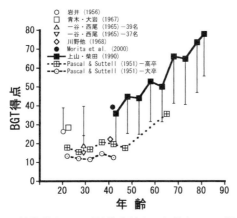

図 9-8　健常成人および健常高齢者の年齢と BGT 得点との関係
（出典：滝浦孝之（2007）ベンダー・ゲシュタルト・テストにおける日本人の標準値：文献的検討．広島修大論集．人文編，48，315-346．一部改変）

表 9-5 DLB 群, AD 群, 健常群の CDR, GDS, HDS-R, MMSE, BGT 検査結果および多重比較結果
(出典：村山憲男, 井関栄三, 杉山秀樹他 (2007) ベンダーゲシュタルトテストによるレビー小体型認知症の簡易鑑別法の開発. 老年精神医学雑誌, 18, 761-770. 一部改変)

	DLB 群 N=20	AD 群 N=30	健常群 N=21	多重比較[*1]
年齢[*2]	76.7 ± 9.0	75.7 ± 8.3	78.2 ± 6.2	D=A=N
教育年数[*3]	11.0 (6〜18)	10.7 (6〜18)	10.6 (6〜18)	D=A=N
CDR	1.6 (1〜2)	1.5 (1〜2)	0 (0〜0)	D=A>N
GDS	4.6 (4〜5)	4.5 (4〜5)	1.3 (1〜2)	D=A>N
HDS-R	15.0 (9〜23)	15.3 (6〜23)	28.8 (24〜30)	D=A<N
MMSE	17.1 (9〜22)	18.4 (9〜23)	28.5 (24〜30)	D=A<N
BGT	143.5 (95〜240)	74.3 (23〜104)	60.7 (30〜87)	D>A=N

[*1] 年齢は分散分析および Tukey 法による多重比較, 教育年数以下の項目は Kruskal Wallis 検定および Dunn 法による多重比較 ($p<.01$)．D は DLB 群, A は AD 群, N は健常群．
[*2] 年齢は平均±標準偏差
[*3] 教育年数以下の項目はすべて中央値（最小値〜最大値）

DLB=dementia with Lewy bodies, AD=Alzheimer's disease, CDR=Clinical Dementia Rating, GDS=Geriatric Depression Scale, HDS-R=Hasegawa Dementia Scale-Revised, MMSE=Mini-Mental State Examination, BGT=Bender Gestalt Test

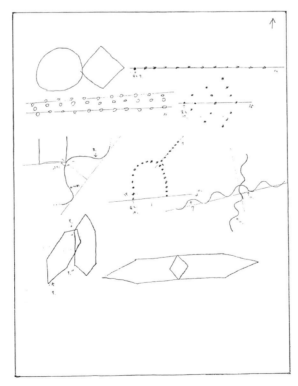

図 9-9 症例（37 歳, 男性。ある強盗未遂等事件の被告人）の BGT 結果
(出典：小海, 1991. 一部改変)

表 9-6 DLB 鑑別のための BGT 簡易採点法

(出典：村山憲男，井関栄三，杉山秀樹他（2007）ベンダーゲシュタルトテストによるレビー小体型認知症の簡易鑑別法の開発．老年精神医学雑誌，18，761-770．一部改変)

図版	項目	採点基準[※1]	得点[※2]
Ⅰ	1. 歪み[※3,4]	a 列の歪み：2列に描かれる，ボツ点が6個以下など，図版から著しく逸脱しゲシュタルトが崩壊しているような場合に加算する． b ボツ点の歪み：意図的にボツ点に影が描かれる，ボツ点が数字として描かれるなど，ボツ点自体の歪みが認められた場合に加算する（小円やダッシュなどへの変形は加算しない）．	0・1
	2. ふるえ[※5]	点や線が大きくふるえた場合に加算し，健常高齢者に一般的に現れるような小さなふるえは加算しない．	0・1
Ⅱ	3. 歪み	a 列の歪み：コラムがランダムに描かれる，コラムがいくつかに分割されている，コラムが6列以下など，図版から著しく逸脱しゲシュタルトが崩壊しているような場合に加算する． b 小円の歪み：意図的に小円のなかに余分な図形が描かれる，小円が数字として描かれるなど，小円自体の歪みが認められた場合に加算する（ボツ点やダッシュなどへの変形は加算しない）．	0・1
	4. ふるえ	Ⅰ図版と同様．	0・1
Ⅲ	5. 歪み	矢のように見えない場合や，ボツ点が不規則にかたまっている場合など，図版から著しく逸脱しゲシュタルトが崩壊しているような場合に加算する．しかし，Pascal-Suttell 法とは異なり，ボツ点の過不足が1，2個程度であってゲシュタルトが崩壊していないような場合は加算しない．Ⅰ図版と同様に「b ボツ点の歪み」は加算する．	0・1
	6. ふるえ	Ⅰ図版と同様．	0・1
Ⅳ	7. 歪み	図版から著しく逸脱しゲシュタルトが崩壊しているような場合に加算する．	0・1
	8. ふるえ	Ⅰ図版と同様．	0・1
Ⅴ	9. 歪み	弧線のボツ点が5個以下の場合，線で描かれている場合，ボツ点がランダムに混在している場合，図版から著しく逸脱した場合など，図版から著しく逸脱しゲシュタルトが崩壊しているような場合に加算する．しかし，Pascal-Suttell 法とは異なり，ボツ点で円のように閉ざされている場合だけでは加算しない．Ⅰ図版と同様に「b ボツ点の歪み」は加算する．	0・1
	10. ふるえ	Ⅰ図版と同様．	0・1
Ⅵ	11. 歪み	一方の波線が他のものと著しく異なっている場合，2つの波線が交叉していない場合など，図版から著しく逸脱しゲシュタルトが崩壊しているような場合に加算する．	0・1
	12. ふるえ	Ⅰ図版と同様．	0・1
Ⅶ	13. 歪み	一方が他方の約2倍に描かれている場合，双方が重なっていない場合，極端に重なっている場合など，図版から著しく逸脱しゲシュタルトが崩壊しているような場合に加算する．	0・1
	14. ふるえ	Ⅰ図版と同様．	0・1
Ⅷ	15. 歪み	長さと幅の比が極端に割合を欠いている場合，ひし形が6角形の1/3以上に重なっている場合など，図版から著しく逸脱しゲシュタルトが崩壊しているような場合に加算する．	0・1
	16. ふるえ	Ⅰ図版と同様．	0・1

合計 ／16点

[※1] 日本語版 Pascal-Suttell 法および Hutt-Briskin 法（Lacks, 1999）参照．
[※2] 採点基準を満たした場合に1点を加算する．
[※3] a, b のいずれかが認められた場合に加算する（両方認められても1点）．
[※4] 修正版 Hutt-Briskin 法では Fragmentation に相当する．
[※5] 修正版 Hutt-Briskin 法では Motor Incoordination に相当する．

7. ノイズパレイドリア・テスト (Noise Pareidolia Test)

　Esquirol（1858）により，幻覚（hallucination）は，「五感の射程内に感覚を引き起こす外的対象が存在しないにもかかわらず，その感覚が現に生じていると内的な確信を抱く人は幻覚状態にある」と定義され，幻覚と錯覚（illusion）とが区別されている（森本・濱田，1999）。その後，Jaspers（1913）が「錯覚は外部の知覚から作り変えられた知覚で，外部の感覚刺激が再生された要素と1つになって，直接の感覚要素と再生された感覚要素が区別できなくなっている」とし，錯覚を不注意錯覚（completion illusion），情動錯覚（affect illusion），パレイドリア（pareidolia）の3つに分けている。

　不注意錯覚は，「十分な注意が払われてないときの見誤りや聞き間違いで，不完全な知覚が文脈や今までの経験などによって補われて，何らかの意味を成すように感じられるものである。例えば，本の誤植に気づかずに，正しい文字と思い込んで読みすすむ場合などがこれに当たる。注意を向ければすぐに訂正される錯覚である」とされる。情動錯覚は，「不安や期待といった感情によって，対象が変化して感じられることで，不安なときに暗闇の立ち木を人の姿と思うようなものをいう。強い感情が去れば訂正される」とされ，「これら2つの錯覚の間には絶対的な境界はなく，不注意や情動が及ぼしている影響の度合いは様々である」ともされる。一方，パレイドリアは，「壁のしみがどうしても人の顔に見えるというように，不完全な感覚材料から空想が生じて明らかな錯覚像が作り出されることで，批判がありながら対象が実物と違うように知覚され，情動の影響はなく，注意を向けても消えないとされる。意識清明の健常人や幼児の体験を指す場合が多い」とされる（森本・濱田，1999）。

　ところで，Dodelら（2008）によると，レビー小体型認知症（dementia with Lewy bodies：DLB）は，老年期の認知症の原因の15～30％を占め，アルツハイマー病（Alzheimer's disease：AD）に次いで多い変性性認知症疾患とされている。また，McKeithら（2005）によると，DLBの臨床症状は，進行性の認知機能低下に加え，①注意や覚醒レベルの変動をともなう認知機能の動揺，②現実的で具体的な内容の繰り返す幻視，③突発性パーキンソニズムが中核症状であるとされている。さらに，病理学的には，大脳および脳幹などの神経細胞脱落とレビー小体の出現が特徴とされている（横井ら，1999）。

　そこで，Uchiyamaら（2012）は，DLB患者の幻視はパレイドリア現象と連続した症状であるという仮説に基づき，風景などの画像刺激を用いたパレイドリア誘発課題を作成し，パレイドリアの有無によってDLBとADを高い精度で鑑別でき，パレイドリアがDLB患者の幻覚や誤認妄想の前段階の症状であると報告している。しかし，横井ら（1999）によると，Uchiyamaら（2012）の課題は患者本人から直接に幻覚または類似する症状を検出できるという大きな利点があるが，叙述形式であるため施行および採点に時間がかかる点，定量性に乏しい点などが臨床の現場で用いる際の支障になると指摘されている。

　そこでさらに，横井ら（2012）により，Uchiyamaら（2012）のパレイドリア誘発課題を幻視の代用尺度や治療・介入効果の指標として用いることを可能にするため，簡便性と定量性を重視したパレイドリア誘発課題が開発され，東北大学大学院医学系研究科障害科学専攻高次機

図 9-10 ノイズパレイドリア・テストの刺激例
(左図はノイズ刺激,右図はノイズ刺激に顔画像を挿入したもの)
(出典:Yokoi et al., 2014. 一部改変)

能障害学分野・エーザイ株式会社〔2015〕が企画・制作したものが,ノイズパレイドリア・テスト (Noise pareidolia test) である。また,ノイズパレイドリア・テストの刺激例は,図 9-10 に示す通りであり (Yokoi et al., 2014),筆者が作成した記録用紙の例は表 9-7 に示す通りである。なお,Yokoi ら (2014) によると,ノイズパレイドリア・テストを DLB (n = 34),AD (n = 34),健康成人 (n = 28) に実施した際,錯視反応率が 2.5% 以上の場合,DLB と AD との鑑別における感度 71%,特異度 80% とされ有用性が報告されているので,参考となろう。

文 献

1. フロスティッグ視知覚発達検査

Frostig M (1966) Administration and scoring manual for the Marianne Frostig Developmental Test of Visual Perception: revised. Consulting Psychologists Press. (飯鉢和子,鈴木陽子,茂木茂八 (日本版著) (1979) 日本版フロスティッグ視知覚発達検査:実施要領と採点法手引:尺度修正版. 日本文化科学社.)

Frostig M, Horne D (1972) Developmental program in visual perception: revised to include basic readiness concepts: pictures and patterns: revised edition. Follett Publishing Company, Chicago. (日本心理適性研究所 (訳) (1978) 子ども用フロスティッグ視知覚学習ブック:中級用. 日本文化科学社.)

Frostig M, Horne D (1972) Developmental program in visual perception: revised to include basic readiness concepts: pictures and patterns: revised edition. Follett Publishing Company, Chicago. (日本心理適性研究所 (訳) (1978) 子ども用フロスティッグ視知覚学習ブック:上級用. 日本文化科学社.)

Frostig M, Horne D, Miller AM (1972) Developmental program in visual perception: revised to include basic readiness concepts: pictures and patterns: revised edition. Follett Publishing Company, Chicago. (日本心理適性研究所 (訳) (1977) 子ども用フロスティッグ視知覚学習ブック:初級用. 日本文化科学社.)

Frostig M, Horne D, Miller AM (1972) Developmental program in visual perception: teacher's guide: pictures and patterns: revised edition. Follett Publishing Company, Chicago. (日本心理適性研究所 (訳) (1977) 教師用フロスティッグ視知覚能力促進法:視知覚学習ブック使用法付:初級用. 日本文化科学社.)

Frostig M, Horne D, Miller AM (1972) Developmental program in visual perception: teacher's guide: pictures and patterns: revised edition. Follett Publishing Company, Chicago. (日本心理適性研究所 (訳) (1978) 教師用フロスティッグ視知覚能力促進法:視知覚学習ブック使用法付:中級用. 日本文化科学社.)

第 9 章　視空間認知機能検査

表 9-7　Noise pareidolia test 記録用紙の例

Noise pareidolia test

氏名：	男・女　生年月日：明・大・昭・平　年　月　日　歳
検査日：　年　月　日　曜日	検査者：
診断：	

	正答	Pareidolias	見落とし		正答	Pareidolias	見落とし
①				21			
2				22			
3				23			
4				24			
⑤				㉕			
6				26			
7				27			
8				28			
⑨				29			
10				㉚			
11				31			
12				32			
13				33			
⑭				34			
15				㉟			
16				36			
⑰				37			
18				38			
19				39			
20				40			
計				計			

Pareidolias 計　　　　個
錯視反応率　　　　　％　　※ Pareidolias ／ 40 × 100
判定：錯視反応率が 2.5% 以上の場合、DLB と AD との鑑別における感度 71%、特異度 80%
Yokoi K, et al.（2014）: Hallucinators find meaning in noises: Pareidolic illusions in dementia with Lewy bodies. Neuropsychologia, 56, 245-254.

実施法：ノイズ画像を 1 枚ずつ、最大 30 秒間見せ、顔があるかないか回答させる。

採点方法：患者の反応を正答、Pareidolias、見落としの 3 つに分類する。
　　正答：顔があるノイズ画像に「顔がある」と答えた場合。
　　　　　顔がないノイズ画像に「顔がない」と答えた場合。
Pareidolias：顔がないノイズ画像に対して「顔がある」と答えた場合。
　　　　　顔があるノイズ画像で顔がある場所と異なる場所に「顔がある」と答えた場合。
　　見落とし：顔があるノイズ画像に対して「顔がない」と答えた場合。

Frostig M, Horne D, Miller AM（1972）Developmental program in visual perception: teacher's guide: pictures and patterns: revised edition. Follett Publishing Company, Chicago.（日本心理適性研究所（訳）（1978）教師用フロスティッグ視知覚能力促進法：視知覚学習ブック使用法付：上級用．日本文化科学社．）

2. 時計描画検査

加藤佑佳，小海宏之，成本迅（2011）認知症学　上：その解明と治療の最新知見 − Ⅲ．臨床編認知症診療に用いられる評価法と認知機能検査各論．Clock Drawing Test（CDT）．日本臨牀69巻増刊号8．日本臨牀社．pp.418-422.

Kato Y, Narumoto J, Matsuoka T et al.（2013）Diagnostic performance of a combination of Mini-Mental State Examination and Clock Drawing Test in detecting Alzheimer's disease. Neuropsychiatric Disease and Treatment, 9, 581-586.

Meier D（1995）The segmented clock: a typical pattern in vascular dementia. Journal of the American Geriatrics Society, 43, 1071-1073.

Rouleau I, Salmon DP, Butters N et al.（1992）Quantitative and qualitative analyses of clock drawings in Alzheimer's and Huntington's disease. Brain and Cognition, 18, 70-87.

Shulman KI, Feinstein A（ed）（2003）Quick cognitive screening for clinicians: mini mental, clock drawing and other brief test. Taylor and Francis, London.（福居顯二（監訳），成本迅，北林百合之介（訳）（2006）臨床家のための認知症スクリーニング：MMSE, 時計描画検査，その他の実践的検査法．新興医学出版社．pp.43-77．）

3. コース立方体組み合わせ検査

鹿島晴雄（1987）頭頂 − 後頭領域障害と前頭領域障害における Kohs 立方体検査の応用．（大脇義一（編）（1987）コース立方体組み合せテスト使用手引．改訂増補版．三京房．pp.31-40．）

Kohs SC（1920）The Block-Design Tests. Journal of Experimental Psychology, 3, 357-376.（大脇義一（編）（1987）コース立方体組み合せテスト使用手引：改訂増補版．三京房．）

лурия AR（Luria AR）（1973）ОСНОВЫ НЕЙРОПСИХОЛОгИИ（鹿島晴雄（訳）（1999）神経心理学の基礎：第2版．創造出版．pp.338-340．）

山上徹也，田井中みはる，松田祐一他（2001）Kohs 立方体組み合わせテストは mild cognitive impairment のスクリーニングに使えるか：MMS・かなひろいテストとの比較検討．老年精神医学雑誌, 12, 671-678.

4. レーヴン色彩マトリックス検査

Kertesz A（1982）The Western Aphasia Battery. Grune & Stratton, Inc.（WAB 失語症検査（日本語版）作製委員会，代表杉下守弘（1986）WAB 失語症検査（日本語版）．医学書院．）

用稲丈人，種村純（2009）Raven's Progressive Matrices のクラスター分析と尺度構成．高次脳機能研究, 29, 386-398.

Raven JC, Court JH, Raven J（1976）Manual for the Raven's Coloured Progressive Matrices. NCS Pearson, Inc., U.S.A.（杉下守弘，山崎久美子（1993）日本版レーヴン色彩マトリックス検査手引．日本文化科学社．）

Raven JC, Court JH, Raven J（1988a）Manual for Raven's Progressive Matrices and vocabulary scales: Standard Progressive Matrices. H. K. Lewis, London.

Raven JC, Court JH, Raven J（1988b）Manual for Raven's Progressive Matrices and vocabulary scales: Advanced Progressive Matrices Sets Ⅰ and Ⅱ. H. K. Lewis, London.

坂爪一幸，今村陽子（1995）脳損傷患者のレーヴン色彩マトリックス検査の成績と痴呆，年齢，構成障害および性差の関連．神経心理学, 11, 158-169.

宇野彰，新家尚子，春原則子他（2005）健常児におけるレーヴン色彩マトリックス検査：学習障害児や小児失語症児のスクリーニングのために．音声言語医学, 46, 185-189.

5. 標準高次視知覚検査

Benson DF, Greenberg JP（1969）Visual form agnosia: a specific defect in visual discrimination. Archives of Neurology, 20, 82-89.

Benton A, Tranel D（1993）Visuoperceptual, visuospatial, and visuoconstructive disorders. In Heilman

KM, Valenstein E (Eds) (1993) Clinical Neuropsychology. 3rded, Oxford University Press, New York/Oxford. pp.165-213.

平山和美 (2008) 視覚性失認. 神経内科, 68 (suppl.5), 358-367.

平山和美 (2009) 視覚性認知障害. 神経心理学, 25, 137-147.

石合純夫 (2003) 失認と関連症状. 高次脳機能障害学. 医歯薬出版. pp.81-104.

Lissauer H (1890) Ein Fall von Seelenblindheit nebst einem Beitrage zur Theorie derselben. Archiv für Psychiatrie und Nervenkrankheiten, 21, 222-270.（波多野和夫, 浜中淑彦（訳）(1982) 精神盲の1症例とその理論的考察. 精神医学, 24, 93-106, 319-325, 433-444.）

日本高次脳機能障害学会. 標準高次視知覚検査（VPTA）プロフィール自動作成ソフトウェア. http://www.higherbrain.or.jp/ (2017.12.21.引用)

日本高次脳機能障害学会（旧日本失語症学会）（編）, 日本高次脳機能障害学会（旧日本失語症学会）Brain Function Test 委員会（著）(2003) 標準高次視知覚検査改訂版. 新興医学出版社.

Riddoch MJ, Humphreys GW (1987) A case of integrative visual agnosia. Brain, 110, 1431-1462.

Rizzolatti G, Matelli M (2003) Two different streams form the dorsal visual system: anatomy and functions. Experimental Brain Research, 153, 146-157.

6. ベンダー・ゲシュタルト・テスト

Bender L (1938) A Visual Motor Gestalt Test and Its Clinical Use. New York: The American Orthopsychiatric Association.（高橋省己（訳）(1969) 視覚・運動ゲシュタルト・テストとその臨床的使用. 三京房.）

小海宏之 (1991) ある強盗未遂等事件の被告人の心理検査. 臨床精神医学, 20, 629-640.

村山憲男, 井関栄三, 杉山秀樹他 (2007) ベンダーゲシュタルトテストによるレビー小体型認知症の簡易鑑別法の開発. 老年精神医学雑誌, 18, 761-770.

高橋省己 (2011) ベンダー・ゲシュタルト・テスト ハンドブック：増補改訂版. 三京房.

滝浦孝之(2007)ベンダー・ゲシュタルト・テストにおける日本人の標準値：文献的検討. 広島修大論集. 人文編, 48, 315-346. https://ci.nii.ac.jp/els/contentscinii_20180131104352.pdf?id=ART0008387549 (2018.1.31.引用)

7. ノイズパレイドリア・テスト

Dodel R, Csoti I, Ebersbach G et al. (2008) Lewy body dementia and Parkinson's disease with dementia. Journal of Neurology, 255 Supp; 5, 39-47.

Esquirol E (1838) Des maladies mentales: considérées sous les rapports, médical, hygiénique et médico-légal, vol.2 Baillière, Paris.

Jaspers K (1913) Allgemeine Psychopathologie: Für Studierende. Ärzte und Psychologen. Springer, Berlin.（西丸四方（訳）(1971) 精神病理学原論. みすず書房, pp43-77.）

McKeith IG, Dickson DW, Lowe J et al. (2005) Diagnosis and management of dementia with Lewy bodies: third report of the DLB Consortium. Neurology, 65, 1863-1872.

森本陽子, 濱田秀伯 (1999) 知覚と感覚の異常：錯覚とその周辺. 臨床精神医学, 28, 739-743.

東北大学大学院医学系研究科障害科学専攻高次機能障害学分野, エーザイ株式会社（企画・制作）(2015) Noise pareidolia test：ノイズパレイドリア・テスト.

Uchiyama M, Nishio Y, Yokoi K et al. (2012) Pareidolias: complex visual illusions in dementia with Lewy bodies. Brain, 135, 2458-2469.

横井香代子, 西尾慶之, 内山信他 (2012) レビー小体型認知症の錯視・幻視：パレイドリア誘発課題を用いた検討. 臨床精神医学, 41, 731-738.

Yokoi K, Nishio Y, Uchiyama M et al. (2014) Hallucinators find meaning in noises: Pareidolic illusions in dementia with Lewy bodies. Neuropsychologia, 56, 245-254.

第10章
遂行機能検査

1. 線引きテスト（Trail Making Test：TMT）

　Straussら（2006）によると，TMTは元々，Partington's Pathways（注意分割）テストとして1938年に開発され（Partington & Leiter, 1949），軍隊個人テストバッテリー（Army Individual Test Battery, 1944）の一部であったものが，Reitan（1955）により，Halsteadバッテリーに加えられたものである。

　TMTは2つのpartで構成されており，part Aは，"1～25"の数字を昇順に，part Bは，"1～13"の数字と"A～L"のアルファベット（日本語版は，"あ～し"の平仮名）を交互に昇順に線で結ぶものである。なお，高齢者に実施した場合は，あいうえお順が十分に学習されていない場合もあり，その場合は，part Bの平仮名を"い～を"に置き換えたイロハ版が必要となろう。

　Part Aは，特に大脳基底核性の注意力，後頭葉性の視覚探索力，後頭頭頂葉性の視覚 − 運動機能の障害を検索するのに有用であろうし，part Bは，特に前頭葉背外側性のカテゴリーセットの転換機能（認知的柔軟性）の障害を検索するのに有用となろう。

　Stussら（2001）によると，前頭前野，特に前頭葉背外側皮質損傷者で最も障害が強く，前頭葉腹内側皮質損傷者では，ほとんど成績の低下が認められなかったと報告されている。また，Goldenら（2000）によると，遂行時間比率であるpart B／part Aが3.0を超えるようであれば，part Bにおける反応の障害として，カテゴリーセットの転換機能の障害が示唆するとされている。また，Draneら（2002）によるTMT遂行時間の平均と標準偏差および遂行時間比率（part B：part A）は，表10-1に示す通りであり参考となろう。ただし，Draneら（2002）の標準データによると，70～79歳と80～89歳の年齢群における遂行時間比率（part B：part A）の平均値は3.0を超えているので，これらの年齢群に適用した場合の解釈には留意を要するであろう。

　なお近年，日本高次脳機能障害学会編（2018）のTrail Making Test, Japanese edition（TMT-J）が発行された。TMT-Jは，標的の分布，Trailのパタン，探索の向きなどに工夫がなされ，適用年齢は20～89歳であり，10歳ごとの基準値が明確なものとなっており，part A，part Bいずれも所要時間は年代に応じて，平均「+1SD以内」，それよりも長く平均「+2SD以内」，さらにそれを超える「延長」のいずれに入るかの判定，および誤反応の回数に応じた判定を行い，両者から「正常」，「境界」，「異常」に総合判定できるようになっている。また，part A，part Bいずれも2セットが用意されており，リハビリテーションなどの介入前後の評価を短期間に行う際も，セットを変更することにより，学習効果の残存要因を排除できるようになっている。

表 10-1　TMT 遂行時間の平均と標準偏差および遂行時間比率（part B：part A）
（出典：Drane et al., 2002. 一部改変）

年齢	n	part A 遂行時間（秒）mean ± SD	part B 遂行時間（秒）mean ± SD	比率 part B：part A
18-20	18	23.22 ± 6.56	52.94 ± 20.10	2.31 ± 0.58
20-29	39	26.12 ± 9.78	60.92 ± 33.17	2.36 ± 0.78
30-39	53	28.02 ± 8.78	72.30 ± 28.55	2.72 ± 1.21
40-49	46	31.00 ± 11.21	81.26 ± 23.69	2.80 ± 0.93
50-59	38	36.29 ± 16.41	103.42 ± 50.26	2.94 ± 0.88
60-69	36	39.60 ± 12.14	105.23 ± 41.15	2.70 ± 0.77
70-79	36	45.58 ± 18.91	152.59 ± 88.42	3.49 ± 1.76
80-90	19	56.37 ± 20.20	170.21 ± 84.68	3.05 ± 1.05

※サンプルの教育歴年数：12.98 ± 2.65 年

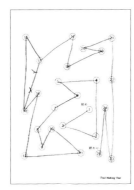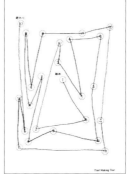

図 10-1　症例（77 歳，女性。右手利き。#non-amnestic MCI single domain）の TMT 結果

したがって，今後は，TMT-J を活用した知見の集積が大切になると考えられる。

【症例】77 歳，女性。右手利き。#non-amnestic MCI single domain

　症例の TMT の結果は，図 10-1 に示す通りである。part A の遂行時間は 75 秒（該当年齢群基準値 70〜79 歳：45.58 ± 18.91 秒），誤り 1 で，part B の遂行時間は 136 秒（該当年齢群基準値 70〜79 歳：152.59 ± 88.42 秒），誤り 0 で，Part B／Part A＝1.81（該当年齢群基準値 70〜79 歳：3.49±1.76）であり，前頭葉背外側性のカテゴリーセットの転換機能には問題がないことが示唆された。また，part A では，遂行手続きに慣れてきた時点で，14→16 と 15 を飛ばす誤りが 1 カ所みられ，error の指摘にて修正できており，不注意（inattention）であろうと考えられた。ただし，本来の不注意は自ら遂行の誤りに気づき修正するという，島皮質が深く関与するモニタリング機能が十分に働いていることの評価も大切となる。したがって，この側面を正確に評価するならば，例えば，14→16 と誤った際に，「何かおかしいようにも思いますが」程度のヒントを与え，自ら遂行の誤りに気づき修正が可能かどうかの評価も大切となろう。

2. 実行時計描画課題
(Executive Clock Drawing Task：CLOX)

　構成／視空間能力を測定する時計描画検査（Clock Drawing Test：CDT）に，ゴール選択，プランニング，運動シークエンス，選択的注意と現在の行動計画の自己モニタリングを含んだ実行機能の把握も目的としたものが，Royallら（1998）によるCLOXであり，ShulmanとFeinstein（2003）による関連成書の訳書（福居ら，2006）のなかでも紹介されているので参考となろう。

　「1時45分」の時計を口頭指示により描画するCLOX 1と，検査者が同時刻の時計を描画するのを観察させ，その時計を模写させるCLOX 2で検査が構成され，それぞれ15点満点で採点する方法である。

　なお，J-CLOXのマニュアル（検査方法および採点基準：表10-2），検査用紙は，研究代表者である成本がresearchmapのホームページに資料として無料でダウンロードができるよう公開しており，認知症の評価だけでなく，今後，様々な臨床現場で有用な検査となろう。また，Matsuokaら（2014）によるClinical Dementia Rating（CDR）に基づく認知症の重症度別のJ-CLOXの判定基準は，表10-3に示す通りであり，臨床現場で使用する際の参考となろう。

3. 実行検査 (Executive Interview：EXIT25)

　Royallら（1992）により開発された，50点満点の失点方式による遂行機能検査である。下位検査には，①数字－文字課題，②語流暢性，③デザイン流暢性，④主題理解，⑤変則的な文の復唱，⑥記憶／注意転導課題，⑦干渉課題，⑧自動的行動Ⅰ，⑨自動的行動Ⅱ，⑩把握反射，⑪社会的習慣Ⅰ，⑫運動維持困難，⑬口すぼめ反射，⑭指－鼻－指課題，⑮Go／No-Go課題，⑯反響動作Ⅰ，⑰Luria Hand SequenceⅠ，⑱Luria Hand SequenceⅡ，⑲把握課題，⑳反響動作Ⅱ，㉑複雑命令課題，㉒逆順序課題，㉓使用行動，㉔模倣行動，㉕カウント課題があり，短縮版は，Quick EXITの場合は，①，②，③，④，⑤，⑥，⑦，⑫，⑮，⑯，⑰，⑱，⑲，㉒の下位検査を使用し，EXIT15の場合は，①，②，③，④，⑤，⑥，⑦，⑫，⑮，⑯，⑰，⑱，㉑，㉒，㉔の下位検査を使用する。

　また，15点以下では問題行動をほとんど認めず（Royall et al., 1992），cut off値15/16点は，健常者と認知症患者の鑑別において，感度0.93，特異度0.83であり（Royall et al., 2001），先行研究では，cut off値は15/16点が勧められている。日本語版は，Matsuokaら（2014）が作成し，Clinical Dementia Rating（CDR）に基づく認知症の重症度別のJ-CLOXの判定基準（表10-4）や，J-EXIT25でも，CDR 0の健常者はすべて15点以下であったと報告しており，臨床現場で使用する際の参考となろう。

　なお，J-EXIT25のマニュアル，検査用紙は，研究代表者である成本がresearchmapのホームページに資料として無料でダウンロードができるよう公開しており，認知症の評価だけでなく，今後，様々な臨床現場で有用な検査となろう。

表10-2　CLOXの検査方法および採点基準（出典：成本迅 researchmap 資料公開）

CLOX: 実行時計描画課題

ステップ1：この用紙を円が透けて見えるように明るい色のついた台の上に裏返して置く。被験者に裏側に時計を描いてもらう。被験者には「1時45分の時計を描いてください。子供にもわかるように盤面に針と数字を描いてください」と指示する。被験者がはっきりと理解するまで指示を繰り返す。被験者が描き始めたら、それ以上の助言はしない。この時計を採点する(CLOX1)。

ステップ2：用紙を裏返し、被験者にあなたが下の円の中に時計を描くのを観察させる。12,6,3,9を始めに描く。残りの数字を埋める。次に、針を「1時45分」にセットする。針を矢印にする。時針は最も短くする。被験者に、あなたの時計を下の右端に模写するように指示する。この時計を採点する(CLOX2)。

	構成要素	得点	CLOX 1	CLOX 2
1	時計のように見えるか？	1		
2	外円があるか？	1		
3	直径が2.5cm以上あるか？	1		
4	全ての数字が円内にあるか？	1		
5	分割やtic marksがないか？ ＊1	1		
6	12,6,3,9を最初に置いたか？ ＊3	1		
7	間隔が正常である（12‐6の軸の両側が対称）か？	1		
8	数字の字体がアラビア数字で統一されているか？	1		
9	1～12のみの数字が書かれているか？（時刻のメモは除外）	1		
10	1～12の順番は正常で、数字の追加や欠落はないか？	1		
11	針が2本だけか？（分割やtic marksは除外）	1		
12	すべての針先が矢印となっているか？	1		
13	時針が1時と2時の間にあるか？	1		
14	分針が時針よりも明らかに長いか？	1		
15	以下のものに全て当てはまらない	1		
	1) 4時や5時を指す針があるか？			
	2)「1時45分」と書かれているか？			
	3) 他の時刻が書かれているか(例："9:00")？			
	4) 内向きに矢印が描かれているか？			
	5) なにか文字や単語、絵が描かれているか？			
	6) 用紙の裏面の透けて見える円の中に入っているか？＊2			
		合計		

表 10-3　CDR（CDR 0：認知障害なし，CDR 0.5：認知症疑い，CDR 1：軽度認知症，CDR 2：中度認知症）に基づく J-CLOX の判定基準

（出典：Matsuoka et al., 2014. 一部改変）

CDR	0 $n = 45$	0.5 $n = 40$	1 $n = 71$	2 $n = 20$
Sex（Man/Woman）	11/34	11/29	22/49	8/12
Age（years）	75.8 ± 6.0	78.6 ± 6.7	80.0 ± 5.9[b]	82.3 ± 5.1[b]
Education, years	13.0 ± 2.8	11.1 ± 2.5[b]	10.6 ± 2.8[a]	10.8 ± 3.7[b]
J-CLOX1	12.8 ± 2.1	10.8 ± 2.9[b]	9.0 ± 3.3[a, d]	5.6 ± 2.6[a, c, e]
J-CLOX2	14.2 ± 0.9	13.8 ± 1.0	12.8 ± 2.1[a, d]	10.9 ± 3.1[a, c, f]

[a] $p < 0.001$ vs. CDR 0 ; [b] $p < 0.05$ vs CDR 0 ; [c] $p < 0.001$ vs. CDR 0.5 ; [d] $p < 0.05$ vs. CDR 0.5 ; [e] $p < 0.001$ vs. CDR 1 ; [f] $p < 0.05$ vs. CDR 1.
CDR：Clinical Dementia Rating；J-CLOX：Japanese version of Excutive Clock Drawing Task

表 10-4　CDR（CDR 0：認知障害なし，CDR 0.5：認知症疑い，CDR 1：軽度認知症，CDR 2：中度認知症）に基づく J-EXIT25 の判定基準

（出典：Matsuoka et al., 2014。一部改変）

CDR	0 $n = 45$	0.5 $n = 40$	1 $n = 71$	2 $n = 20$
Sex（Man/Woman）	11/34	11/29	22/49	8/12
Age（years）	75.8 ± 6.0	78.6 ± 6.7	80.0 ± 5.9[b]	82.3 ± 5.1[b]
Education, years	13.0 ± 2.8	11.1 ± 2.5[b]	10.6 ± 2.8[a]	10.8 ± 3.7[b]
J-EXIT25	7.8 ± 3.8	11.6 ± 4.9[b]	17.0 ± 4.9[a, c]	21.6 ± 5.1[a, c, d]

[a] $p < 0.001$ vs. CDR 0 ; [b] $p < 0.05$ vs CDR 0 ; [c] $p < 0.001$ vs. CDR 0.5 ; [d] $p < 0.05$ vs. CDR 1
CDR：Clinical Dementia Rating；J-EXIT25：Japanese version of Excutive Interview

4．遂行機能障害症候群の行動評価
（Behavioural Assessment of the Dysexecutive Syndrome：BADS）

　遂行機能（実行機能：excutive function）とは，ものごとの実際の行動について，自ら目標を設定し，計画を立て，効果的に行う能力と一般的には定義されており，日常生活上での問題解決を図る際に動員される，複雑で連合的な認知・行動機能の総称と考えられている。

　BADS は，Wilson ら（1996）によって，生態学的妥当性（ecological validity）を意識した日常生活上の遂行機能に関する問題点を検出することを企図して考案された評価法であり，日本語版は，鹿島ら（2003）により標準化されている。下位検査には，①規則変換カード検査，②行為計画検査，③鍵探し検査，④時間判断検査，⑤動物園地図検査，⑥修正 6 要素検査の 6 つがあり，それぞれ 0 ～ 4 点の 5 段階によるプロフィール得点が算出され，総プロフィール得点（範囲：0 ～ 24 点）の得点分布のパーセンタイル（% ile）値は，平均 100，1 標準偏差 15 の標準化された得点に変換されており，WAIS-R（Wechsler, 1981）の全検査知能指数（FIQ）と同様に，障害あり，境界域，平均の下，平均，平均の上，優秀，きわめて優秀に判定可能となっている。

表 10-5　遂行機能障害の質問表（DEX）で測定される遂行機能障害症候群の特徴（質問順）
（鹿島晴雄監訳（2003）BADS 遂行機能障害症候群の行動評価：
日本版：Behavioural Assessment of the Dysexecutive Syndrome. 新興医学出版社参照）

1	抽象的思考の障害
2	衝動性
3	作話
4	計画性の障害
5	多幸
6	時間的順序の障害
7	病識の欠如と社会的気づきの障害
8	アパシーと意欲低下
9	脱抑制
10	衝動制御の障害
11	情動的反応の浅さ
12	攻撃性
13	無関心
14	保続
15	落ち着きのなさ／多動
16	反応抑制の障害
17	知識と反応の解離
18	転導性の亢進
19	判断能力の欠如
20	社会的規則への無関心

　また，これらとは別に遂行機能障害の質問表（Dysexecutive Questionnaire：DEX）として本人用と家族・介護者用がいずれも 20 問ずつ用意されている。Stuss と Benson（1984, 1985）によると，遂行機能障害と関連して生じやすい行動上の変化として，①気分の変化ないし人格変化，②動機付けの変化，③行動の変化，④認知の変化の 4 領域が問題点となりやすいことが指摘されている。これらの行動上の変化を検出するために開発された DEX で測定される遂行機能障害症候群の特徴は，表 10-5 に示す通りであり，本人用の回答結果と BADS の成績や第三者による評価である家族・介護者用における結果と比較することによって，病識の程度の指標に乖離があるのか否かの検索としても有用となろう。

【症例】69 歳，男性。右手利き。# アルコール性肝硬変症，慢性高アンモニア血症

　症例の Brain MRI は図 10-2 に示す通りであり，右大脳基底核における多発性脳梗塞，右橋における梗塞が認められる。

　本症例に適用した BADS の結果は，表 10-6 に示す通りである。年齢補正した標準化得点 59，遂行機能に関する全般的区分としては，「障害あり」の範囲であり，低得点の下位検査からは，計画，推理，判断，遂行などの機能障害が認められ，前頭葉背外側面周辺領域における機能低下を示唆すると考えられよう。また，鍵探しはプロフィール・スコア 4/4 と良好で，2 次元視空間的な計画性は良好であることを示唆すると考えられよう。さらに，動物園地図検査における視覚－運動フィードバックやセルフ・モニタリング，修正 6 要素検査の計算課題における持続性注意の障害も認め，これらは大脳基底核における機能低下を示唆すると考えられよう。

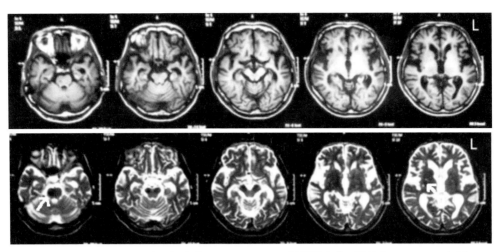

図 10-2　症例（69歳，男性。右手利き。＃アルコール性肝硬変症，慢性高アンモニア血症）の
Brain MRI（上図：T1 強調画像，下図：T2 強調画像）

表 10-6　症例（69歳，男性。右手利き。＃アルコール性肝硬変症，慢性高アンモニア血症）の
BADS 結果

検査1：規則変換カード検査	1	（0～4）
検査2：行為計画検査	1	（0～4）
検査3：鍵探し検査	4	（0～4）
検査4：時間判断検査	0	（0～4）
検査5：動物園地図検査	0	（0～4）
検査6：修正6要素検査	2	（0～4）
総プロフィール得点	8	／24
標準化された得点	51	
年齢補正した標準化得点	59	（65～87歳）
全般的区分	障害あり	

5．標準高次動作性検査
（Standard Performance Test of Apraxia：SPTA）

　失行（Apraxia）とは，Liepmann（1920）によると，「運動可能であるにもかかわらず合目的的運動が不可能な状態」と定義されており，古典的な失行としては，左右中心溝周辺領域が責任病巣で主に手と指による行為の遂行が，不完全，粗雑，途切れ途切れ（拙劣）となる肢節運動失行（limb kinetic apraxia），左頭頂葉が責任病巣で行為の模倣や道具使用の身振りが障害される観念運動失行（ideomotor apraxia），左後頭頭頂葉が責任病巣で物品の用途は理解しているにも関わらず，順序通りに道具を使用することが障害される観念失行（ideational apraxia）があり，それぞれの責任病巣は，図 10-3 に示す通りである。

　その他，代表的な失行として，右頭頂葉が責任病巣で衣服を正しく着用することが障害される着衣失行（dressing apraxia），左右頭頂葉（ただし，一般に右半球の発現率が高い）が責任病巣で平面的・立体的な形の構成が障害される構成失行（constructive apraxia），左前頭・中心弁蓋，島前部を含む前方病巣，左頭頂葉（縁上回付近）を主体とする後方病巣が責任病

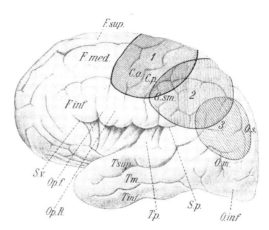

図 10-3　失行の責任病巣（領域 1：肢節運動失行，領域 2：観念運動失行，領域 3：観念失行），
C.a.：中心前回（Precentral gyrus：PrG），C.p.：中心後回（Postcentral gyrus：PoG），
G.sm.：縁上回（supramarginal gyrus：SMG），
（出典：Liepmann, 1920）

巣で顔面の筋を用いた意図的な動作の遂行が障害される口腔顔面失行（buccofacial apraxia），広範囲な脳梁が責任病巣で右手の意図的な動作または両手動作の際，右手の動作と同時または交互に，左手が反対目的の動作や無関係な動作を行う障害である拮抗失行（diagonistic apraxia），脳梁膝部とその周辺の前部帯状回を含む左前頭葉内側面が責任病巣で右手が眼前に置かれた物を意思に反して強迫的に使用してしまう障害である道具の強迫的使用（compulsive manipulation of tools）などがある（石合，2003；元村，2004）。

SPTAは，これらの失行を中心とした高次動作性障害を検索する目的で開発され（日本失語症学会高次動作性検査法作製小委員会，1985），その後，臨床的妥当性の再検討が加えられたものがSPTA改訂第2版であり（日本高次脳機能障害学会編，1999），そのテスト構成は，表10-7に示す通りである。

なお，検査結果の数値を入力するだけのプロフィール自動作成ソフト（Excelのバイナリーファイル）が，日本高次脳機能障害学会，検査法プロフィールのホームページより無料でダウンロードできるようになっており，有用なツールとなろう。

6．やる気スコア（Apathy Evaluation Scale：AES）

アパシー（apathy）は日本語では通常，無感動と訳されるが，a はないという意味の接頭語で，ギリシャ語に由来する pathos は passions を意味し，Marin（1990）により，臨床症状として，意識障害，認知障害，情動的苦悩によらない動機づけの減弱した状態と定義されており，せん妄（delirium），認知症（dementia），うつ病（depression），無為（abulia），無動症（akinesia）などとアパシーとの症状の相違点について提唱されているが，体系的ではなかった。その後，BoyleとMalloy（2004）により，例えばアパシーとうつ病の症状に関する相違点について体系的にまとめられたものは，表10-8に示す通りである。つまり，アパシーはうつ状態との合併

表10-7 SPTA（改訂第2版）のテスト構成

大項目	小項目
1. 顔面動作	1. 舌を出す 2. 舌打ち 3. 咳
2. 物品を使う顔面動作	火を吹き消す
3. 上肢（片手）慣習的動作	1. 軍隊の敬礼（右） 2. おいでおいで（右） 3. じゃんけんのチョキ（右） 1. 軍隊の敬礼（左） 2. おいでおいで（左） 3. じゃんけんのチョキ（左）
4. 上肢（片手）手指構成模倣	1. ルリアのあご手 2. ⅠⅢⅣ指輪（ring） 3. ⅠⅤ指輪（ring）（移送）
5. 上肢（両手）客体のない動作	1. 8の字 2. 蝶 3. グーパー交互テスト
6. 上肢（片手）連続的動作	ルリアの屈曲指輪と伸展こぶし
7. 上肢・着衣動作	着る
8. 上肢・物品を使う動作 　（1）上肢物品を使う動作 　　　（物品なし）	1. 歯を磨くまね（右） 2. 髪をとかすまね（右） 3. 鋸で木を切るまね（右） 4. 金槌で釘を打つまね（右） 1. 歯を磨くまね（左） 2. 髪をとかすまね（左） 3. 鋸で木を切るまね（左） 4. 金槌で釘を打つまね（左）
（1）上肢物品を使う動作 　　　（物品あり）	1. 歯を磨く（右） 2. 櫛で髪をとかす（右） 3. 鋸で板を切る（右） 4. 金槌で釘を打つ（右） 1. 歯を磨く（左） 2. 櫛で髪をとかす（左） 3. 鋸で板を切る（左） 4. 金槌で釘を打つ（左）
9. 上肢・系列的動作	1. お茶を入れて飲む 2. ローソクに火をつける
10. 下肢・物品を使う動作	1. ボールをける（右） 2. ボールをける（左）
11. 上肢・描画（自発）	1. 三角をかく 2. 日の丸の旗をかく
12. 上肢・描画（模倣）	1. 変形まんじ 2. 立方体透視図
13. 積木テスト	WAISの積み木課題図版

（出典：日本高次脳機能障害学会（編著）：標準高次動作性検査，改訂第2版，新興医学出版社，2003）

表10-8　アパシーとうつ病の症状（出典：Boyle & Malloy, 2004. 小海（訳））

アパシーの症状	
	動機付けや発動性の欠如：Loss of motivation and initiation
	持続性の欠如：Lack of persistence
	情動的無関心や情動的反応性の減退：Emotional indifference or diminished emotional reactivity
	社会性の減退：Decreased social engagement
うつ病の症状	
	不快感：Dysphoria
	絶望感：Hopelessness
	罪業感と自責感：Guilt, self-criticism
	希死念慮：Suicidal ideation
	睡眠障害：Sleep problems
	食欲不振：Loss of appetite
共通症状	
	イベントや活動時の興味の欠如：Lack of interest in events or activities
	活気の欠如：Anergia
	精神運動の緩慢さ：Psychomotor slowing
	易疲労性：Fatigue
	自己洞察の減退：Decreased insight

もあるが，独立した症候であるとされている．そして，変性疾患や脳卒中後などにしばしば認められる．このような意欲の低下を捉えるために，Marinら（1991）が開発したのがApathy Evaluation Scale（18項目）である．

また，その短縮版（14項目）は，Strakstein ら（1992）により作成され，cut off 値を13/14点とした場合，感度0.66，特異度1.00と報告されている．

さらに，岡田ら（1991）により，その短縮版をApathy Evaluation Scale島根医科大学第3内科版として翻訳作成されたものは，表10-9に示す通りであり（日本脳卒中データバンク），前半の8項目は意欲や興味に関する陽性症状，後半の6項目は陰性症状の質問で構成されており，日本語版はcut off 値を15/16点とした場合，感度0.813，特異度0.853と報告されている．

なお，Robinsonら（1982）により脳卒中後うつ病（post-stroke depression：PSD）の概念が提唱され，その後，Alexopoulosら（1997）により血管性うつ病（vascular depression：VD）の概念が提唱されている．PSDの概念を提唱したRobinsonら（1984）では，左の前頭葉の病変とPSDとの関連が指摘されているが，その後の報告の結果は，右の前頭葉，基底核，前頭葉に多いが左右差はない，脳卒中後の急性期には左前頭葉，半年程度で右前頭葉，1年を過ぎた慢性期では右の後部病変と関連する，さらには特定の部位とは関連がなかったとするものなど，様々であるとされている（山下ら，2015）．また，Murakamiら（2013）やHamaら（2007）によると脳卒中後の抑うつ気分は左前頭葉を中心とした病変との関連が強く，アパシーは基底核を中心とした病変との関連が強いと報告されており，これらのうつ病とアパシーを鑑別する際にもAESは有用となろう．

表 10-9 Apathy Evaluation Scale 島根医科大学第 3 内科版：16 点以上を apathy ありと評価
(出典：岡田和悟，小林祥泰，青木耕他（1998）やる気スコアを用いた脳卒中後の意欲低下の評価．脳卒中，20，318-323．)

	全くない	少し	かなり	大いに
1) 新しいことを学びたいと思いますか？	3	2	1	0
2) 何か興味を持っていることがありますか？	3	2	1	0
3) 健康状態に関心がありますか？	3	2	1	0
4) 物事に打ち込めますか？	3	2	1	0
5) いつも何かしたいと思っていますか？	3	2	1	0
6) 将来のことについての計画や目標を持っていますか？	3	2	1	0
7) 何かをやろうとする意欲はありますか？	3	2	1	0
8) 毎日張り切って過ごしていますか？	3	2	1	0
	全く違う	少し	かなり	まさに
9) 毎日何をしたらいいか誰かに言ってもらわなければなりませんか？	0	1	2	3
10) 何事にも無関心ですか？	0	1	2	3
11) 関心を惹かれるものなど何もないですか？	0	1	2	3
12) 誰かに言われないと何にもしませんか？	0	1	2	3
13) 楽しくもなく，悲しくもなくその中間位の気持ちですか？	0	1	2	3
14) 自分自身にやる気がないと思いますか？	0	1	2	3
		合計		点

　ただし，AES は主観的スケールであるため，失語症や高度認知症あるいは意欲低下の高度な例では，回答が得られない場合があろうし，このような症例において意欲低下を評価するには，介護者や観察者による客観的な評価方法を用いた検討が必要であろうと指摘されており（岡田ら，1998），その様な際は，神経精神症状の評価で近年，よく使用される観察評価尺度である Neuropsychiatric Inventory（NPI）などが有用となろう。

7．神経精神目録（Neuropsychiatric Inventory：NPI）

　元々の NPI は，Cummings ら（1994）により，認知症の行動・心理症状（behavioral and psychological symptoms of dementia: BPSD）を測定することを目的に開発され，妄想（delusions），幻覚（hallucinations），興奮（agitation/aggression），うつ（dysphoria），不安（anxiety），多幸（euphoria），無関心（apathy），脱抑制（disinhibition），易怒性（易刺激性）（irritability/lability），異常行動（aberrant motor behavior）の 10 項目について，介護者に対して施行する半構造化面接法による観察評価尺度であり，その後，Cummings（1997）により，夜間行動（night-time behavior disturbances）と食行動（appetite and eating abnormalities）の 2 項目が追加された 12 項目版が作成されている。さらに，Kaufer ら（1998）により，NPI に介護者負担度尺度を付け加えた NPI-Caregiver Distress Scale（NPI-D）が作成されている。

　日本語版 NPI は，博野ら（1997）により作成され，各症状の項目に関する主質問に「あり」「なし」「適応なし」の回答を求め，「あり」の場合は，該当症状の頻度を 1 = 週に 1 度未満，2

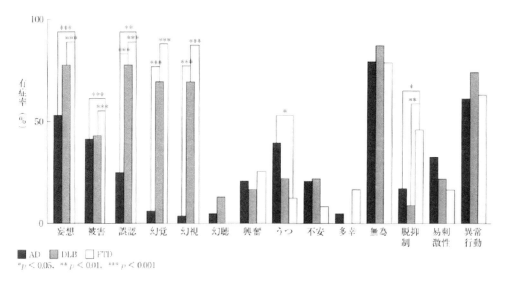

図10-4 AD，DLB，FTD各患者群におけるBPSDの有病率
(出典：Hirono N, Mori E, Tanimukai S, Kazui H, et al.: Distinctive neurobehavioral features among neurodegenerative dementias. J Neuropsychiatry Clin Neurosci, 11, 498-503, 1999.
博野信次(2004)痴呆の行動学的心理学的症候(BPSD)を評価することの重要性．老年精神医学雑誌，15，67-72．一部改変)
AD: Alzheimer's disease, DLB: dementia with Lewy bodies, FTD: frontotemporal dementia

＝ほとんど週に1度，3＝週に数回だが毎日ではない，4＝1日1度以上（ほとんどずっと）の4段階，重症度を1＝軽度，2＝中等度，3＝重度の3段階で評価し，それらの積の合計，つまりNPI得点は0～120点となる。また，松本ら（2006）が作成した日本語版NPI-Dは，Kaufer ら（1998）の原版同様に別途，各症状の項目に関する情動的あるいは心理的負担度を0＝全くなし，1＝ごく軽度，2＝軽度，3＝中等度，4＝重度，5＝非常に重度の6段階で評価し，負担度得点は0～50点となるように構成されている。また，博野（2004）によりAD群240名，DLB群23名，FTD群24名を対象にNPI（注：本研究では，妄想の項目は被害妄想，誤認妄想，幻覚の項目は幻視，幻聴についてさらに詳細に示されている）を適用し，各群におけるBPSDの有病率について報告されており（図10-4参照），FTD群はAD群やDLB群に比して脱抑制が有意に高頻度，妄想が有意に低頻度であり，AD群に比してうつが有意に低頻度であるとされ，また，DLB群は，他の2群に比して幻覚，特に誤認妄想や幻視が有意に高頻度であるとされており，原疾患別のBPSDの特徴を捉える有用な知見となろう。なお現在，マイクロンより市販されているNPIは介護負担尺度（NPI-D）付きのバージョンであり（注：夜間行動と食行動はNPI得点に通常は含めず，特に検討が必要な場合のみ取り扱うことになっている），精神症状ごとの介護負担度の把握ができ，治療やケアの介入効果を把握する際にも有用となろう。

また，Kauferら（2000）により，介護者自身が質問項目を読み回答する質問紙法によるNPI-Questionnaire（NPI-Q）が作成され，NPI同様，10項目および12項目のバージョンがある。日本語版NPI-Qは，松本ら（2006）により作成され，各症状の項目に関する主質問に「あり」「な

し」「適応なし」の回答を求め，「あり」の場合は，該当症状の重症度を1＝軽度，2＝中等度，3＝重度の3段階で評価させ，その総得点としてNPI-Qの重症度得点は0〜30点となる（注：NPI同様，夜間行動と食行動はNPI-Qの重症度得点に通常は含めず，特に検討が必要な場合のみ取り扱うことになっている）。なお，NPI-Qも現在はマイクロンより介護負担尺度（NPI-D）付きのバージョンが市販されているのでそれを使用することが大切であり，Kauferら（2000）や松本ら（2006）によるとNPI-QはNPIと比較して，多くの精神症状を捉える可能性が指摘されており，精神症状に関する情報を5分以内程度で簡便に把握する際に，有用となろう。また，花輪（2017）によると認知症疾患医療センターを3カ月間に受診した281名（ADが79％）の本人をよく知る家族，介護スタッフにNPI-Qを記入してもらったところBPSDの出現率の高かったのは，無関心52.0％，うつ45.2％，易怒性43.8％，興奮43.4％，夜間行動38.1％の順で高頻度であり，入院に至ったケースでは，そうではないケースと比較して，妄想，幻覚，興奮の出現率が際立って高く，負担度の平均得点が約3倍程度高いことがわかり，妄想，幻覚，興奮などのBPSDは対応が特に難しいことが示唆されると報告されており，認知症の人の家族支援を考える際に参考となろう。

　さらに，Woodsら（2000）により，施設の看護・介護職員を対象としてインタビューを行い評価するNPI-Nursing Home Version（NPI-NH）が作成され，NPI同様，10項目が基本セットで，他に食行動（appetite changes）を含む11項目のバージョンがある（注：夜間行動（nighttime disturbances）は含まれていない）。日本語版NPI-NHは，繁信ら（2008）により12項目バージョンが作成され，NPI同様，通常は各症状の10項目に関する頻度と重症度の積を求めるのでNPI-NH得点は0〜120点となる（注：夜間行動と食行動はNPI-NH得点に通常は含めず，特に検討が必要な場合のみ取り扱うことになっている）。なお，NPI-NHも現在はマイクロンから介護負担尺度（NPI-D）付きのバージョンが市販されており，施設入所や入院中の認知症患者のBPSDを詳細かつ明確に把握し，原疾患との関係性を見立て，見通した介入計画を作成したり，その介入効果を測定する際にも有用となろう。

文　献

1．線引きテスト

Army Individual Test Battery (1944) Manual of directions and scoring. Washington D.C.: War Department, Adjutant General's Office.

Drane DL, Yuspeh RL, Huthwaite JS et al. (2002) Demographic characteristics and normative observations for derived: Trail Making Test indices. Neuropsychiatry, Neuropsychology, and Behavioral Neurology, 15, 39-43.

Golden CJ, Espe-Pfeifer P, Wachsler-Felder J (2000) Neuropsychological interpretations of objective psychological tests. Kluwer Academic ／ Plenum Publishers. New York.（櫻井正人（訳）（2004）高次脳機能検査の解釈過程：知能，感覚－運動，空間，言語，学力，遂行，記憶，注意．協同医書出版社．pp.209-214.）

日本高次脳機能障害学会（編），日本高次脳機能障害学会 Brain Function Test 委員会（2018）Trail Making Test 日本版：TMT-J: Trail Making Test, Japanese edition（TMT-J）．新興医学出版社．

Partington JE, Leiter RG (1949) Partington's Pathway Test. The Psychological Service Center Bulletin, 1,

9-20.

Reitan RM (1955) The relation of the Trail Making Test to organic brain damage. Journal of Consulting Psychology, 19, 393-394.

Strauss E, Sherman EM, Spreen O (2006) A compendium of neuropsychological tests: third edition. Oxford University Press, Inc. New York. pp.655-677.

Stuss DT, Bisschop SM, Alexander MP et al. (2001) The Trail Making Test: a study in focal lesion patients. Psychological Assessment, 13, 230-239.

2. 実行時計描画課題

Matsuoka T, Kato Y, Taniguchi S et al. (2014) Japanese versions of the Executive Interview (J-EXIT25) and the Executive Clock Drawing Task (J-CLOX) for older people. International Psychogeriatrics, 26, 1387-1397.

成本迅 researchmap 資料公開：J-CLOX マニュアル＆検査用紙. http://researchmap.jp/mupkki2kc-56600/#_56600（2014.9.1引用）

Royall DR, Cordes JA, Polk M (1998) CLOX: an executive clock drawing task. Journal of Neurology, Neurosurgery, and Psychiatry, 64, 588-594.

Shulman KI, Feinstein A (ed) (2003) Quick cognitive screening for clinicians: mini mental, clock drawing and other brief test. Taylor and Francis, London.（福居顯二（監訳），成本迅，北林百合之介（訳）(2006) 臨床家のための認知症スクリーニング：MMSE，時計描画検査，その他の実践的検査法. 新興医学出版社. pp.43-77.）

3. 実行検査

Matsuoka T, Kato Y, Taniguchi S et al. (2014) Japanese versions of the Executive Interview (J-EXIT25) and the Executive Clock Drawing Task (J-CLOX) for older people. International Psychogeriatrics, 26, 1387-1397.

成本迅 researchmap 資料公開：J-EXIT25 マニュアル. http://researchmap.jp/mup6l7x0w-56600/#_56600, J-EXIT25 検査用紙. http://researchmap.jp/mug9g0uec-56600/#_56600, J-EXIT 検査用紙（図）. http://researchmap.jp/musecg0tu-56600/#_56600（2014.9.1.引用）

Royall DR, Mahurin RK, Gray KF (1992) Bedside assessment of executive cognitive impairment: the executive interview. Journal of the American Geriatrics Society, 40, 1221-1226.

Royall DR, Rauch R, Román GC et al. (2001) Frontal MRI findings associated with impairment on the Executive Interview (EXIT25). Experimental Aging Research, 27, 293-308.

4. 遂行機能障害症候群の行動評価

Stuss DT, Benson DF (1984) Neuropsychological studies of the frontal lobes. Psychological Bulletin, 95, 3-28.

Stuss DT, Benson DF (1985) The frontal lobes. Raven Press Books, Ltd., New York City.（融道男，本橋伸高（訳）(1990) 前頭葉. 共立出版.）

Wechsler D (1981) Manual for the Wechsler Adult Intelligence Scale-Revised. The Psychological Corporation, New York.（品川不二郎，小林重雄，藤田和弘他（訳編）(1990) 日本版 WAIS-R 成人知能検査法. 日本文化科学社.）

Wilson BA, Alderman N, Burgess PW et al. (1996) Behavioural Assessment of the Dysexecutive Syndrome. Thames Valley Test Company, England.（鹿島晴雄（監訳），三村將，田渕肇，森山泰他（訳）(2003) BADS 遂行機能障害症候群の行動評価：日本版：Behavioural Assessment of the Dysexecutive Syndrome. 新興医学出版社.）

5. 標準高次動作性検査

石合純夫（2003）高次脳機能障害学. 医歯薬出版. pp.51-80.

Liepmann H (1920) Apraxie. Ergebnisse der gesamten Medizin, 1, 516-543.

元村直靖（2004）失行の評価法. Journal of Clinical Rehabilitation, 別冊／高次脳機能障害のリハビリテーショ

ン Ver.2. 医歯薬出版．pp.187-192.

日本高次脳機能障害学会．標準高次動作性検査（SPTA）プロフィール自動作成ソフトウェア．http://www.higherbrain.or.jp/（2017.12.21.引用）

日本高次脳機能障害学会（編著）（2003）標準高次動作性検査，改訂第2版．新興医学出版社．

日本高次脳機能障害学会（編），日本高次脳機能障害学会 Brain Function Test 委員会（著）（1999）改訂第2版標準高次動作性検査：失行症を中心として．新興医学出版社．

日本失語症学会高次動作性検査法作製小委員会（1985）標準高次動作性検査．医学書院．

6. やる気スコア

Alexopoulos GS, Meyers BS, Young RC et al.（1997）'Vascular depression' hypothesis. Archives of General Psychiatry, 54, 915-922.

Boyle PA, Malloy PF（2004）Treating apathy in Alzheimer's disease. Dementia and Geriatric Cognitive Disorders, 17, 91-99.

Hama S, Yamashita H, Shigenobu M et al.（2007）Post-stroke affective or apathetic depression and lesion location: left frontal lobe and bilateral basal ganglia. European Archives of Psychiatry and Clinical Neuroscience, 257, 149-152.

Marin RS（1990）Differential diagnosis and classification of apathy. The American Journal of Psychiatry, 147, 22-30.

Marin RS, Biedrzycki RC, Firinciogullari S（1991）Reliability and validity of the Apathy Evaluation Scale. Psychiatry Research, 38, 143-162.

Murakami T, Hama S, Yamashita H et al.（2013）Neuroanatomic pathways associated with poststroke affective and apathetic depression. The American Journal of Geriatric Psychiatry, 21, 840-847.

日本脳卒中データバンク　旧脳卒中データバンクのアーカイブ http://strokedatabank.ncvc.go.jp/archive/（2017.12.25.引用）

岡田和悟，小林祥泰，青木耕他（1998）やる気スコアを用いた脳卒中後の意欲低下の評価．脳卒中，20，318-323.

Robinson RG, Price TR（1982）Post-stroke depressive disorders: a follow-up study of 103 patients. Stroke, 13, 635-641.

Robinson RG, Kubos KL, Starr LB, et al.（1984）Mood disorders in stroke patients: importance of location of lesion. Brain, 107, 81–93.

Starkstein SE, Mayberg HS, Preziosi TJ et al.（1992）Reliability, validity, and clinical correlates of apathy in Parkinson's disease. The Journal of Neuropsychiatry and Clinical Neurosciences, 4, 134-139.

山下英尚，濱聖司，村上太郎他（2015）血管障害とうつ病・アパシー．老年精神医学雑誌，26，19-25.

7. 神経精神目録

Cummings JL（1997）The Neuropsychiatric Inventory: assessing psychopathology in dementia patients. Neurology, 48, S10-16.

Cummings JL, Mega M, Gray K et al.（1994）The Neuropsychiatric Inventory: comprehensive assessment of psychopathology in dementia. Neurology, 44, 2308-2314.

花輪祐司（2017）認知症の行動と心理症状（BPSD）のアセスメント．小海宏之，若松直樹（編著）認知症ケアのための家族支援：臨床心理士の役割と多職種連携．クリエイツかもがわ，pp.17-23.

博野信次（2004）痴呆の行動学的心理学的症候（BPSD）を評価することの重要性．老年精神医学雑誌，15，67-72.

博野信次，森悦朗，池尻義隆他（1997）日本語版 Neuropsychiatric Inventory：痴呆の精神症状評価法の有用性の検討．脳と神経，49，266-271.

Kaufer DI, Cummings JL, Christine D et al.（1998）Assessing the impact of neuropsychiatric symptoms in Alzheimer's disease: the Neuropsychiatric Inventory Caregiver Distress Scale. Journal of the American Geriatrics Society, 46, 210-215.

Kaufer DI, Cummings JL, Ketchel P et al.（2000）Validation of the NPI-Q, a brief clinical form of the Neuropsychiatric Inventory. The Journal of Neuropsychiatry and Clinical Neurosciences, 12, 233-239.

松本直美,池田学,福原竜治他(2006)日本語版 NPI-D と NPI-Q の妥当性と信頼性の検討.脳と神経,58,785-790.
マイクロン:日本語版 NPI https://micron-kobe.com/service/product-information(2017.12.26.引用)
繁信和恵,博野信次,田伏薫他(2008)日本語版 NPI-NH の妥当性と信頼性の検討.BRAIN and NERVE,60,1463-1469.
Wood S, Cummings JL, Hsu MA et al.(2000)The use of the Neuropsychiatric Inventory in nursing home residents. Characterization and measurement. The American Journal of Geriatric Psychiatry, 8, 75-83.

第11章
前頭葉機能検査

1. 語流暢性テスト (Verbal Fluency Test：VFT)

　VFT は，文字流暢性課題（letter fluency task）として語頭文字を指定して行う方法と，意味流暢性課題（semantic fluency task）として意味的カテゴリーを指定して行う方法がある。
　文字流暢性課題として欧米では語頭文字が「F, A, S」で始まる単語として，物の名前でなくてもよいが，名詞であること，また，人名や地名のような固有名詞や数は含めないように指示して，その産出数で評価する方法がよく用いられ，前頭葉アセスメント・バッテリー（Frontal Assessment Battery：FAB）の下位検査にも含まれており，Dubois ら（2000）は，60 秒間における語頭文字が「S」で始まる単語の産出個数で評価している。FAB の日本語版では，高木ら（2002）および前島ら（2006）は「さ」，Kugo ら（2007）は「か」で始まる単語の産出個数で評価している。
　ところで，欧米でよく実施される「F, A, S」のうち，特に F と S では，子音や子音の一部が規定されるだけで自由度が高く，それに続く文字や母音を変えながら探索する方法が有効となり（Troyer et al., 1998），10 〜 60 歳代の健常者で F と S では 14 〜 15 語が平均産出個数とされている。ただし，A では 11 〜 13 語が平均算出個数である（Mitrushina et al., 2005）。一方，日本語では，例えば「さ」の語頭文字で始まる名詞で，次の文字を「め」にすると「鮫」となり，それ以降の文字を追加変更した語を産出することは困難であるため，概して，日本語の語頭文字での産出数は少なくなると考えられる。石合（2003）による高齢健常群 34 名（平均年齢 63.3 ± 8.1 歳）の平均産出個数は，「あ：9.7 ± 3.5 個」，「か：12.0 ± 3.4 個」，「せ：10.1 ± 3.0 個」と報告されている。
　意味流暢性課題は，動物名想起や野菜名想起がよく用いられる。動物名想起では，石合（2003）による高齢健常群 34 名の平均産出個数は，20.0 ± 4.2 個と報告されている。また，今村（2000）による動物名想起課題における年齢群別の平均想起数は，表 11-1 に示す通りであり，例えば高齢者の基準値である 61 〜 70 歳の基準年齢群 36 名の平均産出個数は，14.4 ± 4.6 個，71 歳以上の基準年齢群 32 名では，13.5 ± 4.7 個と報告されており，研究者によるバラツキを認めるが参考となろう。なお，動物名想起では時折，「ネズミ，ウシ，トラ，ウサギ，タツ，ヘビ，ウマ，ヒツジ，サル，トリ，イヌ，イノシシ」と回答する患者もいるが，これは十二支を手がかりに回答しており，いわゆる線条体性の手続き記憶によることも考えられるため，その場合は野菜名想起課題で再検査することも必要となろう。さらに，野菜名想起は，改訂長谷川式簡易知能評価スケール（HDS-R）の下位検査項目にも含まれており，60 秒間の産出数のうち 5/6

表 11-1　動物名想起課題における年齢群別の平均想起数
(出典：今村陽子：臨床高次脳機能評価マニュアル 2000．新興医学出版社，2000，一部改変)

基準年齢群	基準群数（名）	mean ± SD（個）
10～40歳	55	16.7 ± 4.01
41～50歳	40	14.8 ± 4.04
51～60歳	40	14.3 ± 3.64
61～70歳	36	14.4 ± 4.63
71歳～	32	13.5 ± 4.70

個がカットオフポイントとされ，6個以上の場合に加点評価され，重要な指標となろう．

なお，伊藤ら（2004）による言語流暢性課題別の平均生成語数と標準偏差は，表 11-2 に示す通りであり，成人の各年齢群における基準として重要な指標となろう．

VFT の成績は，左右半球を問わず前頭葉病巣で低下し，特に左半球前頭葉損傷では，より成績が低下するとされている（Lezak, 1995）．しかし，前頭葉損傷に特異的ではなく，左頭頂葉損傷でも障害が認められ，前頭葉内では左背外側部病巣で最も成績低下が強く，上内側部病巣でも左右を問わず中度の低下が起こるとされている（Stuss et al., 1998）．また，左基底核線条体は左前頭葉との神経線維連絡が密であり，語流暢性が低下する病巣部位でもある．一方，前頭葉下内側部病巣では語流暢性は低下しない．意味流暢性課題成績は左右いずれの前頭葉病巣でも低下し，前頭葉内での病巣特異性も乏しい傾向があるとされている（石合，2003）．

2．前頭葉アセスメント・バッテリー
（Frontal Assessment Battery：FAB）

FAB は，Dubois ら（2000）によって前頭葉機能を評価する目的で開発されたテストバッテリーで，類似性（概念化：similarities），語の流暢性（心の柔軟性：lexical fluency），運動系列（運動プログラミング：motor series），葛藤指示（干渉刺激に対する敏感性：confliction instructions），Go-No-Go 課題（抑制コントロール：Go-No-Go），把握行動（環境に対する非影響性：prehension behavior）の 6 下位検査で構成されている．

日本語版については，高木ら（2002）による訳出はスコア評価に若干の修正を要するが，その修正を加えたものは，図 11-1 に示す通りであり，健常（Control）群 20 名（平均年齢 65.4 ± 8.9 歳）とパーキンソン病（Parkinson's desease：PD）群 21 名（平均年齢 67.0 ± 8.1 歳）の群間において，長谷川式簡易知能評価スケール（HDS）では，Control 群 27.3 ± 1.8 点，PD 群 25.1 ± 5.1 点には有意差を認めなかったが，FAB では，Control 群 15.6 ± 1.8 点に比して，PD 群 13.3 ± 3.2 点には有意な低下が認められた（$p < 0.05$）と報告しており参考となろう．また，前島ら（2006）は高齢健常群および軽度認知障害（MCI）群，アルツハイマー病（AD）群，前頭側頭型認知症（FTD）群，脳血管性認知症（VD）群におけるデータを MMSE，仮名ひろいテスト，レーヴン色彩マトリックス検査（RCPM）との関連でも検討しており，健常群および各臨床群別の各神経心理検査基準値は表 11-3 に示す通りであり，FAB における cut off 値の基準値は表 11-4 に示す通りであり，高齢者に FAB を実施する場合は 11，12 点あたりが cut off 値として妥当であろうと報告しており，これらの基準値が参考となろう．さらに，Kugo ら（2007）は高齢

表 11-2 言語流暢性課題別の平均生成語数と標準偏差
(出典:伊藤ら,2004。一部改変)

	文字流暢性課題(LF)			意味カテゴリー流暢性課題(CF)		
	あ mean±SD	か mean±SD	し mean±SD	動物 mean±SD	職業 mean±SD	スポーツ mean±SD
年齢						
30歳未満 (LF 49, CF 52)	11.2±3.5	12.6±3.0	10.3±3.5	18.0±3.6	14.6±3.3	16.1±3.6
30歳代 (LF 58, CF 57)	9.4±3.4	11.8±3.7	9.3±3.8	19.2±4.7	12.9±3.7	15.4±3.3
40歳代 (LF 83, CF 82)	9.6±4.2	11.6±4.8	8.9±3.9	18.2±4.8	12.3±4.2	14.9±3.9
50歳代 (LF 151, CF 142)	8.5±3.7	9.5±3.5	7.4±3.5	16.7±4.4	11.2±4.2	13.3±3.7
60歳代 (LF 248, CF 172)	7.2±3.1	7.9±3.2	5.6±2.9	14.3±4.6	9.3±3.6	10.7±3.3
70歳代 (LF 126, CF 127)	6.8±3.1	7.2±3.2	4.9±3.0	11.8±4.4	7.2±3.3	7.8±3.3
80歳以上 (LF 17, CF 17)	6.9±2.4	7.1±3.5	5.1±2.3	11.6±5.5	7.3±3.1	8.2±3.7
教育歴						
10年未満 (LF 262, CF 210)	6.5±2.8	7.3±3.0	4.9±2.7	12.7±4.4	7.6±3.2	9.1±3.4
10〜12年 (LF 271, CF 243)	8.2±3.4	9.0±3.6	6.8±3.3	15.4±4.8	10.5±4.0	11.7±3.9
13〜15年 (LF 116, CF 112)	9.6±3.6	11.2±4.1	8.9±3.9	17.5±4.1	12.4±3.6	14.7±3.5
16年以上 (LF 83, CF 82)	10.8±4.2	12.3±3.8	10.1±3.9	20.0±5.0	14.2±4.3	16.5±3.7
性別						
男性 (LF 219, CF 217)	7.6±3.9	8.7±4.1	6.5±4.1	15.5±5.8	10.2±4.8	12.4±5.1
女性 (LF 513, CF 430)	8.3±3.5	9.3±3.8	6.9±3.5	15.5±4.8	10.5±4.1	11.8±4.1
地域別						
都市部 (LF 356, CF 357)	9.2±3.6	10.6±3.9	8.2±3.7	16.9±4.8	11.6±4.1	13.3±4.1
郡部 (LF 376, CF 290)	7.0±3.3	7.7±3.4	5.5±3.2	13.8±5.1	8.9±4.2	10.4±4.4
合計 (LF 738, CF 647)	8.1±3.6	9.1±3.9	6.8±3.7	15.5±5.2	10.4±4.4	12.0±4.5

LF:Letter Fluency(文字流暢性),CF:Category Fluency(意味カテゴリー流暢性)

健常群および AD 群,VD 群,FTD 群におけるデータを MMSE,ウィスコンシンカード分類検査(WCST),記憶検査(Memory Test)との関連でも検討しており,CDR による重症度別の基準は,表 11-5 に示す通りであり,認知症の重症度別の基準として有用となろう。

なお,FAB および語流暢性テスト(VFT)に関する課題名,評価内容,主に関連する脳の部位,各認知機能障害によって生じると考えられる生活障害,考え得るケア・アドバイスとしての体系表にまとめたものが表 11-6 であり(小海・與曽井,2014),神経心理学的報告書を作成する際の参考となろう。

Frontal Assessment Battery (FAB)

氏名：		生年月日： 　年　　月　　日　　歳
検査日：		検査者：
診断：		ID：

	方法・手順	得点	採点基準	
類似性	◇概念化 「どこが似ていますか？」 ①バナナとミカン　　（果物） ②テーブルと椅子　　（家具） ③チューリップ、バラ、ヒマワリ（花）	3	全問正答	「回答」
		2	2問正答	
		1	1問正答	
		0	正答なし	
語の流暢性	◇柔軟性 「『さ』で始まる言葉をできるだけたくさん言ってください。ただし固有名詞は除きます」 (最初の5秒間に回答がない場合、「例えば、砂糖」と言う。患者が10秒間黙っていたら『さ』で始まる単語なら何でもいいです」と言って刺激する。砂糖、砂糖菓子などは一つとして数える。60秒で終了)	3	10語以上	「回答」
		2	6～9語	
		1	3～5語	
		0	2語以下	
運動系列	◇運動プログラミング 「私がすることをよく見ておいてください」 (検者は左手でLuriaの系列「拳-刀-掌」を3回実施) 「今度は一緒にやってみましょう。右手でどうぞ。」 「最初は一緒に、あとからは一人で行って下さい」 (検者は一緒に3回繰り返す) 「では一人でやってみてください」	3	6回単独にて可	
		2	3回単独にて可	
		1	単独では不可。検者と共に3回以上可	
		0	検者と共に3回未満	
葛藤指示	◇干渉刺激に対する敏感さ 「私が1回拍手したら、2回拍手してください」 (被検者が理解するまで3回1－1－1を反復する) 「私が2回拍手したら、1回拍手してください」 (被検者が理解するまで3回2－2－2を反復する) そして、次の系列を実施する 1－1－2－1－2－2－2－1－1－2	3	失敗なし	「メモ」
		2	1～2回の誤り	
		1	3回の誤り	
		0	それ以上の失敗	
Go-No Go	◇抑制コントロール 「私が1回拍手したら、1回拍手してください」 (被検者が理解するまで3回1－1－1を反復する) 「私が2回叩いたら、叩かないでください」 (被検者が理解するまで3回2－2－2を試行する) そして、次の系列を実施する 1－1－2－1－2－2－2－1－1－2	3	失敗なし	「メモ」
		2	1～2回の誤り	
		1	3回の誤り	
		0	それ以上の失敗	
把握行動	◇環境に対する被影響性 「私の手を握らないでください」 (検者は被検者の前にすわり、被検者の手を手のひらを上に向けて膝の上に置かせる。検者は何も言わず、被検者の方を見ないで、検者は自分の手を被検者の手に近づけて被検者の両方の手の平に触れる。もし、被検者が検者の手を握ったら「手を握らないでください」と伝える	3	検者の手を握らない	
		2	戸惑って、何をすればいいのか尋ねる	
		1	戸惑うことなく、検者の手を握る	
		0	忠告しても検者の手を握る	
		合計	/18	

図11-1　FAB（出典：Dubois B, Slachevsky A, Litvan I, Pillon B: The FAB: A frontal assessment battery at bedside. Neurology, 55, 1621-1626, 2000.
（高木理恵子，梶本賀義，神吉しづか他（2002）前頭葉簡易機能検査（FAB）：パーキンソン病患者における検討．脳と神経，54, 897-902.）一部改変）

表 11-3　健常群および各臨床群別の各神経心理検査基準値
（出典：前島ら，2006．一部改変）

	HS 群	MCI 群	AD 群	FTD 群	VD 群
年齢（歳）	74.9±5.8	74.5±6.9	74.0±6.1	73.7±4.1	74.7±10.5
性別（男性／女性）	3／7	6／8	10／18	6／8	8／11
教育機関（年）	13.1±2.3	11.2±2.3	9.7±2.5[a]	11.2±2.6	11.1±2.2
病歴期間（月）	34.6±37.7	30.0±20.3	18.7±18.1	15.7±14.4	20.0±8.6
MMSE（／30）	27.5±2.0	25.9±1.6	19.6±5.1[a,b]	17.7±6.5[a]	19.6±6.3[a,b]
仮名ひろいテスト（／2分間）	10.3±11.7	19.1±8.6	9.8±10.9[a,b]	11.2±10.5[a]	10.3±11.7[a,b]
RCPM（／36）	29.2±2.4	25.7±2.4	17.1±6.9[a,b]	24.3±5.4	18.5±8.9[a,b]
FAB（／18）	13.7±2.3	11.1±2.6	7.8±4.2[a,b]	8.2±4.3[a]	9.0±3.6[a,b]
類似性	1.4±0.8	1.5±0.9	0.9±1.0	0.9±0.8	1.1±0.9
語の流暢性	1.5±0.9	1.4±0.9	0.8±0.9[a,b]	0.5±0.8[a,b]	0.6±0.7[a,b]
運動系列	2.5±0.9	2.0±1.0	1.1±0.9[a,b]	1.4±1.0[a]	1.8±1.1
葛藤指示	3.0±0.0	2.5±0.7	1.8±1.3[a]	1.9±1.1[a]	1.9±1.3[a]
Go-No-Go	2.4±1.0	1.3±1.3[a]	1.0±1.2[a]	0.7±1.0[a]	0.9±1.2[a]
把握行動	3.0±0.0	3.0±0.0	2.7±0.8	2.9±0.3	2.7±0.8

HS：healthy subjects, MCI：mild cognitive impairment, AD：Alzheimer's disease, FTD：frontotemporal dementia, VD：vascular dementia
MMSE：Mini-mental state examination, RCPM：Raven's coloured progressive matrices, FAB：Frontal assessment battery

[a] $p < 0.05$ vs HS, [b] $p < 0.05$ vs MCI

表 11-4　FAB におけるカットオフポイントの基準値
（出典：前島ら，2006．一部改変）

Cut-off	9／10	10／11	11／12	12／13	13／14	14／15
Sensitivity（感度）	61.0	74.6	78.0	83.1	88.1	91.5
Specificity（特異度）	100.0	90.0	80.0	70.0	50.0	40.0
HS	0(0.0)	1(10.0)	2(20.0)	3(30.0)	5(50.0)	6(60.0)
MCI	3(23.1)	4(30.8)	7(53.8)	9(69.2)	11(84.6)	11(84.6)
AD	17(60.7)	21(75.0)	22(78.6)	24(85.7)	25(89.3)	26(92.9)
FTD	8(57.1)	10(71.4)	11(78.6)	12(85.7)	12(85.7)	12(85.7)
VD	11(64.7)	13(76.5)	13(76.5)	13(76.5)	15(88.2)	16(94.1)

HS：healthy subjects, MCI：mild cognitive impairment, AD：Alzheimer's disease,
FTD：frontotemporal dementia, VD：vascular dementia

Number of case（%）

表 11-5　CDR の重症度別の神経心理テスト結果
（出典：Kugo et al, 2007．一部改変）

	CDR			
	0 認知障害なし	0.5 認知症疑い	1 軽度認知症	2 中度認知症
n	16	25	55	34
年齢	62.0	70.4	73.0	74.7
FAB	15.4±1.7	12.0±3.3	10.4±3.0	6.9±2.6
MMSE	28.4±2.0	25.2±3.2	21.0±3.7	15.7±4.0
WCST CA	4.19±2.11	3.20±2.14	1.44±1.61	0.35±0.81
WCST PEN	3.3±5.8	5.7±5.9	10.9±10.8	17.9±11.8
Memory test	8.00±2.03	3.36±3.23	1.72±2.22	0.41±0.74

CDR：Clinical Dementia Rating, FAB：Frontal Assessment Battery,
MMSE：Mini-Mental State Examination, WCST：Wisconsin Card Sorting Test,
CA：number of categories completed, PEN：number of perseverative errors

mean ± standard deviation

表 11-6　FAB および VFT に関する課題名，評価内容，主に関連する脳の部位，各認知機能障害によって生じると考えられる生活障害，考え得るケア・アドバイスとしての体系表
（出典：小海・輿曽井，2014．一部改変）

FAB 課題名	評価内容	主に関連する脳の部位	生活障害	ケア・アドバイス
類似課題	カテゴリー化 抽象能力	左前頭葉背外側面	複雑な状況把握ができない 遂行機能低下	細かく指示する
語の流暢性	言語想起 想起戦略 流暢性	前頭連合野外側部 左前頭前野 ブローカ野	イメージ想起困難 計画や実行ができない 流暢に話せない	具体的指示をする 見通しや段取りを伝える 周囲が推測する
運動系列	模倣 運動プログラミング	右弁蓋部 補足運動野	手本があっても行動できない	手本は1つずつ示す
葛藤指示	手続き記憶	線条体	規則通りに行えない	指示を単純にする
Go-No-Go	運動抑制 保続	前頭葉背外側面	行動の切り替えができない	1つのことを行動したら休憩を入れる
把握行動	運動抑制・反射抑制	前頭葉背外側面	衝動的な行動をする	余計な刺激を入れない
VFT				
category	想起判断 知的柔軟性 流暢性	前頭連合野外側部 左前頭前野 ブローカ野	イメージ想起困難 思考判断力低下 流暢に話せない	具体的指示をする 周囲が確認する 周囲が推測する
letter	言語想起 想起戦略 流暢性	前頭連合野外側部 左前頭前野 ブローカ野	イメージ想起困難 計画や実行ができない 流暢に話せない	具体的指示をする 見通しや段取りを伝える 周囲が推測する

【症例】 86 歳，男性。右手利き。# 右前頭葉機能障害（出典：小海，2012．一部改変）

　基礎疾患として2型糖尿病がある。人付き合いが好きで，老人会のまとめ役をしている。しかし，「一度，話し出すと止まらない，思考の切り替えができない，お金を持つと何も考えずに浪費してしまうので，家族が管理している」と家族からの訴えにて，もの忘れ外来を受診した。

　神経心理学的アセスメントの結果は表 11-7 に示す通りである。MMSE からは聴覚的言語記銘の保持・再生（0/3：ヒントがあっても想起不可）の低下を認め，ストループ・テストにおける干渉の抑制機能は良好であるが，WCST は教示理解が不良で達成分類カテゴリー数（CA）の低下およびネルソン型保続（PEN：先行する誤反応の保続傾向）を多く認め，FAB における類似性，語の流暢性，Go-No-Go 課題における障害を認め，アイオワ・ギャンブリング課題（IGT）は教示理解が不能で，good deck と bad deck の選択率に有意味な傾向はみられず，意思決定や意欲保持にも障害が認められた。これらの特徴からは，聴覚的言語記銘の保持・再生の機能を司る左海馬周辺領域における機能低下を示唆すると考えられる。また，類似性や語の流暢性の機能を司るのは通常，左前頭葉背外側面周辺領域ではあるが，干渉の抑制機能が良好であるので，むしろ右前頭葉背外側面周辺領域における機能低下を示唆すると考えられる。さらに，分類カテゴリー，ネルソン型保続，Go-No-Go 課題における運動性保続，意思決定の機能を司る右前頭葉腹内側部および意欲保持の機能を司る前部帯状回周辺領域における機能低下を示唆すると考えられる。

　同時期に撮像した頭部核磁気共鳴画像（MRI）は図 11-2 に示す通りであり，早期アルツハイマー型認知症診断支援システム（Voxel-Based Specific Regional Analysis System for

表11-7　症例（86歳，男性。右手利き。♯右前頭葉機能障害）の神経心理学的検査結果

MMSE			FAB		
時間的見当識	4/5		類似性	1/3	
地誌的見当識	5/5		語の流暢性	0/3	
聴覚言語的即時記銘	3/3		運動系列	3/3	
ワーキングメモリー	5/5		葛藤指示	3/3	
遅延再生	0/3		Go-No-Go	0/3	
物品名呼称	2/2		把握行動	3/3	
復唱	1/1		総得点	10/18	
口頭従命	3/3		Stroop Test		
読字従命	1/1		統制条件ドット	23″	エラー数　0
文章構成	1/1		単漢字	24″	エラー数　0
図形構成	1/1		干渉条件単漢字	24″	エラー数　0
総得点	26/30				
WCST			IGT		
第1施行　CA	1		教示理解不能		
第1施行　PEM	5				
第1施行　PEN	8				
第1施行　TE	26				
第2施行　CA	1				
第2施行　PEM	0				
第2施行　PEN	16				
第2施行　TE	36				

CA（categories achieved）：達成された分類カテゴリー数で概念の形成と変換の程度
PEM（perseverative errors of Milner）：いったん達成された分類カテゴリーの保続傾向
PEN（perseverative errors of Nelson）：先行する誤反応の保続傾向
TE（toral errors）：総誤反応数

Alzheimer's Disease：VSRAD）による海馬傍回の萎縮度は2.04で，両側海馬傍回の軽度萎縮を認めた。また，単光子放射コンピュータ断層撮像（SPECT）の結果は図11-3に示す通りであり，右前頭葉背外側面・腹内側面および眼窩部周辺領域，後部帯状回および前部帯状回周辺領域における機能低下を認め，本症例に適用した神経心理学的アセスメント結果とほぼ一致すると考えられる。

　なお，前頭葉機能には，別章で取り上げている意思決定などヒトらしさに関する神経心理・臨床心理学的なアセスメントも大切となろう。

3. ウィスコンシンカード分類検査
（Wisconsin Card Sorting Test：WCST）

　WCSTは，GrantとBerg（1948）により，前頭葉機能の注意や概念の転換などの機能を評価する検査として考案され，その後，Milner（1963）による128枚のカードを用いた方法が，臨床現場でよく使用されていた。しかし，カードの枚数が多すぎることや，分類カテゴリーが重複しているため患者の選択したカテゴリーを同定できないなどの問題があった。

　そこで，これらの問題点を修正するため，鹿島ら（1985）により，Nelson（1976）による分類カテゴリーの重複する反応カードを削減した48枚法である修正カード分類検査（modified card sorting test）に，さらに2段階の教示，前頭葉症状である言語による行為の制御障害（impaired verbal regulation：IVR）の評価も行えるようにした新修正法が，慶應版ウィスコ

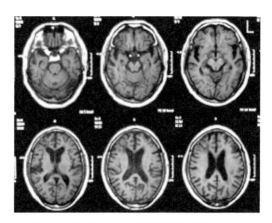

図11-2　症例（86歳，男性。右手利き。#右前頭葉機能障害）の Brain MRI（T1強調画像）

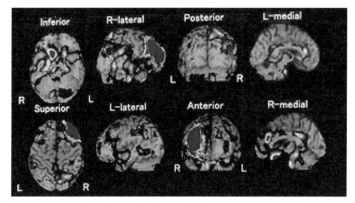

図11-3　症例（86歳，男性。右手利き。#右前頭葉機能障害）の SPECT

ンシンカード分類検査（Wisconsin Card Sorting Test-Keio version：KWCST）として開発され，その後，わが国の臨床現場でよく使用されるようになった。さらに，脳卒中データバンクから提供されていた施行が簡便なコンピュータ利用による KWCST Ver. 2.0 の提供が一時期中断されていたが，その後，日本脳卒中データバンクの旧脳卒中データバンクのアーカイブから提供されるようになり，その一場面例は，図11-4に示す通りである。

　なお，2段階の教示は，第1段階では従来の WCST と同様の教示を行い，第2段階では「検査者は正答がある程度続くと分類カテゴリーを変えている」ことを教示することによって，前頭葉損傷患者におけるこの課題遂行が容易となる教示が有効に機能しない点を評価するためのものである。また，鹿島ら（1985）は WCST 新修正法を2回施行し学習効果をみることにより，前頭葉損傷者は「わかってはいるが，うまくできない」，一方，統合失調症者は「積極的にわかろうとしないが，わかればできる」という解釈が可能になる点について指摘している。そして，KWCST は前頭葉外側穹窿部に特異的な検査であり，前頭葉内側基底部損傷で慢性統合失調症群と類似した成績（第2段階での成績の著明な上昇）を示す例があり，統合失調症の辺縁系障害説（Flor-Henry, 1976）との関連が示唆される点も報告している。そこで，このような解釈を考える上でも可能な限り，第2段階を繰り返し実施することが有用となろう。

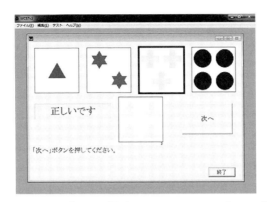

図 11-4　WCST パソコン版（WCST-KFS version）の一場面例

表 11-8　各群における新修正 WCST（KWCST）の第 1 段階の結果
（出典：鹿島ら，1985．一部改変）

	CA	TE	PE Milner	PE Nelson	MCS	DMS	UE	IVR %	IQ
統合失調症群	2.5	24.3	14.3	9.7	15.9	1.6	0.7	21	76.7
前頭葉損傷群	*2.5	*25.1	16.5	11.5	17.5	1.4	*0.2	46	92.4
他部位損傷群	3.6	20.2	11.3	8.0	11.6	1.2	0	16	72.0
健常対照群	5.3	11.2	3.1	1.6	6.6	0.8	0	0	/

CA（categories achieved）：達成された分類カテゴリー数で概念の形成と変換の程度
TE（toral errors）：総誤反応数
PE（perseverative errors）：保続による誤反応数
PEM（perseverative errors of Milner）：いったん達成された分類カテゴリー（概念）の保続傾向
PEN（perseverative errors of Nelson）：先行する誤反応の保続傾向
MCS（maximum classification score）：6 連続正反応を除き色，数，形のうち一つの分類カテゴリーに最も多く準拠した反応数
DMS（difficulty of maintaining set）：2 以上 5 以下の連続正反応の後に誤反応が生じた数。被検者が準拠していた分類カテゴリーを見失ってしまう程度を表し，概念の混乱や，即時ないし近時記憶の障害による概念の維持の困難さを反映する。
UE（unique errors）：どの分類カテゴリーとも一致しない誤反応数
IVR（impaired verbal regulation）：被検者が反応カードを置く前に自ら述べた分類カテゴリーと実際に置いた際の分類カテゴリーが一致しない場合。

＊ $p < 0.1$ で有意差あり

　また，鹿島ら（1985）による，各群における新修正 WCST（KWCST）の第 1 段階の結果は，表 11-8 に，各群における新修正 WCST（KWCST）の第 1，第 2 段階の結果は，表 11-9 に示す通りであり，臨床群の評価基準として参考となろう。
　さらに，Milner（1963）の論文に示されたカードデザインを使用した KWCST が，鹿島と加藤（2013）により，新たに開発され，その検査マニュアル（三京房より刊行）に Milner が"real cards"を用いて被検者に対しながら検査することの大切さを指摘されたことが記述されており，今後は，この real cards を利用した方法によるデータの集積も大切となろう。

表 11-9 各群における新修正 WCST (KWCST) の第 1，第 2 段階の結果
(出典：鹿島ら，1985．一部改変)

		CA	TE	PE Milner	PE Nelson
統合失調症群	第 1 段階	2.5 ⎫**	24.3 ⎫**	14.3 ⎫**	9.7 ⎫**
	第 2 段階	4.2 ⎭	14.6 ⎭	6.2 ⎭	4.1 ⎭
前頭葉損傷群	第 1 段階	2.5 ⎫*	25.1 ⎫*	16.5 ⎫*	11.5 ⎫*
	第 2 段階	3.0 ⎭	23.7 ⎭	14.6 ⎭	11.7 ⎭
他部位損傷群	第 1 段階	3.6 ⎫*	20.2	11.3 ⎫*	8.0
	第 2 段階	4.3 ⎭	17.0	6.1 ⎭	5.1
健常対照群	第 1 段階	5.3	11.2	3.1	1.6
	第 2 段階	5.8	8.3	0.3	0

*$p<0.1$，**$p<0.001$ で有意差あり（第 1 段階の結果間の比較は除く）

4. ストループ・テスト (Stroop Test)

ストループ・テストは，Stroop (1935) により開発された前頭葉の注意や干渉の抑制機能を測定するためのものである。臨床現場では，ビクトリア版ストループ・テスト (Victoria Stroop Test : Spreen & Strauss, 1998) を日本語版にして使用していることが多いだろう。Victoria Stroop Test の刺激カードは，表 11-10 に示す通りであり，Part I は統制条件で，緑，青，黄，赤のドットを色名呼称する。Part II は色名と無関連な単漢字（筆者は，川，山，田，海としている）を色名呼称する。Part III は干渉条件で，例えば「青」という漢字が緑で書かれているが，同様に色名呼称させる課題である。このように拮抗する知覚カテゴリーから受ける干渉を抑制する機能をみる検査であり，Bullock らによる未発表データではあるが，本著書 (Spreen & Strauss, 1998) に掲載されている Victoria Stroop Test の読み時間と誤答数は，表 11-11 に示す通りであり，臨床群の評価基準として参考となろう。

また，Perret (1974) による修正ストループ・テスト (Modified Stroop Test) を参考に作成された慶應版 Modified Stroop Test (鹿島，1995) の刺激カードは，表 11-12 に示す通りであり，Victoria Stroop Test の Part II の段階がなく，Part I が統制条件，Part II が干渉条件として構成されている。

なお，わが国では，例えば信号機の色名を「赤，黄，青」と教育され，実際の「緑」を「青」と呼称したり，緑の葉が茂った木々を「青々とした木々」と表現するように，特に高齢者に実施した場合,「緑と青をいずれも青」と呼称する場合がみられるため，著者は「緑」の代わりに「黒」を使用した課題を使用することもある。

表 11-10 Victoria Stroop Test の刺激カード

(上が形または文字,下の括弧内が塗られた色彩)

Part Ⅰ	○ (緑) ○ (黄) ○ (青) ○ (青) ○ (赤) ○ (黄)	○ (青) ○ (赤) ○ (緑) ○ (黄) ○ (緑) ○ (緑)	○ (黄) ○ (緑) ○ (黄) ○ (赤) ○ (青) ○ (青)	○ (赤) ○ (青) ○ (赤) ○ (緑) ○ (黄) ○ (赤)
Part Ⅱ	川 (緑) 田 (黄) 山 (青) 山 (青) 海 (赤) 田 (黄)	山 (青) 海 (赤) 川 (緑) 田 (黄) 川 (緑) 川 (緑)	田 (黄) 川 (緑) 田 (黄) 海 (赤) 山 (青) 山 (青)	海 (赤) 山 (青) 海 (赤) 川 (緑) 田 (黄) 海 (赤)
Part Ⅲ	青 (緑) 赤 (黄) 緑 (青) 緑 (青) 黄 (赤) 赤 (黄)	緑 (青) 黄 (赤) 青 (緑) 赤 (黄) 青 (緑) 青 (緑)	赤 (黄) 青 (緑) 赤 (黄) 黄 (赤) 緑 (青) 緑 (青)	黄 (赤) 緑 (青) 黄 (赤) 青 (緑) 赤 (黄) 黄 (赤)

5. 修正作話質問紙 (Modified Confabulation Questionnaire)

　作話症(confabulation)とは,実際に体験しなかったものが誤って追想されるもので,その内容はくるくると変化しやすい。老年認知症者で物忘れがひどくその欠損をうめるために話されるものや(当惑作話:Verlegenheitskonfabulation),コルサコフ症候群(Korsakoff syndrome)などで生産的に話されるものや(生産的作話),空想的に述べられることがある(空想的作話:phantastische Konfabulation)。注意をしないと作話と妄想が区別しにくいことがある。入院中のコルサコフ患者(慢性アルコール依存症患者の頭部外傷後)が,昨日ハワイに行って運動会に参加したと述べるようなものをいう(南山堂,2006)。

　このような作話を測定することができる作話質問紙は,Dalla Barba (1993)によって作成され,その後,エピソード記憶,意味記憶以外に,未来に対する質問が付加された修正作問質問紙(Dalla Barba et al., 1997)を報告しており,仲秋と三村(2008)が訳出したものに加筆

表 11-11　Victoria Stroop Test の読み時間と誤答数 (出典：秋元(監修), 2004, 創造出版. 一部改変)

	年齢（歳）						
	17-29 $n=40$	30-39 $n=26$	40-49 $n=18$	50-59 $n=36$	60-69 $n=26$	70-79 $n=24$	80+ $n=13$
点「D」の色名 　読み時間（秒） 　誤答数（個）	11.79 ± 2.79 0.19 ± 0.40	11.14 ± 1.68 0.12 ± 0.33	12.16 ± 1.96 0.06 ± 0.24	12.84 ± 2.43 0.00 ± 0.00	12.56 ± 1.89 0.00 ± 0.00	14.98 ± 5.10 0.08 ± 0.28	19.31 ± 4.91 0.15 ± 0.55
非色単語「W」 の色プリント名 　読み時間（秒） 　誤答数（個）	13.46 ± 3.11 0.09 ± 0.29	13.81 ± 2.66 0.08 ± 0.27	14.82 ± 2.46 0.06 ± 0.24	15.96 ± 2.93 0.00 ± 0.00	16.16 ± 3.46 0.00 ± 0.00	19.11 ± 5.13 0.00 ± 0.00	23.91 ± 5.30 0.15 ± 0.38
色単語「C」の 色プリント名 　読み時間（秒） 　誤答数（個）	21.28 ± 5.37 0.68 ± 0.96	25.08 ± 9.52 0.80 ± 1.04	27.20 ± 8.15 0.78 ± 0.88	28.48 ± 8.07 0.64 ± 0.96	31.32 ± 8.22 0.31 ± 0.62	39.56 ± 13.26 0.75 ± 1.15	56.98 ± 23.70 2.54 ± 2.03
C読み時間／D 読み時間	1.85 ± 0.44	2.25 ± 0.75	2.28 ± 0.73	2.28 ± 0.70	2.55 ± 0.75	2.81 ± 1.12	2.95 ± 0.93

(mean ± SD)

表 11-12　慶應版 Modified Stroop Test の刺激カード (出典：鹿島, 1995. 一部改変)

	（上が形または文字，下の括弧内が塗られた色彩）					
Part Ⅰ	○ （青） ○ （緑） ○ （黄） ○ （黄）	○ （黄） ○ （赤） ○ （赤） ○ （青）	○ （青） ○ （青） ○ （緑） ○ （赤）	○ （緑） ○ （黄） ○ （黄） ○ （緑）	○ （赤） ○ （緑） ○ （青） ○ （黄）	○ （青） ○ （赤） ○ （緑） ○ （赤）
Part Ⅱ	赤 （青） 黄 （緑） 青 （黄） 青 （黄）	緑 （黄） 緑 （赤） 緑 （赤） 赤 （青）	黄 （青） 黄 （青） 黄 （緑） 緑 （赤）	赤 （緑） 青 （黄） 赤 （黄） 青 （緑）	青 （赤） 青 （緑） 緑 （青） 赤 （黄）	緑 （青） 黄 （赤） 赤 （緑） 黄 （赤）

修正したものは，図 11-5 に示す通りである。修正作話質問紙は，作話を構造的，定量的に測定できる利点がある。しかし，仲秋と三村（2008）が指摘している作話の判定基準（正解，不正解，わからない，作話）の信頼性・妥当性が十分に検討されていないことと，自発作話（自発的に出現する作話）ではなく，むしろ誘発作話（質問されて出現する作話）の特徴を検討していることに問題が残されていることに留意して使用する必要はあろう。

また，従来，前頭葉眼窩部位が自発作話の責任病巣と指摘されてきたが，作話の神経機構を概括した仲秋と三村（2009）や穴水（2012）によると，近年は，①前脳基底部障害説，②前頭葉機能障害説，③前脳基底部と前頭前野の二重障害説，および広範囲障害説なども提唱されており，今後のさらなる知見の集積が期待されよう。

Modified Confabulation Questionnaire

氏名：	男・女	生年月日：明・大・昭・平　　年　　月　　日　　歳
検査日：　　年　　月　　日　　曜日		検査者：
診断：		利き手：

①個人的な意味記憶 　例：誕生日はいつですか？	正解　・　不正解 わからない 作話
②エピソード記憶 　例：昨日は何をしていましたか？	正解　・　不正解 わからない 作話
③時間と場所の見当識 　例：今日は何月何日ですか？	正解　・　不正解 わからない 作話
④一般的な意味記憶 　例：いまの総理大臣は誰ですか？	正解　・　不正解 わからない 作話
⑤言語性の意味記憶 　例：小麦とは何ですか？	正解　・　不正解 わからない 作話
⑥解答不能な意味記憶 　例：マリリン・モンローの父親は何をしていましたか？	正解　・　不正解 わからない 作話
⑦解答不能なエピソード記憶 　例：1985年の5月13日に、あなたは何をしていましたか？	正解　・　不正解 わからない 作話
※未来に関する質問 　例：あさっては何をするつもりですか？	正解　・不正解 わからない 作話

図11-5　修正作話質問紙
（出典：Dalla Barba, 1993；Dalla Barba et al., 1997；仲秋・三村，2008．一部改変）

文　献

1. 語流暢性テスト

Dubois B, Slachevsky A, Litvan I et al.（2000）The FAB: a frontal assessment battery at bedside. Neurology, 55, 1621-1626.
今村陽子（2000）臨床高次脳機能評価マニュアル2000：改訂第2版．新興医学出版社．
石合純夫（2003）高次脳機能障害学．医歯薬出版，pp.211-212.
伊藤恵美，八田武志，伊藤保弘他（2004）健常成人の言語流暢性検査の結果について：生成語数と年齢・教育歴・性別の影響．神経心理学, 20, 254-263.
Kugo A, Terada S, Ata T et al.（2007）Japanese version of the Frontal Assessment Battery for dementia. Psychiatry Research, 153, 69-75.
Lezak MD（1995）Neuropsychological assessment, third edition. Oxford University Press. New York.（鹿島晴雄（総監修），三村將，村松太郎（監訳）（2005）：レザック神経心理学的検査集成．創造出版．pp.290-297.）
前島伸一郎，種村純，大沢愛子他（2006）高齢者に対するFrontal assessment battery（FAB）の臨床意義について．脳と神経, 58, 207-211.
Mitrushina M, Boone KB, Razani J et al.（2005）Handbook of normative data for neuropsychological assessment: second edition. Oxford University Press. New York, pp.200-237.
Stuss DT, Alexander MP, Hamer L et al.（1998）The effects of focal anterior and posterior brain lesions on verbal fluency. Journal of the International Neuropsychological Society, 4, 265-278.
高木理恵子，梶本賀義，神吉しづか他（2002）前頭葉簡易機能検査（FAB）：パーキンソン病患者における検討．脳と神経, 54, 897-902.
Troyer AK, Moscovitch M, Winocur G et al.（1998）Clustering and switching on verbal fluency: the effects of focal frontal-and temporal-lobe lesions. Neuropsychologia, 36, 499-504.

2. 前頭葉アセスメント・バッテリー

Dubois B, Slachevsky A, Litvan I et al.（2000）The FAB: a frontal assessment battery at bedside. Neurology, 55, 1621-1626.
小海宏之（2012）前頭葉機能について：前頭葉機能検査．小海宏之，若松直樹（編）高齢者こころのケアの実践上巻：認知症ケアのための心理アセスメント．創元社．pp.64-70.
小海宏之，與曽井美穂（2014）神経心理学的検査報告書を作成するための神経心理学的検査に関する体系表作成の試み．花園大学心理カウンセリングセンター研究紀要, 8, 27-39.
Kugo A, Terada S, Ata T et al.（2007）Japanese version of the Frontal Assessment Battery for dementia. Psychiatry Research, 153, 69-75.
前島伸一郎，種村純，大沢愛子他（2006）高齢者に対するFrontal assessment battery（FAB）の臨床意義について．脳と神経, 58, 207-211.
高木理恵子，梶本賀義，神吉しづか他（2002）前頭葉簡易機能検査（FAB）：パーキンソン病患者における検討．脳と神経, 54, 897-902.

3. ウィスコンシンカード分類検査

Flor-Henry P（1976）Lateralized temporal-limbic dysfunction and psychopathology. Annals of the New York Academy of Sciences, 280, 777-797.
Grant DA, Berg EA（1948）A behavioral analysis of degree of reinforcement and ease of shifting to new responses in a Weigl-type card-sorting problem. Journal of Experimental Psychology, 38, 404-411.
鹿島晴雄，加藤元一郎（編著）（2013）慶應版ウィスコンシンカード分類検査・マニュアル．三京房．
鹿島晴雄，加藤元一郎，半田貴士（1985）慢性分裂病の前頭葉機能に関する神経心理学的検討：Wisconsin Card Sorting Test新修正法による結果．臨床精神医学, 14, 1479-1489.
Milner B（1963）Effects of different brain lesions on card sorting. Archives of Neurology, 9, 90-100.
Nelson HE（1976）A modified card sorting test sensitive to frontal lobe defects. Cortex, 12, 313-324.
日本脳卒中データバンク：旧脳卒中データバンクのアーカイブ：ウィスコンシンカードソーティングテスト

Ver.2.0. http://strokedatabank.ncvc.go.jp/archive/（2017.12.7. 引用）

4．ストループ・テスト

Bullock L, Brulot M, Strauss E（1996）Unpublished data.

鹿島晴雄（1995）遂行機能障害の評価法：前頭葉機能検査法を中心に．Journal of Clinical Rehabilitation. 別冊高次脳機能障害のリハビリテーション．医歯薬出版，pp.162-167.

Perret E（1974）The left frontal lobe of man and the suppression of habitual responses in verbal categorical behaviour. Neuropsychologia, 12, 323-330.

Regard M（1981）Cognitive redidity and flexibility: a neuropsychological study. Un-published Ph.D. dissertation, University of Victoria.

Spreen O, Strauss E（1998）A compendium of neuropsychological tests: adiministration, norms, and commentary: second edition. Oxford University Press, New York.（秋元波留夫（監修），滝川守国，前田久雄，三山吉夫，藤元登四郎（訳）（2004）神経心理学検査法：第2版．創造出版，pp.227-233.）

Stroop JR（1935）Studies of interference in serial verbal reactions. Journal of Experimental Psychology, 18, 643-662.

5．修正作話質問紙

穴水幸子（2012）作話．老年精神医学雑誌，23, 741-749.

Dalla Barba G（1993）Confabulation: knowledge and recollective experience. Cognitive Neuropsychology, 10, 1-20.

Dalla Barba G, Cappelletti JY, Signorini M et al.（1997）Confabulation: remembering 'another' past, planning 'another' future. Neurocase, 3, 425-436.

仲秋秀太郎，三村將（2008）作話と妄想．こころの科学，138, 71-77.

仲秋秀太郎，三村將（2009）作話と脳（認知症における作話と妄想）．臨床精神医学，38, 1613-1620.

南山堂（2006）医学大辞典第19版．南山堂.

第12章
意思決定機能検査

1. マックアーサー式治療用同意能力アセスメント・ツール
（MacArthur Competence Assessment Tool-Treatment：MacCAT-T）

　MacCAT-T は，Grisso と Appelbaum（1998a, 1998b）により開発された医療同意能力を評価するツールであり，日本語版は北村と北村（2000）により訳出されている。MacCAT-T は同意能力の構成要素である，①理解（understanding），②認識（appreciation），③論理的思考（reasoning），④選択の表明（expressing a choice）の4領域を評価することのできる半構造化面接法であり，同時に医療者が患者に疾患と治療の選択肢を情報開示する指針ともなる（北村・北村，2000）。

　こうした同意能力の評価方法が作成された背景としては，インフォームド・コンセントの浸透とともに同意能力が保たれている患者の自己決定が重視されるものの，肝心の同意能力の判定が臨床家によって大きく異なるという問題をふまえ，医療同意能力という抽象的な概念を規定する操作的基準を設けようとしたことが挙げられる（北村・北村，2012）。これまでにもいくつか医療同意能力の評価方法が発表されてきたが，厳密で複雑な採点基準を要する評価方法を臨床場面で行うには限界があり，患者の個別性に合わせることも難しいという観点から，より現場で使用しやすい評価方法として Grisso と Appelbaum（1998a, 1998b）により開発されたのが MacCAT-T である（加藤ら，2013）。

　検査所要時間は約20分で，仮想の状態でなく，患者それぞれの疾患や医療の選択肢に応じて医療同意能力を評価できるように作成されており，各下位項目を0～2点の3段階で評価し，総得点は理解（6点），認識（4点），論理的思考（8点），選択の表明（2点）と各領域別に採点され，高得点であるほど各能力が高いことを示す。cut off 値は設定されておらず，総合的な同意能力については，4領域の得点をふまえて総合的に判定する必要がある。なお，MacCAT-T における同意能力の評価基準と質問例は表 12-1 に示す通りである（Grriso & Appelbaum, 1998b；北村・北村，2000；加藤ら，2013）。

　MacCAT-T は医療同意能力をアセスメントするために開発され，わが国においては，明智（2010）が高齢がん患者，寺脇ら（2008）が慢性腎臓病患者，加藤ら（2013）が統合失調症とアルツハイマー病の合併症患者，軽度知的障害とてんかんの合併症患者を対象に MacCAT-T を用いて医療同意能力を評価した研究報告などがあるが，いわゆるヒトの意思決定（decision making）能力を測定するツールとしての応用も期待されると考えられよう。

　また，加藤ら（2015）と同じ抗認知症薬投与開始となった65歳以上のアルツハイマー病者

表 12-1 MacCAT-T における同意能力の評価基準と質問例
(出典：Grriso & Appelbaum, 1998b；北村・北村，2000 より
加藤ら（2013）が認知症患者用に作成。一部改変)

要素	評価基準	評価のための質問例
理解	告知された医学的状態と治療，治療に伴う利点や危険性に関する情報を理解しているか確認するため，本人の言葉で説明するよう促す	「○○先生があなたに説明したこと（疾患名，推奨される治療の説明，治療に伴う利益と危険性，治療を受けない場合の利益と危険性）からどういう病気であるか説明して下さい」
認識	説明を受けた疾患や医療行為を自分のこととして認識しているか確認するため，医学的状態や提案された治療が自分のためになるか意見を述べるよう求める	「これがあなたの病気の主な特徴ですが，そのことについて何か疑問に思うことはありませんか」 「この治療を受けることがあなたのためになると思いますか」 「どうしてそう思うのか教えて下さい」
論理的思考	治療の選択肢と結果を比較し，選択した理由について述べるよう求める。患者は「不合理な」選択をする権利があるため，選択結果ではなく，プロセスに焦点を当てる	「今まで説明した中で 1 つ目は A という治療，2 つ目は B という治療です。このうちどれを希望しますか」 「（選択した治療）が良いと思うのはどうしてか教えて下さい」 「（選択した治療）の起こりうる利点と危険性について話してきました。では，この治療があなたの日常生活にどのような影響を及ぼすと思いますか」
選択の表明	患者に治療の選択を示すよう求める	「先ほど（選択した治療）を選ばれていました。一通りのことが話に出ましたが，今はどのように思いますか」

44 名を対象とした，小海ら（2016）による神経心理検査によるアルツハイマー病者の医療同意能力推定モデル構築の試みでは，MacCAT-T の確認的因子分析結果は図 12-1 に示す通りである。χ^2 適合度検定（n = 44, χ^2 = 3.602, df = 5, p = .608 (n.s.)）で有意ではなく，モデルとデータが適合しており，適合度指標（Goodness of Fit Index：GFI）= .970（>0.9），修正適合度指標（adjusted GFI：AGFI）= .910（>0.9），基準化適合度指標（Normed Fit Index：NFI）= .958（>0.95），比較適合度指標（Comparative Fit Index：CFI）= 1.000（>0.95），さらに、平均二乗誤差平方根（Root Mean Square Error of Approximation：RMSEA）= .000（p＜.001）と有意であり，モデルの適合がよいと判断され，MacCAT-T による医療同意能力は，理解（.90），代理治療の理解（.77），論理的思考（.76）の寄与が強く，認識（.59），選択の表明（.41）の寄与は弱いことが明らかとなったと報告されている。さらに，MacCAT-T と神経心理検査からの医療同意能力推定モデル（試案）のパス解析による探索的因子分析結果は，図 12-2 に示す通りである。χ^2 適合度検定（n = 44, χ^2 = 40.609, df = 34, p = .202 (n.s.)）で有意ではなく，モデルとデータが適合しており，GFI = .864（not＞0.9），AGFI = .781（not＞0.9），NFI = .783（not＞0.95）からはモデルの適合が今ひとつ良くないと判断されるが，CFI = 0.953（＞0.95），RMSEA = .067（＜0.10）からは，モデルの適合が良いと判断され，神経心理学的検査からの推定医療同意能力は，MMSE-J の時間的見当識（.84），WMS-R の論理的記憶（即時）（.75），EXIT25 の Go/No-Go（− .52），数字 − 文字（− .39），逆順序（− .36）の寄与率が得られ，MMSE-J の時間的見当識，WMS-R の論理的記憶（即時），EXIT25 の数字 − 文字，Go/No-Go，逆順序から得られる推定医療同意能力の MacCAT-T による医療同意能力に対する説明力は .75 であり，一定程度の適合するモデルが得られたと報告されている。つまり，日々刻々と変わる時間的見当識や文脈記憶などの認知機能が保持されていることが，医療同意能力ありと推定できる可能

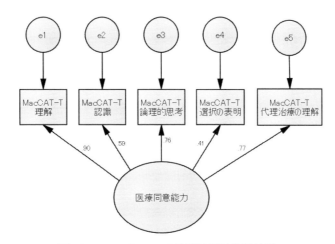

図 12-1　MacCAT-T の確認的因子分析結果

CMIN = 3.602（自由度 = 5, 有意確率 = .608）, GFI = .970, AGFI = .910, NFI = .958, CFI = 1.000, RMSEA = .000

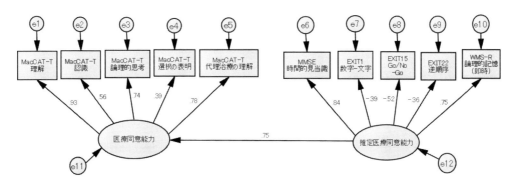

図 12-2　MacCAT-T と神経心理検査からの医療同意能力推定モデル（試案）の
パス解析による探索的因子分析結果

CMIN = 40.609（自由度 = 34, 有意確率 = .202）, GFI = .864, AGFI = .781, NFI = .783, CFI = .953, RMSEA = .067

性を示唆していると考えられよう。

　なお, 近年, 成本・「認知症高齢者の医療選択をサポートするシステムの開発プロジェクト」(編著)（2016）により,「医療同意・意思決定支援」資料として, 啓発リーフレット（①医療従事者向け意思決定支援ガイド, ②在宅支援チームのための認知症の人の医療選択支援ガイド, ③認知症の人と家族のための医療の受け方ガイド), MacCAT-T 記録用紙（医療同意能力評価（抗認知症薬）記録用紙), MacCAT-T（認知症）評価基準（医療同意能力評価（抗認知症）採点基準）なども収録された成書が発行されたので, 参考となろう。

　さらに, 加藤ら（2013）の研究のなかで, MacCAT-T は半構造化面接法であるので, 特に認知症者に実施する上では, 飯干（2011）による, 認知症者とコミュニケーションをとる際に意識すべき「コミュニケーションの20の法則」のポイントをおさえておくことも大切であると考えられた。その内容は, ①距離感を意識する（密接距離か個人的距離で話を聞く。ボディ

タッチを効果的に行う），②声の出し方と滑舌（低い大きめの声で滑舌よく話しかける），③カクテルパーティ現象（相手の視界に入り，顔を合わせて話しかける），④環境を整える（静かに話せる環境をつくる），⑤あいさつに始まり，あいさつに終わる（日常生活でよく使うあいさつの言葉を利用する），⑥うなずき・相槌・繰り返し（これらを効果的に使用する），⑦引き出すよりもついていく（相手のことを理解する努力を行う），⑧話のテーマを維持する（話を整理しながらテーマを戻す），⑨沈黙は金なり（じっくりと言葉を待つ），⑩気持ちを確かめる（かすかな変化をとらえて確認する），⑪妄想の世界を受け入れる，⑫ネガティブな発言に慌てない（ネガティブな気持ちを受け止める），⑬言葉の4要素を見極める（聴覚的理解，視覚的理解，発話，書字のどのコミュニケーション手段が有効かを見極める），⑭言葉の長さと複雑さを意識する（能力に合った問いかけを行う），⑮聴覚的理解と視覚的理解を使い分ける，⑯発話と書字を使い分ける（話せなければ書いてもらう，文字を書いて見本を示す），⑰漢字と仮名を使い分ける（認知症でも仮名は理解しやすい），⑱クローズド・クエスチョンとオープン・クエスチョン（これらを使い分ける），⑲再生と再認を使い分ける，⑳あれこれそれを使わない（代名詞を使わない）であるが，これらの認知症者とコミュニケーションをとる際のポイントは，他の神経心理検査を行う際にも心がけておくべきとなろう。

2. アイオワ・ギャンブリング課題
（Iowa Gambling Task：IGT）

　フィネアス・ゲージ（Phineas P. Gage）は有能で責任感が強い線路工事の現場監督だったが，1848年に工事用のダイナマイトが暴発し，太さ約3cm，長さ約1mの鉄棒が頭蓋骨を貫通するという大事故に見舞われた。幸い命をとりとめたものの，前頭葉腹内側部に損傷を受け，その結果，この大怪我から回復した後，知性と衝動のバランスが破壊され，短気で怒りっぽく，無礼で，意思決定に欠く，まったく別の人格に変わってしまったと報告されている。なお，フィネアス・ゲージの脳損傷部位は，図12-3に示す通りである（Damasio, 1994）。このような歴史的症例をもとにDamasio（1994）は，ヒトの意思決定（decision making）には，その時の身体状態と結びついている情動と感情の作用が関与するとした「ソマティックマーカー仮説（somatic maker hypothesis）」を提唱し，デカルト的な心身二元論を批判し，有機体としての心−脳−身体の関係を指摘している。

　IGTは，Becharaら（1994）により，Damasio（1994）が提唱したソマティックマーカー仮説に基づく意思決定過程を想定し，前頭葉眼窩部や前頭葉腹内側部周辺領域における機能を評価する検査として開発されたものである。日本語版IGTに関しては，Fukuiら（2005）により，施行を簡便にしたコンピュータによる検査法が開発されており，そのコンピュータ検査法の一場面は，図12-4に示す通りである。

　この課題は，患者に4組のトランプのデッキ（A, B, C, D）からカードを1枚ずつ引いてもらい，カードを引くごとに利益と損失が提示され，できるだけ手持ちのお金を増やすように引いてもらう課題である。また，ABのデッキはハイリスク・ハイリターンの不利なデッキ（disadvantageous decks），CDのデッキはローリスク・ローリターンの有利なデッキ

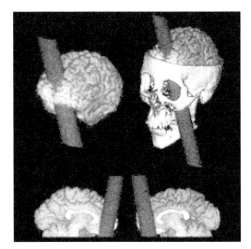

図 12-3　フィネアス・ゲージの脳損傷部位
（出典：A.R. ダマシオ著，田中三彦訳：デカルトの誤り，1994，筑摩書房．一部改変）

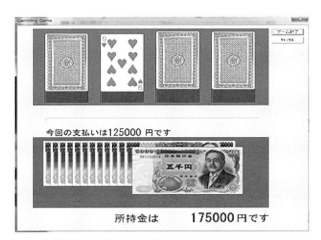

図 12-4　Fukui ら（2005）による日本語版 IGT のコンピュータ検査法の一場面例

（advantageous decks）になるように設定されており，不利なデッキを選択する頻度が高くなると，図12-5に示したようにある段階で多大な損失が出るようにも設定されており，患者が試行を重ねるごとにどのデッキを選択するのかを評価できるようになっている。

　Becharaら（1999）による，健常群（normal control）と両側扁桃体損傷群（amygdala）と両側腹内側前頭前野損傷群（ventromedial prefrontal）のIGTにおける20枚ごとの不利なデッキ（A&B）と有利なデッキ（C&D）の平均総選択数±標準誤差は，図12-5に示す通りである。多大な損失が出た後，健常群では不利なデッキ（A&B）を選択する頻度は有利なデッキ（C&D）を選択する頻度より低くなるが，両側扁桃体損傷群と両側腹内側前頭前野損傷群では不利なデッキ（A&B）を選択する頻度が依然として高い結果となっている。つまり，このリスクを省みないような特性が両側扁桃体や腹内側前頭前野損傷者の意思決定における障害の1つとしてあることが報告されており，IGTは意思決定の一側面を測定する検査として有用となろう。

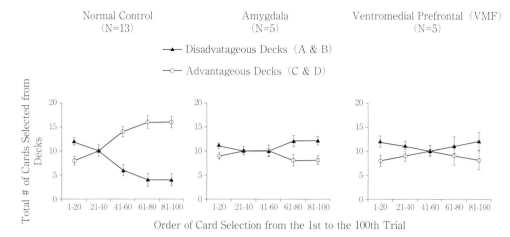

図 12-5　健常群（normal control）と両側扁桃体損傷群（amygdala）と
両側腹内側前頭前野損傷群（ventromedial prefrontal）の IGT における
20 枚ごとの不利なデッキ（A&B）と有利なデッキ（C&D）の平均総選択数±標準誤差
（出典：Bechara et al., 1999. 一部改変）

文　献

1．マックアーサー式治療用同意能力アセスメント・ツール

明智龍男（2010）高齢がん患者の治療開始および中止における意思決定能力の評価およびその支援に関する研究．厚生労働科学研究費補助金（がん臨床研究事業）総括研究報告書．

Grisso T, Appelbaum PS（1998a）MacArthur Competence Assessment Tool for Treatment（MacCAT-T）. Professional Resource Press, Sarasota, FL.

Grisso T, Appelbaum PS（1998b）Assessing competence to consent to treatment: a guide for physicians and other health professionals. Oxford University Press, New York.（北村總子，北村俊則（訳）（2000）治療に同意する能力を測定する：医療・看護・介護・福祉のためのガイドライン．日本評論社．）

飯干紀代子（2011）今日から実践 認知症の人とのコミュニケーション：感情と行動を理解するためのアプローチ．中央法規出版．

加藤佑佳，松岡照之，小川真由他（2013）認知機能障害により医療行為における同意能力が問題となった 2 例：MacCAT-T を用いた医療同意能力の評価について．老年精神医学雑誌，24, 928-936.

加藤佑佳，松岡照之，岡部佳世子他（2015）アルツハイマー型認知症患者の医療同意能力に関連する認知機能や精神症状の要因の検討．第 30 回日本老年精神医学会抄録集，老年精神医学雑誌，26 増刊号 - Ⅱ，201.

北村俊則，北村總子（2012）精神科医療・研究における判断能力評価の意義と実践．臨床精神薬理，15, 1751-1757.

小海宏之，加藤佑佳，成本迅他（2016）神経心理検査によるアルツハイマー病者の医療同意能力推定モデル構築の試み：MacCAT-T と神経心理検査（MMSE，EXIT25，CLOX，WMS-R）を活用して．第 31 回日本老年精神医学会抄録集，老年精神医学雑誌，27 増刊号 - Ⅱ，249.

成本迅，「認知症高齢者の医療選択をサポートするシステムの開発」プロジェクト（2016）認知症の人の医療選択と意思決定支援：本人の希望をかなえる「医療同意」を考える．クリエイツかもがわ．

寺脇博之，佐藤壽伸，三浦伸義他（2008）慢性腎臓病（CKD）ステージ 5 患者の治療同意能力に関する予備的検討．日本腎臓学会誌，50, 915-926.

2．アイオワ・ギャンブリング課題

Bechara A, Damasio AR, Damasio H et al.（1994）Insensitivity to future consequences following damage to human prefrontal cortex. Cognition, 50, 7-15.

Bechara A, Damasio H, Damasio AR et al.（1999）Different contributions of the human amygdale and ventromedial prefrontal cortex to dicision-making. The Journal of Neuroscience, 19, 5473-5481.

Damasio AR（1994）Descartes' error: emotion, reason, and the human brain. InkWell Management, LLC through Tuttle-Mori Agency, Inc.（田中三彦（訳）（2010）デカルトの誤り：情動，理性，人間の脳．筑摩書房．）

Fukui H, Murai T, Fukuyama H et al.（2005）Functional activity related to risk anticipation during performance of the Iowa gambling task. NouroImage, 24, 253-259.

第13章
失語症検査

1. WAB失語症検査 (Western Aphasia Battery：WAB)

　WABは包括的な失語症の検査であり，左右それぞれの大脳皮質指数（cortex quotient：CQ）および失語指数（aphasia quotient：AQ）が算出できるため，失語症の回復や増悪を評価しやすいのが特徴である。また，検査得点から失語症の分類ができ，失語症の検査項目の他，失行，半側空間無視，非言語性知能などの検査が含まれているのも特徴である。

　Kertesz（1979）によると，失語症検査の必要条件として，①すべての障害の潜在的な様相を検索できること，②臨床的に有意味な失語症の様々な類型を判別する下位検査があること，③重症度を判断できるようにするために，段階的な困難度をもつ下位検査があること，④成績の日内変動を避けるための充分な検査項目数を含んでいること，⑤なるべくなら一度の検査で済むように，検査時間が長時間でなく実用的であること，⑥純粋な言語能力を測定するために，知能や教育歴の影響が小さいこと，⑦検査者が異なっても同じ結果が得られるように，施行法と採点法が標準化されていること，⑧健常者と失語症者，認知症と失語症とが区別されること，⑨得点には内部一貫性と比較可能性があること，⑩表面的妥当性および内容的妥当性をもつことなどがあり，WABはこれらの必要条件をなるべく満たすように開発されている。ただし，WABの全検査を実施するためには，約2～4時間程度を要するため，場合によっては患者の疲労性を考慮し，2日に分けて実施することも必要となろう。

　また，失語症の分類基準に関して，日本版は出現頻度の低い4タイプを除いた，全失語，ブローカ失語，ウェルニッケ失語，健忘失語の4タイプについての分類基準が示されている（表13-3参照）。一方，英語版では表13-1に示したように失語症の分類基準として8タイプが示されており，解釈する上での参考となろう。

　さらに，大槻（2007，2008）が近年の知見をふまえた失語症の概念について，要素的言語症状と病巣の局在（図13-1），皮質下（被殻，視床）損傷による言語症状（図13-2），要素的症状と病巣の関係（表13-2）としてまとめており，症候群である失語症を理解する上で，これらの概念を理解しておくことが重要となろう。

【症例】57歳，男性。右手利き。# 左内頸動脈閉塞症，中大脳動脈領域梗塞，右片麻痺，失語
　症例のBrain MRIは図13-3に，MRAは図13-4に示す通りである。左内頸動脈閉塞，左中大脳動脈の起始部における梗塞により，左側頭葉（中心後回，中側頭回，下側頭回），左頭頂葉（中心前回，上頭頂小葉，縁上回，角回），左前頭葉（中心前回，中前頭回，下前頭回，島）

表 13-1 英語版 WAB による失語症の分類基準
（出典：Kertesz A: Aphasia and Associated Disorders. Grune & Stratton, New York, 1979.
（横山巌，河内十郎（監訳）失語症と関連障害．医学書院，1982, p40）一部改変)

	流暢性	聴覚的 言語理解	復唱	呼称
全失語	0-4	0-3.9	0-4.9	0-6
ブローカ失語	0-4	4-10	0-7.9	0-8
言語野孤立症候群	0-4	0-3.9	5-10	0-6
超皮質性運動失語	0-4	4-10	8-10	0-8
ウェルニッケ失語	5-10	0-6.9	0-7.9	0-9
超皮質性感覚失語	5-10	0-6.9	8-10	0-9
伝導失語	5-10	7-10	0-6.9	0-9
失名詞失語	5-10	7-10	7-10	0-9

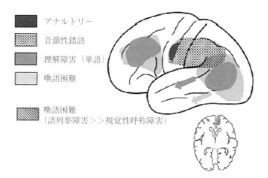

図 13-1 要素的言語症状と病巣の局在 （出典：大槻，2008)

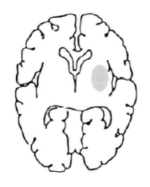

皮質下性失語
1. アナルトリー（＋），構音の問題（＋）
2. 音韻性錯誤（＋）
3. 単語理解障害（＋）
4. 喚語困難（＋）

＋
復唱が比較的良好
（5語文以上いえる）
＋
復唱時に構音が改善

図 13-2 皮質下（被殻，視床）損傷による言語症状 （出典：大槻，2008)

表 13-2 要素的症状と病巣の関係 （出典：大槻，2007. 一部改変)

要素的症状	責任病巣
アナルトリー	左中心前回
音韻性錯語	左上側頭回～縁上回～中心後回
喚語困難	1. 左下前頭回（ブローカ野） 2. 左角回 3. 左側頭葉後下部（下側頭回後部）
単語理解障害	1. 左中前頭回 2. 左上・中側頭回後部（ウェルニッケ野）

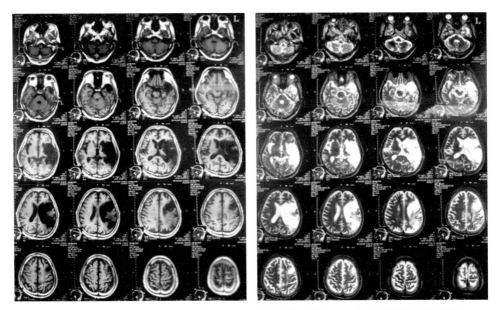

図13-3 症例（57歳，男性。右手利き。＃左内頸動脈閉塞症，左中大脳動脈領域梗塞，右片麻痺，失語）のBrain MRI（左図：T1強調画像，右図：T2強調画像）

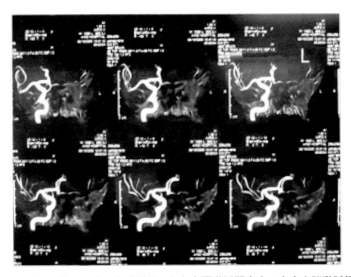

図13-4 症例（57歳，男性。右手利き。＃左内頸動脈閉塞症，左中大脳動脈領域梗塞，右片麻痺，失語）のBrain MRA

などにかけて広範囲な損傷が認められる。

また，本症例に適用したWAB下位検査プロフィール結果は，図13-5，図13-6に示す通りであり，失語症の分類基準結果は，表13-3に示す通りである。

自発話は，喚語困難が強く，努力性で，失構音（アナルトリー：anarthria）は伴わないが，再帰性発話（残語：発話がほとんど出ない状況で，何かを言おうとしても同じ言葉や音系列が

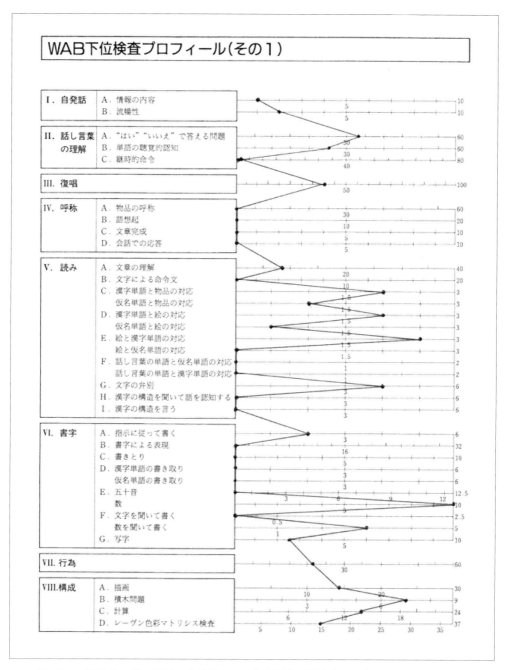

図 13-5　症例（57 歳，男性。右手利き。＃左内頸動脈閉塞症，左中大脳動脈領域梗塞，右片麻痺，失語）の WAB 下位検査プロフィール結果（その 1）

（出典：Kertesz A: Aphasia and Associated Disorders. Grune & Stratton, New York, 1979.（横山巌，河内十郎（監訳）失語症と関連障害．医学書院，1982. p41-44））

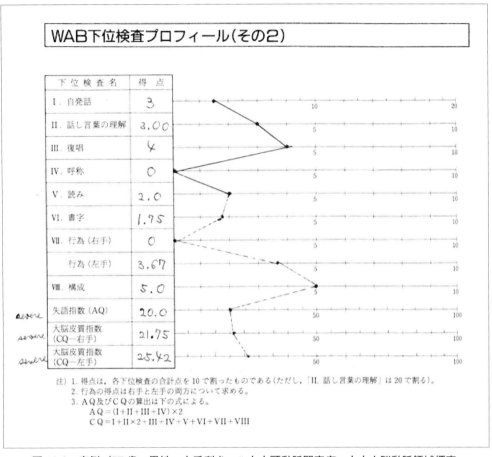

図 13-6　症例（57 歳，男性。右手利き。＃左内頸動脈閉塞症，左中大脳動脈領域梗塞，右片麻痺，失語）の WAB 下位検査プロフィール結果（その 2）
（出典：Kertesz A: Aphasia and Associated Disorders. Grune & Stratton, New York, 1979.
（横山巌，河内十郎（監訳）失語症と関連障害．医学書院，1982．p41-44））

表 13-3　症例（57 歳，男性。右手利き。＃左内頸動脈閉塞症，左中大脳動脈領域梗塞，右片麻痺，失語）の WAB 失語症検査による失語症の分類基準結果

日本語版 WAB 失語症検査による失語症の分類基準

失語症のタイプ	流暢性	話し言葉の理解	復唱	呼称
全失語	0—4	0—4	0—3	0—2
ブローカ失語	0—5	4—10	0—7.9	0—7.9
ウェルニッケ失語	5—9	0—7	0—8.9	0—7
健忘失語	8—10	7—10	7—10	5—10

表出される症状）も認められ情報伝達は難しい状態である。話し言葉の理解は，Yes／No理解 33/60（55％），単語 25/60（42％），継時的命令（構文レベル）2/80（2.5％）で，継時的命令では 27％の保続も認められる。復唱は 40/100（40％）で，3 文節以上の復唱は困難である。呼称は，物品呼称 0/60，語想起 0/20，文章完成 0/10，会話での応答 0/10 とすべて 0％で，喚語困難が顕著で，音韻性錯誤（消しゴムを"けしごみ"）も認められた。読みは，仮名文字の弁別 4/6（67％）は比較的に良好であるが，仮名単語になると読字困難となり，漢字単語の読解は比較的に良好で，漢字仮名混じり文章理解も単文なら読解可能である 8/40（20％）。書字は，1 〜 20 の算用数字の書字 10/10（100％）は良好であるが，か行〜は行の五十音や漢字単語，仮名単語は不能で，「新しい甘酒を 5 本のひょうたんに入れなさい。」の写字は 2.5/10（25％）で視覚性錯書も認められた。行為は，右上下肢麻痺にて右手は 0％で，左手は口頭命令は 0％であるが，模倣および実物使用にて 22/60（37％）と比較的に良好であった。構成は，描画 14/30（47％），積木模様 7/9（78％），計算 14/24（58％：除法は筆算の理解ができておらず不能），レーヴン色彩マトリシス検査（注：WAB での訳）15/37（注：WAB では 5 分以内で解答が終了した場合に 1 点を加算するため，37 点満点となる）（推定 IQ 約 57：軽度障害域）であった。そして，総合的には，AQ 20.0（重度障害域），CQ－右手 21.75（重度障害域），CQ－左手 25.42（重度障害域）で，これらの特徴からブローカ失語とウェルニッケ失語の混合型失語を示唆すると考えられた。また，関わりのポイントとして，感覚言語面に関しては，漢字仮名混じりの 3 文節以内の筆談を補助的に使用してコミュニケーションをとることが大切となろうし，運動言語面に関しては，話したいことを充分に時間をかけて聴き，キーワードから意思表明を推測したりしてコミュニケーションをとることが大切となろうし，さらにコミュニケーションをとる際には，決して焦らせないことと，疲労を蓄積させない程度に関わることも大切となろう。

2．標準失語症検査
(Standard Language Test of Aphasia：SLTA)

　日本失語症学会失語症全国実態調査委員会（1998）によると，SLTA の使用頻度は，主に使用しているおよび補助的には使用している施設割合が，90.1％とわが国で最も使用頻度の高い総合的な失語症検査である。開発者は，全国で共通に使用できる失語症検査を標準化することを目的とした失語症研究会（韮山カンファレンス）であり，この研究会はその後，日本失語症学会（現在の日本高次脳機能障害学会）へと発展し，SLTA の研究と普及活動が継続されている。また，標準失語症検査作製委員会（1975）により SLTA の完成版が出版され，日本失語症学会（1997）および日本高次脳機能障害学会（2003）によりこれまでに 2 回の改訂を経ているが，検査内容に変更はない。

　SLTA は，Ⅰ 聴く（1. 単語の理解，2. 単文の理解，3. 口頭命令に従う，4. 仮名の理解），Ⅱ 話す（5. 呼称，6. 単語の復唱，7. 動作説明，8. まんがの説明，9. 文の復唱，10. 語の列挙，11. 漢字・単語の音読，12. 仮名 1 文字の音読，13. 仮名・単語の音読，14. 単文の音読），Ⅲ 読む（15. 漢字・単語の理解，16. 仮名・単語の理解，17. 短文の理解，18. 漢字命令に従う），Ⅳ 書く（19.

漢字・単語の書字，20. 仮名・単語の書字，21. まんがの説明，22. 仮名1文字の書取，23. 漢字・単語の書取，24. 仮名・単語の書取，25. 短文の書取），Ⅴ 計算（26. 計算）の5側面，計26項目の下位検査で構成されており，所要時間は60〜90分である。また，ほとんどの検査項目において反応時間やヒント後の反応に基づく6段階評価が採用されており，失語症症状を詳細に把握でき，細かな変化を知ることもでき，これらの結果をリハビリテーションに活かすことが可能となるのが特徴である。さらに，正誤2段階の評価に換算して大まかな結果を把握することができるのも特徴である。

　なお，SLTAの検査結果の数値を入力するだけによるプロフィール自動作成ソフト（Excelのバイナリーファイル）が，日本高次脳機能障害学会．検査法プロフィールのホームページより無料でダウンロードできるようになっており，有用なツールとなろう（図13-7参照）。また，SLTAのマニュアルに掲載されている症例Ⅰ（55歳，男性。右手利き。脳出血による中度のブローカ失語で右麻痺）にSLTAプロフィール自動作成ソフトを適用したものは，図13-7に示す通りである。SLTAの結果，正答率に関して聴覚的理解は，単語（100%），短文の聴覚的理解（80%）は良好であるが，統語理解（口頭命令に従う10%）に障害がみられる。発話は，単語の復唱（100%），漢字・仮名ともに単語の音読（100%）は良好であるが，構音・プロソディの障害が認められ，「御飯」を「体温計じゃなくて」，「ふすま」を「机じゃなくて」と誤りへの気づきがうかがわれるものの語性錯語も認められる。読解では，漢字・仮名とも単語理解（100%）は良好であるが，統語構造の複雑化にともなう障害を認める（短文理解90%，書字命令に従う60%）。書字は漢字に比して仮名の書き取りがより困難である（漢字・単語の書き取り80%，仮名・単語の書き取り60%）。さらに，自己修正能力に関しては，修正可能な時と，成功しない時の両方が認められ，呼称では，「たこじゃなくて」と繰り返す保続も認められる。したがって，コミュニケーションを取る際は，発話を焦らせないように待つことや，複雑な物事に関しては漢字・仮名混じりの筆談を補助手段に使用することが，ケアポイントとして大切になろうと考えられよう。

　さらに，日本失語症学会（1999）により，SLTAの26項目の難易度だけではカバーできない軽度の失語症の症状把握や掘り下げテスト（deep test）を目的とした標準失語症検査補助テスト（SLTA-ST）が出版されている。SLTA-STの検査項目は表13-4に示す通りであり，簡単な質問に「はい」あるいは「いいえ」で答える課題，日常生活上必要となるお金や時間の計算能力，ユーモアの理解を含むまんがの説明，長文の理解などより詳細に把握できるのが特徴であり，検査所要時間は90分強である。また，呼称課題はSLTA20語と合わせて100語と豊富であり，頻出度による分析が可能な点も特徴である。さらに，評価は正誤2段階とSLTA同様の6段階の評価項目がある。

　なお，SLTA-ST検査結果のまとめを作成するためのソフト（Excelのバイナリーファイル）が，日本高次脳機能障害学会．検査法プロフィールのホームページより無料でダウンロードできるようになっており，有用なツールとなろう（図13-8参照）。

　また，本来，SLTAおよびSLTA-STの検査対象は，いずれも成人の運動障害性構音障害の合併例を含む失語症者である。しかし，宇野ら（2010）による発達性ディスレクシアと後天性大脳損傷による小児の失読失書についての研究では，発達性ディスレクシア群および後天性大

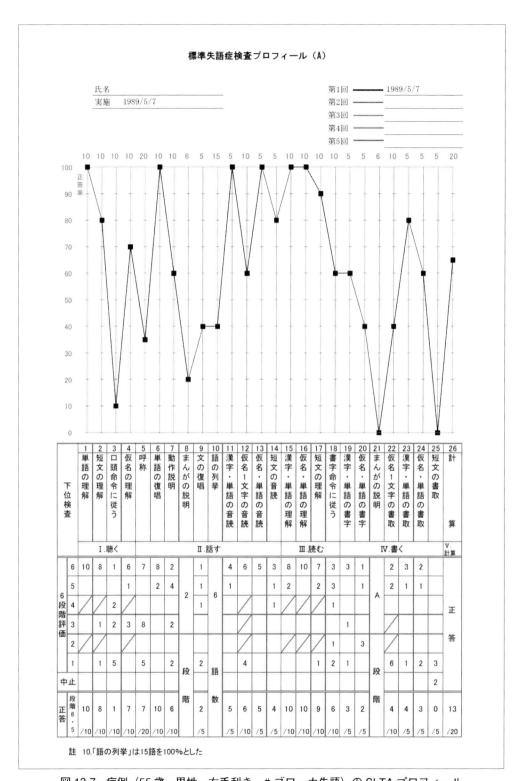

図 13-7 症例（55歳，男性，右手利き。＃ブローカ失語）の SLTA プロフィール
（出典：日本高次脳機能障害学会．標準失語症検査（SLTA）プロフィール自動作成ソフトウェア http://www.higherbrain.or.jp/）

表 13-4　標準失語症検査補助テスト（SLTA-ST）の検査項目

検査項目	検査項目数
1. 発声発語器官および構音の検査	211 項目
2. はい－いいえ応答	8 項目
3. 金額および時間の計算	7 問
4. まんがの説明	4 問
5. 長文の理解	物語 10 問，ニュース 6 問
6. 呼称（SLTA20 語を含む）	100 語

SLTA補助テスト結果まとめ

氏　名	（□男・□女・□不明）	検査日	年　月　日～　年　月　日
生年月日	年　月　日　歳	利き手	（□右・□左・□不明）
原因疾患		合併症	
発　症	年　月　日	再　発	（□有・□無・□不明）
運動機能障害上肢麻痺	（□右・□左・□なし　・□不明）	聴力障害	（□有・□無・□不明）
下肢麻痺	（□右・□左・□なし　・□不明）		
その他	（□有・□無）	教　育	職　業

1. 発声発語機関及び構音の検査		発声発語器官の運動所見：問題なし 構音所見：							
2. はい—いいえ応答		正答率　/4							
3. 金額および時間の計算		正答率　/7							
4. まんがの説明	1）釣り人と長靴	段階				主題の説明　点			
	2）栗の木と子供	段階				主題の説明　点			
	3）黒猫と白猫	段階				主題の説明　点			
	4）鳥と鯨	段階				主題の説明　点			
5. 長文の理解	1）物語 1	正答率　/10							
	2）物語 2	正答率　/10							
	3）物語 3	正答率　/10							
	4）ニュース	正答率　/6							
6. 呼　称		段階 6	段階 5	段階 4	段階 3	段階 2	段階 1	中止	正答率
	高頻度語								/55
	低頻度語								/25
	SLTA 20 語								/20
	合　計								/100
備　考									

図 13-8　標準失語症検査補助テスト（SLTA-ST）結果まとめ

（出典：日本高次脳機能障害学会．標準失語症検査補助テスト（SLTA-ST）プロフィール自動作成ソフトウェア http://www.higherbrain.or.jp/）

脳損傷による失読失書例ともに読み書きに関連する項目以外は定型発達障害児群と差がなく音声言語に関わる項目は正常であることの証明にSLTAを活用しており，今後，ディスレクシアの研究領域における応用としても有用となろう。

3．標準抽象語理解力検査
（Standardized Comprehension Test of Abstract Words：SCTAW）

　SCTAWは，宇野ら（2002）により，言語理解力が障害されているにもかかわらず，これまでの失語症検査や言語発達検査では正常域となり障害が検出できない超皮質性感覚失語（transcortical sensory aphasia）や意味性認知症（semantic dementia），さらに特異的言語発達障害（specific language impairment：SLI）や発達性言語性意味理解障害のような軽度の言語理解障害を検出する目的で開発された検査である。SCTAWの特徴としては，①20歳代〜60歳代が標準化されており，また小学校1年生〜中学生，および70歳代のデータも参考値が呈示されており，さらに，2008年度の増刷にあたり聴覚障害児のデータも追加されており，適用年齢が幅広い点，②誤反応を意味的誤りと音的誤りとに分類できるため質的な分析ができる点，③聴覚的刺激と視覚的（文字）刺激間で比較できる点などがある（宇野ら，2002）。

　また，検査手順のポイントは，聴覚的理解力と視覚的理解力のうち，WABあるいはSLTAなどの結果から，理解力低下がより大きいと考えられるモダリティから開始し，前半の32語について標準化されているが，残り13語についても健常者データが示されているので，32語のみを実施してもよいし，45語すべてを実施することも可能とされている（宇野ら，2002）。

　なお，春原ら（2007）によるSCTAWを健常小中学生1,477名に適用した研究では，言語性意味理解障害が疑われた児童が6名おり，そのWISC-Ⅲ，絵画語い発達検査（Picture Vocabulary Test：PVT），K-ABC，SCTAWの結果は，表13-5に示す通りである。この6名はいずれも理学的所見に異常はなく，自閉症の特徴は認められなかったとのことで，全例でWISC-Ⅲの言語性IQが動作性IQを下回り，PVTが実施された5例すべてで評価点（scale scores：SS）が低く，全例でK-ABCの〈文の理解〉が〈ことばの読み〉に比べて低得点であり，全例でSCTAWの総得点が健常平均の－2SD以下の得点であったと報告されている（図13-9）。

　ところで，失読症（dyslexia）の発現率は英語圏では10〜20％と高い発現率であるが，日本では1％に満たないとされ（Makita, 1968），この違いは，日本語と英語の書字体系（orthography）や音韻体系（phonology）の違いが影響しているとされる（田中，2003）。また，SLIの言語臨床像についても同様に，英語圏のSLIは文法形態素獲得の遅れを主症状とする文法理解障害であり，5歳での発現率は7.4％で，言語障害は青年期まで長期化するが，日本語では文法障害としてのSLIが認知されにくい可能性があることが指摘されている（田中，2003）。しかし，HiroseとHatta（1985）により，日本の子ども250名（8.5歳〜13.4歳）を対象にした研究では，失読症の発現率を新たに開発されたKitao's reading ability test（注：Word Disctimination Ⅰ・Ⅱ, Sentence Comprehension, Sentence Memory, Reasoningで構成される読解力テスト）で調査した結果，16.4％に1年の遅れ，15.2％に2年の遅れが認めら

表 13-5 言語性意味理解障害が疑われた児童の各種心理検査結果
（出典：春原ら，2007．一部改変）

年齢	性別	WISC-Ⅲ		PVT (SS)	K-ABC		SCTAW
		言語性 IQ	動作性 IQ		ことばの読み	文の理解	
8：08	男	測定不能	80	2	99	72	8
9：08	男	61	89	5	99	74	6
9：09	男	76	93	1	108	82	11
10：00	男	67	108	5	107	98	14
10：00	男	58	99	3	74	62	10
11：09	男	80	86	-	-	-	16
14：03	女	71	97	-	97	84	19

SS: Scale Scores

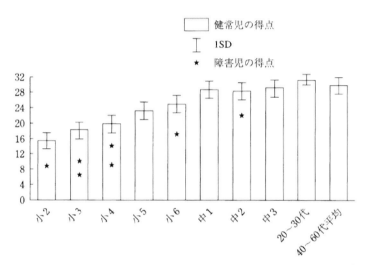

図 13-9　健常児の SCTAW の平均得点と言語性意味理解障害が疑われた児童の得点
（出典：春原ら，2007．一部改変）

れたとされ，失読症の希少性に関する Makita（1968）の主張が誤っていることが示唆されるとの新たな知見の報告もあり，今後，このような失読症や SLI などの詳細な評価にも SCTAW は有用となろう．

4．小学生の読み書きスクリーニング検査
（Screening Test of Reading and Writing for Japanese Primary School Children：STRAW）・
改訂版 標準 読み書きスクリーニング検査
（Standardized Test for Assessing the Reading and Writing (Spelling) Attainment of Japanese Children and Adolescents：Accuracy and Fluency：STRAW-R）

通常，後天性の大脳損傷による dyslexia は失読，dysgraphia は失書と訳されるが，先天性の developmental dyslexia（DD）は，読字が困難な場合は書字も困難になることから，日本

表 13-6 STRAW から STRAW-R への変更点（出典：宇野ら，2017．一部改変）

STRAW と STRAW-R の共通課題	STRAW-R における新規課題
ひらがな1文字 カタカナ1文字 ひらがな単語　音読と書取 カタカナ単語 漢字　単語	ひらがな単語・非語 カタカナ単語・非語　速読（音読）（小学1～高校3年生） 文章 漢字 126 語の音読（小学1～中学2年生） 漢字単語音読と書取（中学生用） 計算 RAN

では発達性読み書き障害と訳されることが多い。出現率は，英語圏では概して10％以上と報告されており，日本語の読み障害では，ひらがなで0.2％，カタカナで1.4％，漢字で6.9％，書字障害では，ひらがなで1.6％，カタカナで3.8％，漢字で6.1％と報告されている（Uno et al., 2009）。

このような DD を検出することを目的で，宇野ら（2006）により通常の小学校に通う約1,200名のデータをもとに基準値が作成されたのが，STRAW である。適用年齢は小学1年生～6年生であり，ひらがな，カタカナ，漢字3種類の表記それぞれの正確性について音読と書字を測定できるように構成されている。

その後，宇野ら（2017）により，適用年齢が小学1年生～高校3年生までに拡充された改訂版である STRAW-R が作成され，①STRAW 同様，ひらがな，カタカナ，漢字3種類の表記それぞれの正確性について音読と書字を測定できるように構成されている，②適用年齢が拡充されたこと，③数字や絵の名称を次々にすばやく発話させる図形の認知，言語音の想起，自動化能力などを測定できる Rapid Automatized Naming（RAN）も含まれていることなどが特徴である。なお，STRAW から STRAW-R への変更点は，表 13-6 に示す通りであり，STRAW-R の課題は，音読（文字を声に出して読む）と書き取り（言語音を聞き，その通りに書き取る）および計算と RAN の4種類で構成されている（宇野ら，2017）。

【症例】14歳，男性。中学2年生。＃発達性読み書き障害をともなう AD/HD（16章 定性的アセスメント　3．発達障害の定性的アセスメント　症例1参照）（出典：小海ら，2012）

聴覚的言語指示による表意文字である漢字，表音文字であるカタカナおよび平仮名の書字障害および読字障害の差をアセスメントする目的で，漢字，カタカナ，平仮名それぞれの単語の書き取りおよび音読課題で構成される STRAW を利用して施行した。ただし，STRAW は対象が小学生であるので参考値としての評価であるが，小学校6年生用の課題を利用した結果は表 13-7 に示す通りである。

単語の書き取りおよび音読課題によると，書き取り課題では漢字での誤りが多く，漢字の書き取りの困難さが示され，誤りとしては，漢字の想起自体が困難な場合が多く，次に「努力」を「**努力**」，「種」を「**種**」と部首などの漢字の一部を書き誤っていた。一方，カタカナ，平仮名の書き取りでは問題は認めず，音読課題ではいずれにおいても誤りは認められなかった。ただし，カタカナで一問のみ「ゴマ」を「マゴ」と逆読みする誤りがあり，この際は自発的に誤

表13-7 症例（14歳，男性。中学2年生。#発達性読み書き障害をともなうAD/HD）の
STRAW（ただし，小学校6年生用）結果
（出典：小海ら，2012. 一部改変）

漢字	書き取り	13/20点
	音読	20/20点
カタカナ	書き取り	20/20点
	音読	20/20点（自己修正数：1）
平仮名	書き取り	20/20点
	音読	20/20点

りに気づき，自己修正を行うことができていた。

　本症例は，STRAW-Rがまだ開発されておらず，中学2年生のため，参考値としてSTRAWの小学校6年生用を適用し，一定の発達性読み書き障害の問題を検出できたが，STRAW-Rを適用していれば発達性読み書き障害を基準年齢群と比較することで，より正確に検出および評価できたであろう。

5．小学生の読み書きの理解
(Understanding Reading and Writing Skills of Schoolchildren：URAWSS)・
小中学生の読み書きの理解
(Understanding Reading and Writing Skills of Schoolchildren II：URAWSS II)・
中学生の英単語の読み書きの理解
(Understanding Reading and Writing Skills of Schoolchildren- English Vocabulary：
URAWSS English Vocabulary)

　小学生の読み書き速度を評価し，読み書きが苦手な子ども達に支援技術等を活用した支援を行うことを目的に，河野ら（2013）により作成されたのがURAWSSで，適用年齢は小学1年生～小学6年生である。URAWSSは，読み書きの速度が子どもの学習に大きく影響するため，読み書きの速度を知ることで，学習の遅れの可能性を予測し，できるだけ早く子ども達に応じた対策を講じることができるとの考えのもと開発されている。したがって，URAWSSは，読み書き障害の診断を主たる目的とするものではなく，読み書きの遅さの結果を分析することで，読み書きの困難さがどこから来ているのかを明らかにし，支援技術の活用や教科書のデジタル化など，すぐに子どもの読み書きを支援できる方策に結びつくような結果の解釈を行うためのものであるとされているが，DDの評価および対応策の検討に有用となろう。なお，URAWSSの特徴としては，①学習に影響しやすい読み書き速度を評価できる，②個別でも集団でも実施可能である，③アルテク（デジタルカメラやスマートフォンなどの身の回りにあるテクノロジー）を使った支援を示唆してくれるとされている。

　また，河野ら（2017）によりURAWSS IIが作成されており，URAWSS同様，①学習に影響しやすい読み書き速度を評価できる，②アルテクを使った支援を示唆してくれるとされているほか，④適用年齢が小学生～中学生までに拡大（読みの評価は小学1年生～6年生の標準値

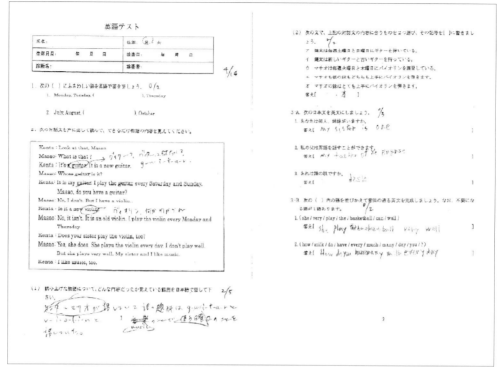

図13-10　症例（14歳，男性。中学2年生。#発達性読み書き障害をともなうAD/HD）の英語テストの結果
（出典：小海ら，2012．一部改変）

との比較が可能で，中学1年生～3年生の標準値と小学6年生の標準値はほぼ同様のため，比較する標準値は小学6年生までとなっている。書きの評価は小学1年生～6年生，中学1年生～3年生，高校生，成人の標準値との比較が可能），⑤読み課題は基本的に個別実施に変更，⑥読み書き困難を補う方法を検討するための介入課題（必要に応じて実施）の追加が特徴とされている。

さらに，村田ら（2017）により，URAWSS-English Vocabulary が作成されており，適用年齢は中学生であり，①英単語の語彙力と綴り力の評価ができる，②集団でも個別でも実施可能，③効果的な支援方法の手がかりを得ることができることが特徴とされている。

【症例】14歳，男性。中学2年生。#発達性読み書き障害をともなうAD/HD（16章 定性的アセスメント　3．発達障害の定性的アセスメント　症例1参照）（出典：小海ら，2012）

「アルファベットおよび英語の自己紹介の書き取り課題」として，表音文字であるアルファベットや英語の書き取り課題を新たに作成し実施した結果，アルファベットの書き取りでは，形態が似ている「M」と「N」の順番を誤る点や，「T」の代わりに「H」と書字する誤りが認められた。

また，表音文字言語である英語における障害は，より困難になる可能性があるため，すでに学習したはずである中学校1年生レベルの「英語テスト」を新たに作成し実施した結果，4/14

点であり，英語の綴りや英文の構成などで困難さがあると考えられた（図13-10 参照）。

　本症例は，URAWSS-English Vocabulary がまだ開発されておらず，「アルファベットおよび英語の自己紹介の書き取り課題」や「英語テスト」を新たに作成して定性的評価を行い，一定の発達性読み書き障害としての英語の読み書きの問題も検出できたが，URAWSS-English Vocabulary を適用していれば英単語の読み書きの理解に関する障害を基準年齢群と比較することで，より正確に検出および評価できたであろう。

文　献

1．WAB 失語症検査

Kertesz A（1979）Aphasia and associated disorders. Grune & Stratton, New York.

Kertesz A（1982）The Western Aphasia Battery. Grune & Stratton, New York.（WAB 失語症検査（日本語版）作製委員会，代表杉下守弘（1986）WAB 失語症検査（日本語版）．医学書院．）

大槻美佳（2007）言語機能の局在地図．高次脳機能研究，27, 231-243.

大槻美佳（2008）失語症の診療：最近の進歩．臨床神経，48, 853-856.

2．標準失語症検査

標準失語症検査作製委員会（1975）標準失語症検査．鳳鳴堂書店．

日本高次脳機能障害学会（旧日本失語症学会）（編）Brain Function Test 委員会（2003）標準失語症検査マニュアル．改訂第2版．新興医学出版社．

日本高次脳機能障害学会．標準失語症検査（SLTA）プロフィール自動作成ソフトウェア．http://www.higherbrain.or.jp/（2017.12.21. 引用）

日本高次脳機能障害学会．標準失語症検査補助テスト（SLTA-ST）プロフィール自動作成ソフトウェア．http://www.higherbrain.or.jp/（2017.12.21. 引用）

日本失語症学会（編）（1999）標準失語症検査補助テスト．新興医学出版社．

日本失語症学会（編）日本失語症学会 SLTA 小委員会マニュアル改訂部会（1997）標準失語症検査マニュアル（改訂版）．新興医学出版社．

日本失語症学会失語症全国実態調査委員会, 朝倉哲彦（委員長）（1998）失語症全国実態調査報告．失語症研究，18, 333-348.

宇野彰，春原則子，金子真人他（2010）発達性ディスレクシアと後天性大脳損傷による小児の失読失書：特に漢字書字障害について．音声言語医学，51, 245-251.

3．標準抽象語理解力検査

春原則子，宇野彰，金子真人他（2007）標準抽象語理解力検査の小児への適用．音声言語医学，48, 112-117.

Hirose T, Hatta T（1985）Reading disabilities in Japan: evidence against the myth of rarity. The International Journal of Neuroscience, 26, 249-252.

Makita K（1968）The rarity of reading disability in Japanese children. The American Journal of Orthopsychiatry, 38, 599-614.

田中裕美子（2003）特異的言語発達障害の言語的分析．音声言語医学，44, 216-221.

宇野彰（監修），春原則子，金子真人（著）（2002）標準 抽象語理解力検査マニュアル．インテルナ出版．

4．小学生の読み書きスクリーニング検査・改訂版 標準 読み書きスクリーニング検査

小海宏之，加藤佑佳，小谷裕実（2012）発達性読み書き障害をともなう注意欠陥／多動性障害者の神経心理学的アセスメント．花園大学心理カウンセリングセンター研究紀要，6, 23-33.

宇野彰，春原則子，金子真人他（2006）小学生の読み書きスクリーニング検査：発達性読み書き障害（発達性 dyslexia）検出のために．インテルナ出版．

宇野彰, 春原則子, 金子真人他（2017）改訂版 標準 読み書きスクリーニング検査：正確性と流暢性の評価. インテルナ出版.

Uno A, Wydell TN, Haruhara N et al.（2009）Relationship between reading/writing skills and cognitive abilities among Japanese primary-school children: normal readers versus poor readers（dyslexics）. Reading and Writing, 22, 755-789.

5．小学生の読み書きの理解・小中学生の読み書きの理解・中学生の英単語の読み書きの理解

河野俊寛, 平林ルミ, 中邑賢龍（2013）小学生の英単語の読み書きの理解（Understanding Reading and Writing Skills of Schoolchildren: URAWSS）. 株式会社 atacLab エイタックラボ.

河野俊寛, 平林ルミ, 中邑賢龍（2017）小中学生の読み書きの理解（Understanding Reading and Writing Skills of Schoolchildren Ⅱ）. 株式会社 atacLab エイタックラボ.

小海宏之, 加藤佑佳, 小谷裕実（2012）発達性読み書き障害をともなう注意欠陥／多動性障害者の神経心理学的アセスメント. 花園大学心理カウンセリングセンター研究紀要, 6, 23-33.

村田美和, 平林ルミ, 河野俊寛他（2017）中学生の英単語の読み書きの理解（Understanding Reading and Writing Skills of Schoolchildren − English Vocabulary: URAWSS − English Vocabulary）. 株式会社 atacLab エイタックラボ.

第14章
感覚機能検査

1. 嗅覚同定検査 (smell identification test)

　嗅覚障害は様々な神経変性疾患で認められ，飯嶋（2013）による神経変性疾患における嗅覚障害をまとめたものは，表14-1に示す通りであり，とりわけ，パーキンソン病（Parkinson's disease：PD）やDLBでは重度，ADでは中等度の嗅覚障害が早期から高頻度に認められるため，嗅覚障害が診断のバイオマーカーの1つとされている。また，REM睡眠行動障害（rapid eye movement sleep behavior disorder：RBD）患者では65.3％と高率に嗅覚障害を認め，その84.4％は中枢性嗅覚障害であり，嗅覚障害はRBDに特有というより，認知症や神経変性疾患への前駆兆候の1つと考えられるとされている（塩見・麦，2015）。さらに，パーキンソニズムを呈する疾患である，多系統萎縮症（multiple system atrophy：MSA），進行性核上性麻痺（progressive supranuclear palsy：PSP），皮質基底核変性症（corticobasal degeneration：CBD），血管性パーキンソニズム（vascular Parkinsonism：VP）などがあり，MSA，PSPは軽度の嗅覚同定機能低下を認めるもPDに比し保たれており，CBDは正常～軽度低下を示し，病理所見でレビー小体病理を呈さない遺伝性PDのPARK2，PARK8（I2020T）では嗅覚は正常で，レビー小体病理を呈するPARK8（G2019S）では嗅覚低下を示し，60～70歳代のVPでは嗅覚機能は比較的に保たれるとされている（飯嶋，2013）。

　そこで，近年，わが国でよく使用されている自覚的嗅覚同定検査が，スティック型嗅覚同定能力検査（Odor Stick Identification Test for Japanese：OSIT-J）で，図14-1に示す通りである（第一薬品産業株式会社，2006）。OSIT-Jは，日本人に馴染みのある12種類の嗅素（①墨汁，②材木，③香水，④メントール，⑤みかん，⑥カレー，⑦家庭用ガス，⑧ばら，⑨ひのき，⑩蒸れた靴下，⑪練乳，⑫炒めたニンニク）と無臭を封入したマイクロカプセル入りのリップスティック13本を順に薬包紙に円形状に塗り，薬包紙を2つ折りにして擦り合わせマイクロカプセルをはじけさせて嗅素を放出し，被験者に匂いを嗅がせ，嗅素ごとに4つの匂い名，もしくはわからない，無臭の計6つの選択肢から1つを回答させるようになっている（飯嶋，2013）。さらに，カード式で使用が簡便となったものが，嗅覚同定能力測定用カード検査（Open Essence）で，図14-2に示す通りであり（和光純薬工業株式会社，2008），OSIT-Jと同様の12種類の嗅素があらかじめマイクロカプセル化されたカードを順に開封し，匂いを嗅ぎ，嗅素ごとに4つの匂い名，もしくはわからない，無臭の計6つの選択肢から1つを回答させるようになっている（飯嶋，2013）。

　ところで，橋本ら（2003）によるT&Tオルファクトメーターの平均認知閾値で，1.1～2.5

表 14-1　神経変性疾患における嗅覚障害（出典：飯嶋，2013．一部改変）

疾患	嗅覚障害
パーキンソン病	＋＋＋
レビー小体型認知症	＋＋＋
レム睡眠行動異常症	＋＋
アルツハイマー型認知症	＋＋
多系統萎縮症	＋
進行性核上性麻痺	±〜＋
皮質基底核変性症	±〜＋
認知症を伴う筋萎縮性側索硬化症	＋〜＋＋
遺伝性パーキンソニズム（PARK8, G2019S）	＋＋
遺伝性パーキンソニズム（PARK8, I2020T）	－
遺伝性パーキンソニズム（PARK2）	－
血管性パーキンソニズム	－

＋＋＋：重度，＋＋：中等度，＋：軽度，±：時に，－：なし

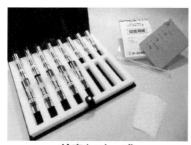

検査キット一式

においスティック
（におい提示器具）

選択肢カード
（答えを含む4つのにおい名と，
『わからない』『無臭』が書かれています）

図 14-1　スティック型嗅覚同定能力検査
（odor stick identification test：OSIT-J, 商品名：においスティック）
（出典：第一薬品産業株式会社，2006．一部改変）

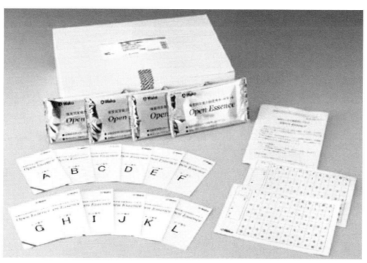

図 14-2　嗅覚同定能力研究用カードキット（商品名：Open Essence）
（出典：和光純薬工業株式会社，2008．一部改変）

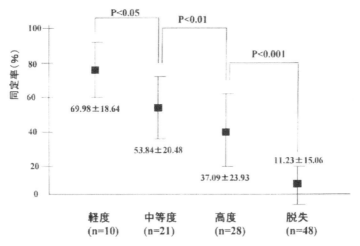

図14-3 T&Tによる重症度分類とスティック型におい検査の同定率
(出典:橋本ら,2003. 一部改変)

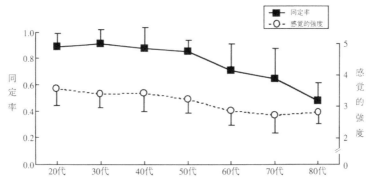

図14-4 スティック型におい検査(13臭)の平均同定率と平均感覚的強度の年代による変化
(出典:斉藤ら,2001. 一部改変)

を軽度減退,2.6〜4.0を中等度減退,4.1〜5.5を高度減退,5.6以上を脱失とした嗅覚障害の重症度分類とスティック型におい検査の同定率は,図14-3に示す通りであり,軽度減退(n = 10)69.98 ± 18.64%,中等度減退(n = 21)53.84 ± 20.48%,高度減退(n = 28)37.09 ± 23.93%,脱失(n = 48)11.23 ± 15.06%と報告されており,OSIT-Jの12種類の嗅素以外に腐敗臭を含めた13種類による結果報告ではあるが,OSIT-JやOpen Essenceによる嗅覚障害の重症度を判定する際にも参考となろう。

また,斉藤ら(2001)による20代43名,30代19名,40代28名,50代16名,60代41名,70代39名,80代5名,計191名を対象にしたスティック型におい検査(13臭:OSIT-Jの12種類の嗅素以外に糞便・腐敗臭を含めた13臭)の平均同定率と平均感覚的強度の年代による変化は,図14-4に示す通りであり,特に,60代を超えると同定率,感覚的強度とも減退するとの報告もあるため,高齢者の評価の際には留意を要するであろう。ただし,斉藤ら(2001)の高齢者データは,ばらつきも大きく,例えばMCIやPDなどの者が含まれている可能性も

否定できないため，今後はそれらの可能性を除外した健常高齢者のデータの収集が大切ともなろう。

2. 感覚プロファイル（Sensory Profile：SP），短縮版感覚プロファイル（Short Sensory Profile：SSP），乳幼児感覚プロファイル（Infant/Toddler Sensory Profile：ITSP），青年・成人感覚プロファイル（Adolescent/Adult Sensory Profile：AASP）

Dunn（1997）により，神経学的閾値と行動反応とは互いに作用しあう連続体であると仮定した4象限概念モデルが提唱され（図14-5），これら2つの連続体の相互作用により，子どもがどのように感覚情報を処理するかを明らかとし，さらに支援計画の指針を得るために開発されたのがSPであり，DSM-5における自閉スペクトラム症（Autism Spectrum Disorder：ASD）の診断基準に，新たに加わった感覚過敏性などの感覚異常を客観的に把握することができる評価尺度でもある。

原版はまず適用年齢3歳～10歳のSP（Dunn, 1999）とSSPが開発され，その後，適用年齢0～36カ月のITSP（Dunn, 2002）と適用年齢11歳以上のAASP（Brown& Dunn, 2002）が開発され，適用年齢3歳～11歳の学校版感覚プロファイル（Sensory Profile School Companion：SPSC）（Pearson, 2006）を除いた4つのバージョンの日本語版があり，その一覧は表14-2に示す通りである（荻原，2016）。なお，原版は現在、適用年齢0歳～14歳のSP 2が2014年に開発されている（Pearson, 2014）。

また，分類システムの一般的は基準年齢群の平均の± 1.5SD 未満であることを表し，高い・低いは基準年齢群の平均より± 1.5SD 以上高いか低いかを表し，非常に高い・非常に低いは基準年齢群の平均より± 2.0SD 以上高いか低いかを表す。

さらに，岩永ら（2016）によるASDの症例（30歳，女性。FIQ128）にAASPを適用した結果の例は，図14-6に示す通りであり，本症例の概要は，「事務職であるが，同僚とうまく関われない，指示されたことが実行できないことを指摘されていた。抑うつ的になり，休職」「周囲の人に呼ばれても気づかない，人が大勢いるところでは気持ちが落ち着かないが，静かなところで一人であれば集中して仕事ができるし，気持ちも楽であるとのこと」と報告されている。本症例では，第1象限：感覚探究が低い，第2象限：低登録が非常に高い，第3象限：感覚過敏が非常に高い，第4象限：感覚回避が高いという結果であり，つまり，神経学的閾値が低いため，必要以上の刺激が入力され苦痛をともなう感覚過敏が非常に高い，一方，刺激への気づきにくさが顕著であることが示唆される。また，岩永ら（2016）によると，「①感覚過敏傾向がある。無理に感覚刺激に慣れようとするのではなく，まず不快な刺激や混乱させる刺激を遠ざける対処が必要である，②触覚過敏傾向があり対人的距離を取っていたほうが落ち着きやすい。これを周りにも理解してもらったほうが良い，③職場では大勢の人の声が同時にたくさん入る場面を避けられると良い，④疲れても自分でわからないなど，自分の身体の感覚がわかりにくいことを自覚することが必要である」という内容を文書で示し，本人に説明したのち，職場の上司に見せるように伝えたと報告されており，このような感覚プロファイルの結果を元に

神経学的閾値連続体	行動反応の連続体	
	閾値に従った反応（受動的行動）	閾値に逆らった反応（能動的行動）
高閾値（馴化）	低登録	感覚探究
低閾値（鋭敏化）	感覚過敏	感覚回避

図14-5　Dunn（1997）の4象限概念モデル（小海（訳））

表14-2　日本版感覚プロファイルの一覧（出典：荻原，2016．一部改変）

	感覚プロファイル	感覚プロファイル短縮版	乳幼児感覚プロファイル	青年・成人感覚プロファイル
適用年齢	3歳〜10歳（11歳以上も可）	3歳〜10歳（11歳以上も可）	0カ月〜6カ月　7カ月〜36カ月	11歳〜82歳
回答者	保護者または本人をよく知る者	保護者または本人をよく知る者	保護者または本人をよく知る者	本人
項目数	125	38	36/48	60
スコアリング領域	象限　セクション　因子	セクション	象限　低閾値（象限複合スコア）	象限
分類システム	一般的　高い　非常に高い	一般的　高い　非常に高い	（非常に高い）　高い　一般的　低い　（非常に低い）	非常に高い　高い　一般的　低い　非常に低い
原版発行年	1999	1999	2002	2002

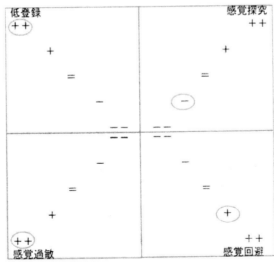

図14-6　ASDの症例（30歳，女性。FIQ128）のAASP結果の例
（出典：岩永ら，2016．一部改変）
＋＋：非常に高い，＋：高い，＝：平均的，−：低い，−−：非常に低い

した支援ストラテジーがマニュアルに例示されており，特に ASD 児（者）に対する適切なアドバイスを行う際，有用となろう．

文　献

1. 嗅覚同定検査（smell identification test）

第一薬品産業株式会社（2006）においスティック（OSIT-J）嗅覚の同定能力検査キット
　http://www.j-ichiyaku.com/kyukaku/stick.html（2017.12.7. 引用）
橋本喜輝，深澤啓二郎，藤井恵美他（2003）嗅覚障害患者におけるスティック型におい検査の有用性．頭頸部自律神経，17, 81-83.
飯嶋睦（2013）嗅覚検査．Modern Physician, 33, 629-633.
斉藤幸子，増田有香，小早川達他（2001）スティック型ニオイ同定能力検査法による嗅覚年代別比較：ニオイの同定能力，感覚的強度，快不快度について．日本味と匂学会誌，8, 383-386.
塩見利明，麦雅代（2015）REM 睡眠行動障害（RBD）の嗅覚検査．睡眠医療，9, 71-73.
和光純薬工業株式会社（2008）嗅覚同定能力研究用カードキット Open Essence
　http://www.wako-chem.co.jp/siyaku/info/ana/article/openessence.htm（2017.12.8. 引用）

2. 感覚プロファイル，短縮版感覚プロファイル，乳幼児感覚プロファイル，青年・成人感覚プロファイル

Brown CE, Dunn W（2002）Adolescent/Adult Sensory Profile. NCS Pearson.（辻井正次（日本版監修），萩原拓，岩永竜一郎，伊藤大幸他（日本版作成）（2015）日本版 青年・成人感覚プロファイル ユーザーマニュアル．日本文化科学社．）
Dunn W（1997）The impact of sensory processing abilities on the daily lives of young children and their families: a conceptual model. Infants and Young Children, 9, 23-35.
Dunn W（1999）The Sensory Profile: User's manual. NCS Pearson.（辻井正次（日本版監修），萩原拓，岩永竜一郎，伊藤大幸他（2015）日本版 感覚プロファイル ユーザーマニュアル．日本文化科学社．）
Dunn W（2002）Infant/Toddler Sensory Profile. NCS Pearson.（辻井正次（日本版監修），萩原拓，岩永竜一郎，伊藤大幸他（日本版作成）（2015）日本版 乳幼児感覚プロファイル ユーザーマニュアル．日本文化科学社．）
岩永竜一郎，荻原拓，伊藤大幸他（2016）感覚プロファイルの臨床応用への期待．児童青年精神医学とその近接領域，57, 66-70.
荻原拓（2016）日本版感覚プロファイルの概要．児童青年精神医学とその近接領域，57, 56-60.
Pearson（2006）Sensory Profile School Companion（SPSC）
　https://www.pearsonclinical.com/therapy/products/100000242/sensory-profile-school-companion-spsc.html（2017.12.20. 引用）
Pearson（2014）Sensory Profile 2（SP2）
　https://www.pearsonclinical.com/therapy/products/100000822/sensory-profile-2.html（2017.12.20. 引用）

第15章
意識障害検査

1. グラスゴー・コーマ・スケール（Glasgow Coma Scale：GCS），
　　ジャパン・コーマ・スケール（Japan Coma Scale：JCS）

　GCSは，TeasdaleとJennett（1974）によって，元々は外傷性脳障害による意識障害を評価することを目的に作成された尺度であり，現在，Teasdale G（2014）のサイトから世界各国の言語版がダウンロード可能となっているが日本語版は掲載されておらず，英語版からの筆者訳は，表15-1に示す通りである。開眼（eye opening：E）を4段階，言語反応（verbal response：V）を5段階，最良運動反応（best motor response：M）を6段階で評価し，「GCS：E4-V5-M6」などと表記し，正常は合計点が15点となり，深昏睡では3点となる。

　JCSは，太田ら（1974）によって，元々は，脳神経外科領域における意識障害を評価することを目的に作成された尺度であり，表15-2に示す通りである。JCS 100RまたはJCS 100不穏とか，JCS 20IncまたはJCS 20失禁として表記する。

　なお，わが国ではGCSよりもJCSの使用頻度が高いが，山口と田中（2017）によると救急救命士らがJCS 1と判定した105例について調査した結果，救急救命士らが意識レベルをJCS 1と判定した根拠として，「ボーッと，あるいはボンヤリしていた」が61.0％，「反応が鈍い」あるいは「返答が遅かった」が47.6％で挙げられており，印象によってJCS 1と判定されており，このような印象は「今ひとつハッキリしない」状態を捉えるには有用と考えられるが，JCS 2あるいはJCS 3に該当するかもしれない症例をJCS 1と判定している可能性があり，見当識あるいは見当識障害を正しく認識できていないと考えられたと報告されており，誤判定も少なくないと言える。また，並木ら（2009）は1年目初期臨床研修医94名を対象に，救急車搬入の患者データベースから，頻度の高い8通りの意識レベルをGCSのeye, verbal, motor（EVM）スコアに基づいて選択し，模擬患者が演ずる意識レベルを標準的な手順で診察するシミュレーションビデオを作製して，判定結果を分析している。その結果，JCSの誤判定率は，8つの設問の平均で19±15％（平均±標準偏差）となり，JCS 0, 300の誤判定は稀であったが，JCS 2, 10, 200は20％以上の誤判定率であり，意識レベルを良い方に誤判定する傾向が示され，特に軽度～中等度の意識障害でその傾向が強かった。また，JCS誤判定の要因として，①最良運動反応の「M4：逃避（正常屈曲）」を「JCS 100：払いのけるような動作」とする誤り，②最良言語反応の「V4：会話混乱（見当識障害）」を「JCS 0：意識清明」とする誤り，③開眼反応の「E3：呼びかけによる」をJCS 1桁と誤判定され，JCSによる救急患者の意識レベルの誤判定の主な要因は，逃避と疼痛部位認識の運動反応の区別，見当識障害と意識清明の区別，呼びかけに

表 15-1　Glasgow Coma Scale（GCS）
（出典：Teasdale, 2014．小海（訳））

開眼（eye opening: E）	E
自発的に開眼	4
呼びかけにより開眼	3
痛み刺激により開眼	2
開眼しない	1
言語反応（verbal response: V）	V
見当識が保持	5
混乱した会話	4
発語はあるが，会話は不成立	3
理解不明の発声	2
発語なし	1
最良運動反応（best motor response: M）	M
命令に応じて可能	6
疼痛刺激部位を払いのける	5
疼痛刺激に対して逃避反応（四肢屈曲）	4
疼痛刺激に対して四肢の異常屈曲（除皮質硬直）	3
疼痛刺激に対して四肢の伸展（除脳硬直）	2
運動なし	1

正常ではE，V，Mの合計が15点，深昏睡では3点となる。

表 15-2　Japan Coma Scale（JCS）
（出典：太田ら，1974．一部改変）

Ⅲ．刺激をしても覚醒しない状態（3桁で表現）
（deep coma, coma, semicoma）
300．痛み刺激に反応しない
200．痛み刺激で少し手足を動かしたり，顔をしかめる
100．痛み刺激に対し，払いのけるような動作をする
Ⅱ．刺激すると覚醒する状態（刺激をやめると眠り込む，2桁で表現）
（stupor, lethargy, hypersomnia, somnolence, drowsiness）
30．呼びかけを繰り返すと辛うじて開眼する
20．簡単な命令に応ずる．例えば離握手
10．合目的な運動（例えば，右手を握れ，離せ）をするし言葉も出るが間違いが多い
Ⅰ．刺激しないでも覚醒している状態（1桁で表現）
（delirium, confusion, senselessness）
3．自分の名前，生年月日が言えない
2．見当識障害がある
1．意識清明とは言えない
注　R：Restlessness（不穏），Inc：Incontinence（失禁），A：Akinetic mutism, Apallic state

例：100Inc；20RInc；1A（または単にA）

よる開眼反応の判定で生じやすいことが報告されており，JCS による評価を行う際，また JCS による評価結果を読み取る際に留意を要すると言えよう．

2．せん妄評価尺度
（Delirium Rating Scale：DRS，Delirium Rating Scale-Revised-98：DRS-R-98）

　せん妄は，高齢者に生じ易い疾患である 3 つの D（delirium：せん妄，dementia：認知症，depression：うつ病）の 1 つであり，その他，身体疾患治療の臨床現場においても頻繁にみられる精神症状の 1 つである．せん妄の発症率は総合病院に入院した症例の 18 〜 20％に生じるとされており，高頻度の発症率ならびにせん妄が引き起こす様々な悪影響が指摘されているにも関わらず（Trzepacz, 1996），これまで他の疾患と比べてせん妄に関する研究が少なく，その要因として適切な評価尺度や診断基準の欠如があった（Trzepacz ら，2001）．このような中，DSM-Ⅲクライテリアに基づきせん妄を評価し，せん妄の診断を補助する目的として，Trzepacz ら（1988）により開発されたのが DRS であり，日本語版は，一瀬ら（1995）により作成されており，表 15-3 に示す通りである．

　また，Trzepacz ら（1988）による，せん妄群 20 名（MMSE 12.0 ± 9.3 点），認知症群 9 名（一次変性認知症 5 名，多発梗塞性認知症 3 名，無酸素誘発性認知症 1 名：MMSE 20.0 ± 4.9 点で軽度〜中等度の者），慢性統合失調症群 9 名（鑑別不能型 4 名，妄想型 4 名，統合失調感情障害 1 名：MMSE 23.6 ± 4.5 点，Brief Psychiatric Rating Scale（BPRS）62 ± 9.5 点），正常群 9 名（抑うつ気分をともなう適応障害 5 名，混合型パーソナリティ障害 2 名，転換性障害 1 名，大うつ病 1 名で，精神病症状や認知障害を示さない者：MMSE 27.4 ± 2.9 点）の群別の DRS 得点の比較結果は，図 15-1 に示す通りである．これによると，12 点以上の得点を示すのはせん妄群のみであるので，妥当性は 100％となるが，DRS に習熟した評価者間信頼性は，97.0％であり十分とは言えず，例えば認知症群ではより重症の患者を対象に選べば DRS 得点は高くなる可能性があるともされている．

　なお，一瀬ら（1995）によると，DRS を実際に使用してみると，10 項目のうち発症の時間経過（項目 1）と身体的障害（項目 7）の項目については同じ患者はつねに同じ得点となってしまい，患者の経過をみるうえであまり役に立たない問題や，Trzepacz ら（2001）によると，例えば，認知機能は失見当識，注意，記憶などを 1 つの項目にまとめられ（項目 6），精神運動行動も hyperactive（過活動の時期）と hypoactive（ほとんど動かない時期）の分類がなされておらず，DRS はせん妄の phenomenology を評価するには向いていない問題などが指摘されている．

　そこで，これらの問題を克服するために，Trzepacz ら（2001b）により，改訂版として DRS-R-98 が開発され，日本語版は，Trzepacz ら（2001a）により作成されており，そのスコアシートは，表 15-4 に示す通りである．なお，評価に迷う時は，中間得点として 0.5 点をつけることもあるとされる．

　DRS-R-98 は，重症度セクション（Severity Scale：1 〜 13 項目）と診断セクション（Optional Diagnostic Items：14 〜 16 項目）の 2 つのセクション，16 項目で構成されており，重症度セクショ

表15-3 Delirium Rating Scale（DRS）

(出典：Trzepacz & Baker, 1988：一瀬邦弘, 土井永史, 中村満他（1995）老年精神医学関連領域で用いられる測度：せん妄を評価するための測度. 老年精神医学雑誌, 6, 1279-1285. 一部改変)

採点者　　　　　　　　　　　　　採点日時　20　年　月　日　時

項目	得点
項目1: 発症の時間経過 　0. 変化なし 　1. 緩徐な発症, 6カ月以内 　2. 急性な行動や人格の変化, 1カ月以上にわたる 　3. 急激な行動の変化, 1ないし3日程度	
項目2: 知覚障害 　0. 兆候がない 　1. 離人感や疎隔体験 　2. 錯視または知覚の誤り 　3. 外界についての現実吟味の著しい混乱	
項目3: 幻覚の種類 　0. 幻覚なし 　1. 幻聴のみ 　2. 幻視がみられ, 幻聴の有無は問わない 　3. 幻触, 幻臭, 幻味があり, 幻視や幻聴の有無は問わない	
項目4: 妄想 　0. 妄想なし 　1. 体系化された妄想 　2. 新しい妄想 　3. 漠然とした妄想	
項目5: 精神運動行動 　0. 精神運動制止あるいは焦燥がない 　1. 軽度の不穏, 震え, 不安 　2. 中等度の興奮 　3. 激しい興奮	
項目6: テストによる認知力の程度 　0. 認知障害がない 　1. ごく軽度の認知障害 　2. 一領域のみの障害 　3. 多くの領域に認知障害 　4. 重度の認知障害	
項目7: 身体的障害 　0. 認めない 　1. 身体疾患がある 　2. 身体要因を認める	
項目8: 睡眠・覚醒周期の障害 　0. 障害を認めない 　1. 日中の眠気, 夜間の睡眠の持続困難 　2. 頻回の居眠りと夜間不眠, 睡眠・覚醒周期の逆転 　3. 眠気が強く覚醒困難 　4. 昏迷または昏睡	
項目9: 気分の動揺性 　0. 認めない 　1. 時間経過のなかで変動 　2. 明らかな気分変動 　3. 重篤な情動の脱抑制, 怒りの爆発	
項目10: 症状の変動 　0. 症状は安定 　2. 症状は夜間に悪化 　4. 症状の強さは動揺し, 24時間の期間に漸増, 漸減	
計	/32

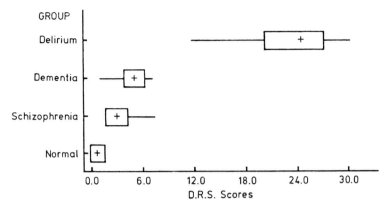

図 15-1　せん妄，認知症，慢性統合失調症，正常，各群別の DRS 得点の比較
（出典：Trzepacz ら，1988. 一部改変）

＋は中央値，ボックスは 50％の範囲，ボックスの左縦線および右縦線は 4 分位値を表す。なお，DRS 平均値±標準偏差は，せん妄群 23.0 ± 4.8 点，認知症群 4.6 ± 2.1 点，慢性統合失調症群 3.3 ± 1.6 点，正常群 0.67 ± 0.5 点で，分散分析にて，せん妄群は，他の 3 群（認知症群，慢性統合失調症群，正常群）との間に有意差あり（$p < 0.001$）。

ンの合計点がせん妄の重症度スコアを示し，診断セクションも含めた合計点がトータルスコアとなり，せん妄と非せん妄を判別する cut off 値は，重症度スコア 15.0/15.5（感度 0.92，特異度 0.93），トータルスコア 17.5/18.0（感度 0.92，特異度 0.95）とされている。なお，日本語版 DRS-R-98 のせん妄と非せん妄の判別 cut off 値は，重症度スコア 9.5/10.0（感度 0.98，特異度 0.91），トータルスコア 14.0/14.5（感度 0.98，特異度 0.94）とされている（Kato et al., 2010）。本尺度は精神科医によって評価するようにできているが，身体疾患にともなう精神科的評価の適切な訓練を受けていれば，その他の身体医，看護師，心理士（今後の公認心理師）であっても使用することができるとされている（Trzepacz ら，2001a）。なお，DRS-R-98 日本語版の詳細な使用方法は，Trzepacz ら（2001a）の論文で解説されているので，DRS-R-98 を使用する際は本論文が必携となろう。

文　献

1．グラスゴー・コーマ・スケール，ジャパン・コーマ・スケール

並木淳，山崎元晴，船曳知弘他（2009）研修医の Japan Coma Scale 誤判定の要因：救急患者の意識レベルシミュレーションを用いた検討．日本救急医学会雑誌，20, 295-303.

太田富雄，和賀志郎，半田肇他（1974）意識障害の新しい分類法試案：数量的表現（Ⅲ群 3 段階方式）の可能性について．脳神経外科，2, 623-627.

Teasdale G（2014）THE GLASGOW STRUCTURED APPROACH to ASSESSMENT of the GLASGOW COMA SCALE. http://www.glasgowcomascale.org/（2018.1.31. 引用）

Teasdale G, Jennett B（1974）Assessment of coma and impaired consciousness: a practical scale. Lancet, 13, 81-84.

山口陽子，田中博之（2017）救急救命士らが意識レベルを Japan Coma Scale（JCS）で 1 と判定した症例の検討．日本プライマリ・ケア連合学会誌，40, 131-135.

表 15-4 　DRS-R-98 スコアシート （出典：Trzepacz PT, 岸泰宏, 保坂隆他（2001a）日本語版せん妄評価尺度 98 年改訂版. 精神医学, 43, 1365-1371. 一部改変）

注：日本語版 DRS-R-98 の使用にあたっても，Trzepacz PT による許可が必要であり，使用する際には，Trzepacz PT に直接連絡をとるか（E-mail: pttrzepacz@outlook.com），出典論文の共著者に連絡すれば，代行連絡してくれるとのことである．

名前：＿＿＿＿＿＿＿＿＿＿＿＿＿＿　　日付：＿＿＿＿＿＿　　時間：＿＿＿＿＿

評価者：＿＿＿＿＿＿＿＿＿＿＿＿

重症度得点合計：＿＿＿＿＿＿＿＿　　　DRS-R-98 スコアー合計：＿＿＿＿＿＿＿＿

重症度項目	得点	その他の情報
睡眠覚醒サイクル	0 1 2 3	□昼寝　□夜間の障害のみ　□昼夜逆転
知覚障害	0 1 2 3	錯覚，幻覚のタイプ □聴覚　□視覚　□臭覚　□触覚 錯覚，幻覚の体裁 □単純　□複雑
妄想	0 1 2 3	妄想のタイプ □被害型　□誇大型　□身体型 性質 □系統だっていない　□体系づいている
情動の変容	0 1 2 3	タイプ：□怒り　□不安　□不機嫌　□高揚　□いらだち
言語	0 1 2 3	挿管，無言などの場合ここにチェック　□
思考過程	0 1 2 3	挿管，無言などの場合ここにチェック　□
運動性焦燥	0 1 2 3	身体拘束されている場合ここにチェック　□ 身体拘束の方法：
運動制止	0 1 2 3	身体拘束されている場合ここにチェック　□ 身体拘束の方法：
見当識	0 1 2 3	日付： 場所： 人物：
注意	0 1 2 3	
短期記憶	0 1 2 3	項目を記銘するまでの試行回数： □カテゴリーのヒントを与えた場合チェック
長期記憶	0 1 2 3	□カテゴリーのヒントを与えた場合チェック
視空間能力	0 1 2 3	□手指が使えない場合ここにチェック

診断項目	得点	その他の情報
短期間での症状発症	0 1 2 3	□症状がその他の精神症状に重畳している場合チェック
症状重症度の変動性	0 1 2	□夜間のみに症状が出現している場合チェック
身体の障害	0 1 2	関係している障害：

ⓒ Trzepacz 1998

2. せん妄評価尺度

一瀬邦弘, 土井永史, 中村満他(1995)老年精神医学関連領域で用いられる測度：せん妄を評価するための測度. 老年精神医学雑誌, 6, 1279-1285.

Kato M, Kishi Y, Okuyama T et al. (2010) Japanese version of the Delirium Rating Scale, Revised-98 (DRS-R98-J): reliability and validity. Psychosomatics, 51, 425-431.

Trzepacz PT (1996) Delirium: advances in diagnosis, pathophysiology, and treatment. The Psychiatric Clinics of North America, 19, 429-448.

Trzepacz PT, Baker RW, Greenhouse J (1988) A symptom rating scale for delirium. Psychiatry Research, 23, 89-97.

Trzepacz PT, 岸泰宏, 保坂隆他 (2001a) 日本語版せん妄評価尺度98年改訂版. 精神医学, 43, 1365-1371.

Trzepacz PT, Mittal D, Torres R et al. (2001b) Validation of the Delirium Rating Scale-Revised-98: comparison with the delirium rating scale and the cognitive test for delirium. The Journal of Neuropsychiatry and Clinical Neurosciences, 13, 229-242.

第16章
定性的アセスメント

1. ハノイの塔（Tower of Hanoi）による定性的アセスメント

　ハノイの塔は，手続き記憶（procedural memory）や遂行機能（executive function）を測定する問題解決課題であり，本来は図16-1の左図に示したように初期条件から大きさの異なるディスクを1度に1枚ずつ動かし，左右いずれかの棒のある位置にもっていく課題である。この際，移動するディスクはそれより小さなディスクの上には置くことができないルールとなっている。したがって，5枚のディスクを左右いずれかの棒のある位置にもっていく手数は最小で31回となり，健常者でも難度の高い課題でもある。そこで，GoelとGrafman（1995）は，最小手数が7回もしくは15回となるような，より易しい初期条件から始める変法を考案し，計9課題の施行による脳損傷患者のプランニング能力を評価している。

　わが国では，三村ら（1999）が健忘症候群の認知技能訓練，穴水ら（2005）が右前頭葉背外側損傷者に対する遂行機能訓練に，GoelとGrafman（1995）による変法を応用している。その他，高木ら（2005）はハノイの塔の課題を3段階に設定し，統合失調症者は健常者と比較して問題解決能力に障害があり，それは主にプランニングの障害であることを報告しており，小池ら（2002）は健常成人3名を対象にハノイの塔は4枚のディスク課題で初期状態と目標状態がコンピュータ上に呈示され，被験者は20秒間，思考した後，口頭で答えさせる課題を設定し，課題遂行中に右前頭前野は左前頭前野より活性化が大きかったが，比較的広い領域であったことを報告している。

　このようにハノイの塔は，手続き記憶や遂行機能を測定する問題解決課題として，臨床現場で高次脳機能の定性的評価をする上で有用であろうと考えられるが，コンピュータによる実施も含めて使用する器具や，検査方法，基準年齢群の標準値など，定量的アセスメントが可能となるための標準化が待たれよう。

2. 脳梁離断症状の定性的アセスメント

　脳梁欠損症（agenesis of the corpus callosum）は，左右の大脳半球を連絡する最大の構造である脳梁の欠損または部分欠損の総称である。脳梁には左右大脳半球の新皮質間を連絡する交連線維が走行し，その神経線維の数はヒトでは約2億本といわれ，生物のなかでもっとも発達している（田中，2001）。発生学的には胎生8～16週頃に終板の背側縁内の交連板から，膝部，体部，膨大部，吻部の順に形成されるため，部分欠損の場合は膨大部，吻部が欠損する例

図16-1 ハノイの塔
(Goel & Grafman (1995) の変法による課題例。左図のような初期条件にあるディスクを
1度に1枚ずつ動かし、右図のような最終条件にする問題解決課題である）

が多いといわれている（宇都宮, 2000；望月, 2002）。

　また，脳梁欠損症の神経心理学的研究については，山鳥（1985）が次のようにまとめている。非対称性離断症状に関しては，わずかの例外を除いて一側失行，一側触覚性呼称障害などの古典的離断症状は報告されていない。また，対称性離断症状に関しては，強い離断症状はみられないが，最近は詳細な検査により，触手によるフォームボード学習効果の伝達障害，交差性触点定位能力の障害，両手の共同運動の障害などの報告がある。しかし，これらの神経心理検査における学習効果に関しての報告はほとんどみられない。

　そこで，小海ら（2003）は，偶然みつかった次の脳梁欠損症（完全欠損）の2症例を対象に神経心理検査における学習効果について検討している。

【症例1】80歳，女性。#脳梁全欠損症

　症例1のBrain MRIは図16-2に示す通りであり，同時に側脳室後角の拡大が認められたが，前交連，後交連の欠損はみられず，脳梁欠損以外に大きな合併奇形はみられなかった。

【症例2】31歳，男性。#脳梁全欠損症

　症例2のBrain MRIは図16-3に示す通りであり，同時に大脳縦列が左側に偏位し左脳の低形成や前頭葉白質に局所性異所性灰白質が認められたが，前交連，後交連の欠損はみられなかった。

　そして，まず遺伝および学習の積み重ねの結果である知能に関して，WAIS-Rで評価を行い，様々な神経心理検査を施行した後，positive dataとなった触覚性呼称と触覚性読字に関して，約2週間後にretestを実施することにより，認知学習の反復施行による学習効果について調べている。なお，触覚性呼称は，Gazzanigaら（1962），GazzanigaとSperry（1967），田中（2001）を参考に，「ハサミ・スプーン・栓抜き・鍵・ドライバー・スパナ」を閉眼状態で左右手それぞれの触覚認知により呼称および手続き記憶を測定する課題とし，触覚性読字は，Sperryら（1969），杉下（1993）を参考に，閉眼状態で仮名文字を左右手それぞれの触覚認知による読字を測定する課題とし，それを図16-4に示すように作成している。脳梁全欠損症例の神経心理

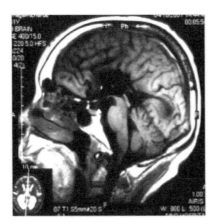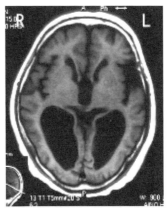

図16-2 症例1（80歳，女性。#脳梁全欠損）のBrain MRI
（T1強調画像。左図：矢状断，右図：軸位断）

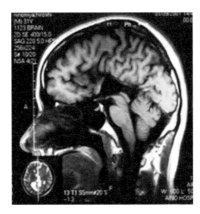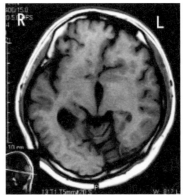

図16-3 症例2（31歳，男性）のBrain MRI
（T1強調画像。左図：矢状断，右図：軸位断）

検査結果は，表16-1に示す通りであり，2症例ともに脳梁欠損症に伴う臨床症状としての触覚性呼称障害や触覚性読字障害などが認められ，反復施行における学習効果が認められた。したがって，先天性脳梁欠損症に特異な触覚性障害に関しても認知学習される可能性があることを示唆していると報告している。

したがって，このような先天性脳梁欠損症や脳梁離断症に特異な触覚性障害を検出するためには，触覚性呼称や触覚性読字のような課題により，定性的に評価することが大切となろう。

3．発達障害の定性的アセスメント

発達障害の定性的アセスメントが必要となるのは，例えば標準データのない発達性読み書き障害や，「顔，建物，場所の視覚的記憶と言語記憶の一致ができない」など特異な主訴があるような場合に，それらを検索するための定性的評価が大切となろう。

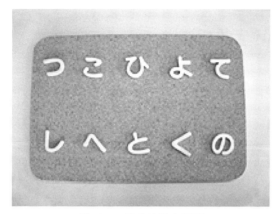

図16-4　触覚性読字課題

表16-1　脳梁全欠損症例（症例1および症例2）の神経心理検査結果（出典：小海ら，2003．一部改変）

		症例1（80歳，女性）		症例2（31歳，男性）	
		Test	Re-test	Test	Re-test
WAIS-R	言語性IQ	78	−	67	−
	動作性IQ	81	−	100	−
	全検査IQ	78	−	79	−
WCST	達成カテゴリー数	1	3	4	5
	総エラー数	26/48	22/48	17/48	13/48
	保続性エラー数	6	6	6	1
触覚性呼称（正答数）		L 6/6, R 4/6	L 6/6, R 6/6	L 6/6, R 2/6	L 6/6, R 6/6
触覚性読字（正答数）		L 3/10, R 1/10	L 10/10, R 9/10	L 10/10, R 1/10	L 10/10, R 6/10
触覚性読字（誤答数）		L 4/10, R 2/10	L 0/10, R 0/10	L 0/10, R 0/10	L 0/10, R 1/10

注：WAIS-Rの適用年齢の上限は74歳であるため，症例1のWAIS-Rの結果は参考値である。

【症例1】16歳，男性。中学2年生。# 発達性読み書き障害をともなうAD/HD（出典：小海ら，2012。一部改変）

　症例1のBrain MRIは，図16-5に示す通りである。両側特に右側海馬傍回における軽度の低形成もしくは萎縮がうかがわれ，早期アルツハイマー型認知症診断支援システム（voxel-based specific regional analysis system for Alzheimer's disease：VSRAD）ver.2.0（Hirata et al., 2005）を使用した海馬傍回の萎縮度（VSRAD値）は1.42で，「萎縮がややみられる」と判定された。なお，VSRAD値の対照健常者群は，54歳から69歳の男女40例であるため，対照を当該年齢群である中学生とした場合，さらにVSRAD値は多少，大きくなる可能性がある。このような海馬傍回における脳画像の形態的な問題の可能性が元々の発達形成上の問題としてあるのか，その後の障害により問題として形成されてきたのかは不明であるし，発達性読み書き障害による影響であるのか，AD/HDによる影響であるのかも，本症例のみで解釈することはできないであろう。

　また，神経心理学的検査のテストバッテリーは，本症例の優位半球を推定するためにエディンバラ利き手検査（EHI），全般的知的機能を多面的にみるためにWISC-Ⅲ，聴覚言語的指示に対する継時的動作の遂行機能をみるためにWAB失語症検査（WAB）の「継時的命令課題」，視覚的記銘力をみるためにベントン視覚記銘検査（BVRT），漢字の読字機能をみるために日

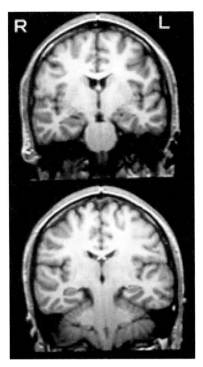

図 16-5　症例 1 の Brain MRI（T1 強調画像：冠状断）

本版成人読みテスト-25（JART-25）を組んで実施した。ただし，JART の適用対象は成人であるので，あくまでも参考値としての評価である。

さらに，上記の神経心理学的テストバッテリーでも，JART が読字課題である以外は，読字障害や書字障害をみる検査が含まれていないため，「音読および内容読解課題」，「アルファベットおよび英語の自己紹介の書き取り課題」，「英語テスト」を今回，新たに作成するとともに，小学生の読み書きスクリーニング検査（screening test of reading and writing for Japanese primary school children：STRAW），「漢字能力検定」も利用して実施した。ただし，STRAW は対象が小学生であるので，あくまでも参考値としての評価であるが，小学校 6 年生用の課題を利用した。

これらのテストバッテリーのうち，音読および内容読解課題として，表意文字である漢字と表音文字である仮名による読字障害の差，および視覚走査の方向性による障害の差，さらに同時処理として注意の分配機能も含めてアセスメントする目的で，漢字仮名混じりの馴染みやすい小説の冒頭による課題を今回新たに作成し施行した。なお，視覚走査の方向性による障害の差をみるために，文章の縦書き，横書きのバージョン 2 種類をそれぞれ作成した。これらの課題例は，図 16-6 および図 16-7 に示す通りであり，結果は表 16-2 に示す通りである。音読場面では行を抜かす誤りはなく，文章の内容もおおむね理解することができていた。課題の 1 つである「坊ちゃん」では，文章を音読しながら声を出して笑い，内容に興味を示す様子もうかがえた。第 2 施行では音読の所要時間が短縮し学習効果がみられ，縦書きと横書きにおける音読速度に大きな差はみられなかった。ただし，文章の一部を読み飛ばすことや，「二階」を「階段」，

音読検査

次の文章を声に出してできるだけ早く読み、物語の内容も覚えておきましょう。作品名と作者名も読みましょう。

いのちの初夜

北条民雄

駅を出て二十分ほども雑木林の中を歩くともう病院の生垣が見え始めるが、それでもその間には谷のように低まった処や、小高い山のだらだら坂などがあって人家らしいものは一軒も見当たらなかった。東京からわずか二十マイルそこそこの処であるが、奥山へはいったような静けさと、人里離れた気配があった。

梅雨時に入るちょっと前で、トランクを提げて歩いている尾田は、十分もたたぬ間にはやじっとり肌が汗ばんで来るのを覚えた。ずいぶん辺鄙な処なんだなあと思いながら、人気の無いのを幸い、今まで目深にかぶっていた帽子をずり上げて、木立を透かして遠くを眺めた。見渡す限り青葉で覆われた武蔵野で、その中にぽつんぽつんと聳っている藁屋根が何となく原始的な寂寞を忍ばせていた。

図 16-6 音読および内容読解課題例（課題1. いのちの初夜. 縦書きバージョン）

音読検査

次の文章を声に出してできるだけ早く読み、物語の内容も覚えておきましょう。作品名と作者名も読みましょう。

坊ちゃん

夏目漱石

親譲りの無鉄砲で子供の時から損ばかりしている。小学校に居る時分学校の二階から飛び降りて1週間程腰を抜かした事がある。なぜそんな無闇をしたと聞く人があるかも知れぬ。別段深い理由でもない。新築の二階から首を出していたら、同級生の一人が冗談に、いくら威張っても、そこから飛び降りる事は出来まい。弱虫やーい。と囃したからである。小使に負ぶさって帰って来た時、親父が大きな眼をして二階位から飛び降りて腰を抜かす奴があるかと云ったから、この次は抜かさずに飛んで見せますと答えた。

親類のものから西洋製のナイフを貰って綺麗な刃を日に翳して、友達に見せていたら、一人が光る事は光るが切れそうもないと云った。

図 16-7 音読および内容読解課題例（課題2. 坊ちゃん. 横書きバージョン）

表 16-2　症例 1 の音読および内容読解課題の結果

物語名		文章スタイル	所要時間（秒）	音読数／秒
課題 1　いのちの初夜	第 1 施行	縦書き	170	4.5
	第 2 施行	横書き	98	7.7
課題 2　坊ちゃん	第 1 施行	縦書き	92	7.5
	第 2 施行	横書き	73	9.5

「親父」を「父親」と読字する意味的に類似した漢字の読み誤り，「ちょっと」を「ちょうど」と読字する視覚的形態が類似した平仮名の読み誤りが散見されたことから，持続性注意力や注意の分配能力の弱さが考えられる。また，これらの読み誤りに対して自発的に気づくこともなかった。

　その他，アルファベットおよび英語の自己紹介の書き取り課題（形態の似ている「M」と「N」の順番を誤る，「T」の代わりに「H」と書字する誤りを認める），中学初級程度の英語検定 5 級を参考に作成した英語テストは，4/14 点で英語のつづりや英文の構成などで困難さを認め，漢字能力検定では，中学校 1 年生レベルの 4 級は 58/200 点，小学校 6 年生レベルの 5 級でも 70/200 点であり，年齢に比して漢字の読み書きの困難さが認められた。特に書き取りでは書字不可能な漢字が多く，漢字を想起することが難しいと考えられる。また，漢字の書き取りの誤りとしては，「暗示」を「案示」，「解熱」を「下熱」と表記する音韻処理に依存した誤り，「危ない」を「険ない」と意味的に類似した漢字の誤り，「宇宙」を「宇寅」，「洗脳」を「洗胸」と表記する視覚的形態が類似した誤りが認められた。書字の構成においても文字の形や大きさ，向きが整いにくく，バランスの悪さがうかがえた。

　このような標準データのない発達性読み書き障害の検索のためには，ここで紹介した「音読および内容読解課題」，「アルファベットおよび英語の自己紹介の書き取り課題」，「英語テスト」，「漢字能力検定」などのような定性的評価を行うことも大切となろう。

【症例 2】24 歳，女性。右手利き。＃睡眠障害，学習障害（LD）疑い

　症例 2 の Brain MRI は，図 16-8 に示す通りであり，問題となるような所見は認められない。

　主訴は，「顔，建物，場所の視覚的記憶と言語記憶の一致ができない。単純作業だとすぐに他の方へ気が向いてしまって集中して持続できない。複雑な作業は人の何倍も長時間持続できる」とのことだったので，全般的知的機能をみるために WAIS-R，記憶機能を多面的にみるために改訂版ウェクスラー式記憶検査（WMS-R），BVRT，レイ複雑図形（ROCF），リバーミード行動記憶検査（RBMT），自伝的記憶検査（ABMT），視覚－運動機能をみるためにベンダー・ゲシュタルト・テスト（Bender Gestalt Test：BGT），遂行機能をみるために線引きテスト（TMT），内田クレペリン検査（Kraepelin's Performance Test）のテストバッテリーを組んだ。さらに，主訴の特異性についての定性的評価をするために小海ら（2007, 2011）が作成した情動認識検査（Emotional Recognition Test：ERT）を適用し，新たに相貌認識検査（Facial Recognition Test：FRT），風景認識検査（Scene Recognition Test：SRT）も作成してテストバッテリーを組んだ。ERT は，Cedrus Corporation の SuperLab Pro Version 2.0 で，表情写真刺激，イラスト刺激，線画刺激を対象者ごとにカウンター・バランスがとれるように

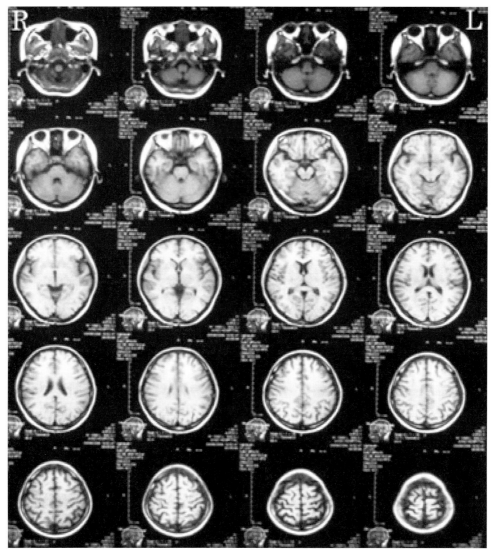

図 16-8　症例 2 の Brain MRI（T1 強調画像：軸位断）

ランダムに提示し，情動カテゴリー名は数字キーボード（1：笑顔，2：怒った顔，3：悲しい顔，4：真顔）にて強制選択させ，正誤反応および反応時間（msec）の記録をできるようにプログラミングしたものである．なお，表情認知課題例は，図 16-9〜図 16-11 に示す通りである．FRT は，RBMT の顔写真の下位検査から 7 名の顔写真を選択し，それぞれに氏名およびふりがなを命名したものを PowerPoint で各 10 秒ずつプレゼンテーションして，その後，同顔写真だけを提示し，氏名を想起させる課題とした．SRT は，15 カ所の国内の風景および地名およびふりがなをふった画像を PowerPoint で各 10 秒ずつプレゼンテーションして，その後，同風景写真だけを提示し，地名を想起させる課題と，地名だけを提示し，どのような風景であったかを描画させる課題とした．なお，SRT 課題例は，図 16-12 に示す通りである．

　その結果，WAIS-R は言語性知能指数（IQ）99（普通域），動作性 IQ106（普通域），全検査

図 16-9　SuperLab Pro Ver.2.0 による提示刺激が男性像の表情写真で，情動タイプが幸福の表情認知課題例

図 16-10　SuperLab Pro Ver.2.0 による提示刺激が女性像のイラストで，情動タイプがニュートラルの表情認知課題例

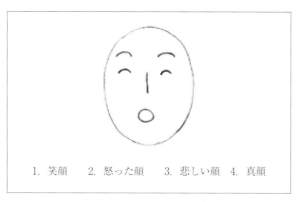

図 16-11　SuperLab Pro Ver.2.0 による提示刺激が線画で，情動タイプが幸福の表情認知課題例

図 16-12 PowerPoint 2010 による SRT 課題例

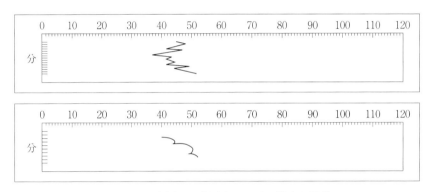

図 16-13 症例 2 の内田クレペリン検査の結果

表 16-3 症例 2 の内田クレペリン検査の結果

	平均作業量	初頭努力率	平均誤謬量	動揺率	V字型落込み	休憩効果率	判定
休憩前	44.67	1.007+	0.87	0.336	0	1.054++	aP++++++
休憩後	47.10	0.849++	1.70+	0.255	0		

IQ102（普通域），WMS-R は言語性記憶 101（普通域），視覚性記憶 116（普通域上位），一般的記憶 106（普通域），注意・集中力 96（普通域），遅延再生 109（普通域），BVRT は正確数 9，誤謬数 1，歪み 1 で特に問題を認めず，ROCF は 3 分遅延 26.5/36（基準年齢群 18 ～ 24 歳：25.7 ± 5.7），15 分遅延 30.5/36（基準年齢群 18 ～ 24 歳：24.8 ± 5.4。ただし，30 分遅延）で特に問題を認めず，ABMT は自伝的出来事 12/15 で個人的意味記憶も良好であり，BGT はパスカル・サッテル法 6 点と極めて低く，歪みなど特に問題を認めなかった。RBMT は標準プロフィール点 21/24（39 歳以下：cut off 値 19/20），スクリーニング点 10/12（39 歳以下：cut off 値 7/8）でスコア的には問題ないが，未知の顔写真と姓名を記銘する際に，姓の遅延再生が cue を与えても想起できず，顔写真の再認課題では良好であった（5/5）ことから，既知の顔写真の再認の働きとしての右紡錘状回周辺領域の機能低下は認めず，個人的な体験を伴わない

表16-4 症例2の相貌認識検査（FRT）の結果

	症例2 correct（%）	normal（n=5） mean correct（%）
Cueなし条件		
姓	5/7（71.4）	4.0/7（57.1）
名	3/7（42.9）	3.6/7（51.4）
姓名	8/14（57.1）	7.6/14（54.3）
Cueあり条件		
姓	5/7（71.4）	6.4/7（91.4）
名	3/7（42.9）	5.2/7（74.3）
姓名	8/14（57.1）	11.6/14（82.9）

表16-5 風景認識検査（SRT）の結果

	症例2 correct（%）	normal（n=5） mean correct（%）
Cueなし条件	10/15（66.7）	10.4/15（69.3）
Cueあり条件	10/15（66.7）	10.8/15（72.0）

未知の顔写真と名前の照合をするような働きとしての左側頭極周辺領域の機能低下もしくは遅延再生課題であるため，保持・再生機能としての前頭葉性の障害を示唆していると考えられる。また，TMTはpart A 24"（error 0），part B 85"（error 0），part B／part A 3.54でセットの転換機能の低下を認め，左前頭葉背外側面周辺領域の機能低下を示唆していると考えられる。さらに，内田クレペリン検査の結果は図16-13および表16-3に示す通りであり，判定はaP（a段階の異常型）で，後期平均作業量はa段階下位にあり，ものごとの処理速度は，やや不足する水準であり，意志緊張因子に関しては終末努力が認められるが，初頭努力が前期・後期ともに認められず，発動性の障害が示唆される。また，休憩効果が全く認められず，慣れの悪さを中心として，休憩前の作業興奮が残存せず，疲労度が高く，休憩によってもそれが回復しないと考えられる。さらに，後期誤謬量が増加し，誤答が散在で，いくつか特定の数字に関わっており，焦りによる変調状態に陥りやすかったり，保続性のエラーを生じやすいことが考えられ，これらからも，前頭葉背外側面における機能障害が示唆される。

そして，定性的評価としてのERTでは，すべての提示刺激・情動タイプにおいて正反応で，反応時間にも問題はみられず，表情による情動認知に問題は認められず，扁桃体，眼窩脳，前頭葉内側底面周辺領域における機能に問題はないことを示唆していると考えられ，FRTの結果は表16-4に示す通りであり，顔写真と姓名による記銘力に関しては，Cueなし条件においては正答率に問題は認められず，左紡錘状回－側頭極－側頭葉前頭部周辺領域の機能に問題がないことを示唆していると考えられる。しかし，Cueあり条件でも正答率の向上がみられず，左前頭前野性の論理的なworking memoryの障害を示唆していると考えられ，SRTの結果は表16-5に示す通りであり，風景写真と地名による記銘力に関しては，Cueなし条件，Cueあり条件ともに正答率に問題は認められず，左側頭葉内側面，側頭極，海馬傍回周辺領域の機能に問題がないことを示唆していると考えられ，記憶した風景場面の想起および描画表現も良好にて，特に問題は認められなかった。

以上の結果からは，RBMTの未知の顔写真と姓名の遅延再生に関しては脆弱性が認められたが，FRTの7名の未知の顔写真と姓名の即時再生に関しては問題を認めず，SRTでも問題を認めず，本人の主訴である，「顔，建物，場所の視覚的記憶と言語記憶の一致ができない」ことに関しては，客観的な障害とは言えないと考えられよう。一方で，TMTからカテゴリーセットの転換機能障害，内田クレペリン検査からは発動性の障害，慣れの悪さ，保続傾向が認められ，本人の主訴である「単純作業だとすぐに他の方へ気が向いてしまって集中して持続できない。複雑な作業は人の何倍も長時間持続できる」ことの客観的な障害にも通ずるであろうし，総合的にはLDなど発達障害を示唆する障害は認めないものの，左前頭葉背外側面周辺領域における機能の脆弱性を示唆しているとも考えられよう。

　このように，発達障害傾向があり，特に特異な主訴があるような場合に，それらを検索するための定性的評価も大切となろう。

　その後，症例2は，一時期，睡眠導入剤による睡眠のコントロールとメモ活用のアドバイスをした後，問題なく社会適応している。

文　献

1．ハノイの塔（Tower of Hanoi）による定性的アセスメント

穴水幸子，加藤元一郎，斎藤文恵他（2005）右前頭葉背外側損傷に対する遂行機能リハビリテーション．認知リハビリテーション，51-58．

Goel V, Grafman J (1995) Are the frontal lobes implicated in "planning" functions? Interpreting data from the Tower of Hanoi. Neuropsychologia, 33, 623-642.

小池敏英，雲井未歓，前迫孝憲他（2002）機能的ベッドサイド近赤外線トポグラフィー法による前頭前野のヘモグロビン濃度変化の検討：実行機能課題の遂行中の特性．臨床脳波，44, 765-772．

三村將，穴水幸子，師岡えりの（1999）手続記憶．松下正明（総編集）：臨床精神医学講座．S2．記憶の臨床．中山書店．pp.113-123．

高木美和，片山征爾，小嶋和重他（2005）ハノイの塔課題を用いた統合失調症患者の問題解決能力の検討．米子医学雑誌，56, 61-71．

2．脳梁離断症状の定性的アセスメント

Gazzaniga MS, Bogen JE, Sperry RW (1962) Some functional effects of sectioning the cerebral commissures in man. Proceedings of National Academy of Sciences of the United States of America, 48, 1765-1769.

Gazzaniga MS, Sperry RW (1967) Language after section of the cerebral commissures. Brain, 90, 131-148.

小海宏之，清水隆雄，近藤元治他（2003）先天性脳梁欠損症（完全欠損）の神経心理検査における学習効果について．神経内科，58, 581-585．

望月廣（2002）脳梁無形成．神経内科，57, 220-225．

Sperry RW, Gazzaniga MS, Bogen JE (1969) Interhemispheric relationships: the neocortical commissures: Syndromes of hemisphere disconnection. In Vinken PJ, Bruyn GW, editors. (1969) Handbook of clinical neurology. Amsterdam: North-Holland, 6, 273-290.

杉下守弘（1993）脳梁症候群．島薗安雄，保崎秀夫（編集主幹）精神科MOOK 29．神経心理学第1版．金原出版．237-252．

田中康文（2001）脳梁の症状．モダンフィジシャン，21, 300-307．

宇都宮英綱（2000）画像からみた脳の発達解剖．脳と神経，52, 766-779．

山鳥重（1985）神経心理学入門．医学書院．

3. 発達障害の定性的アセスメント

Cedrus Corporation: SuperLab Pro Version 2.0. http://www.cedrus.com/（2014.9.1.引用。なお，現在はVersion 5.0 である）

Hirata Y, Matsuda H, Nemoto K et al.（2005）Voxel-based morphometry to discriminate early Alzheimer's disease from controls. Neuroscience Letters, 382, 269-274.

小海宏之，加藤佑佳，小谷裕実（2012）発達性読み書き障害をともなう注意欠陥／多動性障害者の神経心理学的アセスメント．花園大学心理カウンセリングセンター研究紀要，6, 23-33.

小海宏之，岸川雄介，園田薫他（2007）軽度アルツハイマー型認知症者の表情認知に関する研究．藍野学院紀要，20, 9-23.

小海宏之，岡村香織，中野明子他（2011）高齢統合失調症者の表情認知に関する神経心理学的基礎研究．花園大学社会福祉学部研究紀要，19, 37-44.

第17章
神経心理学的検査報告書の書き方

　公認心理師・臨床心理士などが臨床現場で，神経心理学的報告書を作成する際には，その表し方に工夫が必要となる。

　他の章でいくつかの症例にテストバッテリーを組んだ解釈例を記述したが，報告書の読み手が神経心理学の専門医師で診断の補助が目的であれば，神経心理学的検査結果から言える総合所見を推定される脳機能のことまで含めて保持されている機能と障害されている機能，そこから考えられるケア・アドバイスなどを，大体，A4サイズで1枚にまとめるのが肝要となろう。また，読み手が一般医師やコメディカルスタッフである場合は，専門用語を控えて記述することも大切となろう。さらに，読み手が患者本人や患者を支える家族などである場合は，特に専門用語は控えることと，ケア・アドバイスについてはより具体的で理解しやすく，実行しやすいように記述することも大切となろう。

　そこで，以下にいくつかの症例の報告書の例を示す。

1. 発達障害児の報告書例
（診断補助および母親へのカウンセリング導入の可否判断目的の医師向け）
（小海・若宮, 2010）

〇〇〇〇様（症例1）10歳6カ月，男性。

　総合所見

　本児の神経心理・臨床心理検査時の行動観察では，アイコンタクト，挨拶，ラポールに問題はうかがわれませんでした。また，教示理解も良好で，検査時間が長時間におよぶと椅子の上での足組がみられましたが，全般にわたって真面目かつ協力的に受検していました。

　WISC-Ⅲ結果は，表17-1および表17-2に示す通りで，言語性知能指数（VIQ）124（90％信頼区間116-128），動作性知能指数（PIQ）121（90％信頼区間112-126），全検査知能指数（FIQ）125（90％信頼区間118-129），言語理解群指数 VC121（90％信頼区間109-126），知覚統合群指数（PO）121（90％信頼区間111-126），注意記憶群指数（FD）127（90％信頼区間116-131）がいずれも優秀域であり，処理速度（PS）114（90％信頼区間102-121）が普通域上位の知能段階に相当すると言えます。また，いろいろな解答の可能性が考えられる課題において，最も適切ないし重要な解答がどれであるかを見極める能力や，言語や物事，課題解決の法則性などの概念がどの程度蓄積されているか，そして，その概念をどの程度柔軟に運用することができるかという能力が，特に優れており，学校生活における全般的

表 17-1. 症例 1（10 歳 6 カ月，男性。右手利き）の WISC-Ⅲ結果

	下位検査	粗点	評価点（SS）						テスト年齢
			言語性	動作性	言語理解	知覚統合	注意記憶	処理速度	
1	絵画完成	24		15		15			15-2
2	知　　識	15	11		11				11-2
3	符　　号	46		12				12	11-6
4	類　　似	19	15		15				14-10
5	絵画配列	43		13		13			13-10
6	算　　数	20	15				15		14-2
7	積木模様	51		14		14			13-6
8	単　　語	29	14		14				12-6
9	組 合 せ	29		11		11			10-10
10	理　　解	21	14		14				13-10
11	（記号探し）	26		13				13	12-6
12	（数　唱）	19	14				14		16-6
13	（迷　路）	13		8					8-6
	評価点合計		69	65	54	53	29	25	

全検査 134

表 17-2. 症例 1（10 歳 6 カ月，男性。右手利き）の WISC-Ⅲ結果

	評価点計	IQ/群指数	%ile	信頼区間 0.90	信頼区間 0.95
言語性	69	124	95	116-128	115-130
動作性	65	121	92	112-126	110-127
全検査	134	125	95	118-129	117-130
言語理解	54	121	92	109-126	108-128
知覚統合	53	121	92	111-126	110-127
注意記憶	29	127	96	116-131	115-133
処理速度	25	114	82	102-121	100-122
有意差の評価（5％水準）					
言語性	＝	動作性	知覚統合	＝	注意記憶
言語理解	＝	知覚統合	知覚統合	＝	処理速度
言語理解	＝	注意記憶	注意記憶	＝	処理速度
言語理解	＝	処理速度			

に良好な学力とも一致すると考えられます．さらに，一つの活動から次の活動へと精神活動をすぐに転換できにくい傾向はみられず，全反応内容に関して自閉的論理やこだわり思考を示唆するものもみられず，本児の生活史にもこだわりのエピソードが出てこないことと一致すると考えられます．

　一方，視覚的パターンをたどる力，見通しを立てて行動する能力の欠きやすさや，言語的ワーキングメモリーの障害が示唆され，また，他人からどう思われているかを気にしたり，共感性の

表17-3　症例1（10歳6カ月，男性。右手利き）のP-F Study 結果

GCR = 54%						
プロフィール	E-A	I-A	M-A	O-D	E-D	N-P
	71%	13%	17%	8%	67%	25%
超自我因子	E	I	E+I	E-E	I-I	(M-A) +I
	0%	0%	0%	58%	8%	17%
反応転移因子	E', I', M'	E, I, M	e, i, m	E-A, I-A, M-A		O-D, E-D, N-P
	なし	なし	なし	なし		→ O-D

表17-4　症例1（10歳6カ月，男性。右手利き）のS-M社会生活能力検査結果

領域別社会生活年齢	
身辺自立（Self-Help：SH）	5 – 5
移動（Locomotion：L）	13 – 0
作業（Occupation：O）	8 – 9
意志交換（Communication：C）	6 – 8
集団参加（Socialization：S）	4 – 9
自己統制（Self-Direction：SD）	2 – 2
社会生活年齢（SA）／生活年齢（CA）＝ 6 – 3 ／ 1 0 – 6	
社会生活指数（SQ）＝ 6 0　（mild）	

乏しい事実のみの言及にとどまるような反応内容がみられたり，情緒的な未成熟さを有していることが考えられます。また，影響因としての否定的態度が強く，生活史における他児とのトラブルの原因になってきたことが考えられます。

　Picture-Frustration Study（P-F study）結果は，表17-3に示す通りで，欲求不満場面においては，大人でも思いつかないような皮肉の言語表現がみられますが，一定の適応性を有していると考えられます。また，超自我阻害場面，自我阻害場面，いずれの欲求不満場面においても，自己反省や自責の念が生じることが少なく，他責的な言動を表出しやすい性格傾向を有していると考えられます。一方，気持ちが落ち着いた場面では，多少なりとも他を弁護することができる可能性を示唆しているとも考えられます。さらに，欲求不満場面においては他責的になる傾向の強い本児ですが，社会的望ましさを認識しており，気持ちが落ち着いた状態では他を弁護することもできると考えられるため，本人の主張を受容した上で論理的な状況説明などにより，さらに共感性を高めるような関わりが，今後，重要になってくると考えられます。

　Social Maturity Scale（S-M社会生活能力検査）結果は，表17-4に示す通りで，母親の回答に基づくと本児は社会生活指数（social maturity quotient：SQ）60となり，軽度の障害が示唆されました。しかし，下位項目に関しては，移動のみ生活年齢を超える評価となっており，自己統制の生活年齢は2歳2カ月とかなり低く，母親の本児に対する過小評価の傾向がうかがわれたため，今後のカウンセリングでは，IQとSQの乖離と，両親の本児に対する過小評価などに関して，アプローチすることが重要になると考えられます。

　症例Aの神経心理・臨床心理学的アセスメントから考えられる以上の特徴からは，高知能であるが，社会性の障害やコミュニケーションの障害がみられ，一方，想像力の障害およびそれに

基づくこだわり行動の認められない PDDNOS である可能性がより示唆されます。ただし，出生時の頭部障害の影響を考慮し，MRI や SPECT などの脳画像，脳機能画像所見との検討も必要になると考えられます。

　以上、生育歴、行動観察および神経心理・臨床心理検査の結果を総合すると，DSM-Ⅳ-TR では特定不能の広汎性発達障害（pervasive developmental disorders not otherwise specified：PDDNOS），ICD-10 では広汎性発達障害，特定不能のもの（pervasive developmental disorder, unspecified）である可能性が示唆されますが，まだ，10 歳と幼いため，他の発達障害が流動的であることも留意する必要性が考えられます。

※報告書のポイント

　本症例の発達障害専門医からの指示経緯は，初診時の問診などによって，症例 A は，幼少時からトラブルが絶えず，共感性に乏しいが，こだわりのエピソードは出てこないことが明らかとなった。診断は，「PDDNOS 疑い」である。また，母親が本児との感情的な共感性が持てない点や対処がわからず悩んでいるとのことで，詳細な心理アセスメントの実施により母親の障害理解を深めることと，母親への心理的支援を目的に指示があったものである。

　主治医からの指示による診断目的の報告書の場合は，第 1 章の 2. 神経心理学的アセスメントの方法で述べたように，①生活史および病歴，②行動観察，③面接，④神経心理・臨床心理テスト，⑤医学的テストなどの情報により総合的に判断することが大切である。そこで，まず母親の心理相談の初回面接にて，カルテ（健康保険法上は診療録）の問診情報を熟読した上で，さらに生活史や病歴にかかわる必要な情報を詳細に聴取することも有用であろう。症例 A の場合は，それにより特に習い事などの頻度が多く，それが生活上のストレッサーになっていることもわかった。また，学校場面での様子など他の情報も総合し，診断名としての可能性を明確に述べることが大切であろう。

　また，発達障害児の心理アセスメントの場合，DSM-5 では，神経発達症群（神経発達障害群）として，知的能力障害群，コミュニケーション症群（コミュニケーション障害群），自閉スペクトラム症（自閉症スペクトラム障害），注意欠如・多動症（注意欠如・多動性障害），限局性学習症（限局性学習障害），運動症群（運動障害群），他の神経発達症群（他の神経発達障害）の診断概念があるので，本症例では，P-F Study や S-M 社会生活能力検査が有用であったように，それぞれの想定される障害特徴に応じてテストバッテリーを組むことが大切であろう。

　さらに，上記の総合所見には，具体的もしくは詳細な反応内容を記述しなかったが，例えば WISC-Ⅲでは，〈理解〉で（人を差別することについての課題……差別されて可哀想だから）というような一部共感性に関わる言及がみられるが，（多数決の是非についての課題……好かれている人と，嫌われている人）など共感性の乏しい事実のみの言及にとどまる反応内容がみられ，情緒的な未成熟さを有していると考えられた。また，〈数唱〉では（順唱 8 桁）まで通過するが，（逆唱 4 桁）までと乖離が認められ，順唱にみられる聴覚言語即時記銘力は極めて優れていると言えるが，それと比較して逆唱での成績が低く，言語的ワーキングメモリーの障害を示唆すると考えられた。このように内容分析も詳細に行い，個別の検査報告に記述しておくことも大切となろうし，P-F Study では大人でも思いつかないような皮肉の反応内容がみら

れたので，典型的な反応内容をコピーやスキャンして，個別の検査報告に添付するすることも大切となろう．

2．再検査の報告書例（医師・本人向け）

○○○○様（症例2）67歳，男性．右手利き．# NPH

　症例2の腰椎穿刺髄液排除試験（tap test）前後のCOGNISTATの結果は，図17-1に示す通りです．注意の評価点は0点（重度障害域）→3点（重度障害域）と改善傾向が認められ，その他，復唱5点（重度障害域）→7点（中度障害域），記憶4点（重度障害域）→6点（重度障害域），類似7点（中度障害域）→8点（軽度障害域），判断7点（中度障害域）→8点（軽

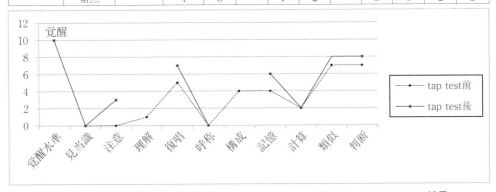

Neurobehavioral Cognitive Status Examination（COGNISTAT）

		覚醒水準	見当識	注意	言語			構成	記憶	計算	推理	
					理解	復唱	呼称				類似	判断
tap test 前	標準得点	覚醒	0	0	1	5	0	4	4	2	7	7
	素点		4	1	3	5	0	0	0	0	1	1
tap test 後	標準得点	覚醒	0	3	−	7	0	−	6	2	8	8
	素点		4	5	−	7	2	−	3	0	2	2

図17-1　症例2（67歳，男性．右手利き）のtap test前後のCOGNISTAT結果

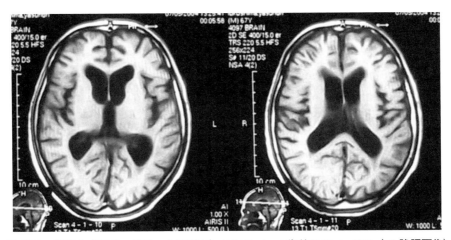

図17-2　症例2（67歳，男性．右手利き）のV-P shunt術前のBrain MRI（T1強調画像）

度障害域）と多岐にわたる高次脳機能の改善傾向が認められます。なお，理解および構成の下位検査は，tap test 後で安静中にて施行不可でした。また，Brain MRI（図 17-2 参照）では，脳室の拡大が認められ，前頭葉および側頭葉内側面の圧排に基づく，大脳基底核性の注意の障害およびその上層機能としての見当識，理解，復唱，構成，記憶，計算，類似，判断など多岐にわたる機能障害を来している可能性が高く，神経心理学的検査からも正常圧水頭症を示唆すると考えられます。

※報告書のポイント

脳外科における NPH の症例であり，V-P シャント術の術前評価としては，多岐にわたる高次脳機能障害が，高次脳機能のベースとなる大脳基底核性の注意機能の障害に基づくものであるのか否かに着目することが大切であろうし，その際，Brain MRI の情報も大切となる。また，しばしば，NPH は確定診断のために tap test が施行されるので，同時に COGNISTAT などにより再検査を実施し，その改善傾向の評価も大切となろう。なお，tap test 後は患部を冷やし安静にすることも必要となるので，COGNISTAT による再検査を実施する際は，理解や構成など座位保持を要する検査以外の口頭言語のみで実施できる検査により改善度を評価するだけでも十分であろう。

3. 再検査の報告書例（医師・本人向け）

○○○○様　67 歳，男性。右手利き。# NPH

　症例 2 の tap test 前後および脳室 - 腹腔シャント（ventriculoperitoneal shunt：V-P shunt）術後の COGNISTAT の結果は，図 17-3 に示す通りであり，V-P shunt 術後の Brain CT は，図 17-4 に示す通りです。tap test 前の注意の評価点は 0 点（重度障害域）であったのが，V-P シャント術後には 10 点（正常域）に改善し，その他，見当識 0 点（重度障害域）→ 2 点（重度障害域），復唱 5 点（重度障害域）→ 11 点（正常域），記憶 4 点（重度障害域）→ 7 点（中度障害域），計算 2 点（重度障害域）→ 4 点（重度障害域），類似 7 点（中度障害域）→ 8 点（軽度障害域），判断 7 点（中度障害域）→ 10 点（正常域）と顕著な改善が認められます。

　なお，見当識 0 点→ 2 点，呼称 0 点→ 0 点（素点は 0 点→ 2 点），計算 2 点→ 4 点はいずれも重度障害域ですが，退院して日常生活に戻ることにより，さらなる改善が見込まれると考えられます。

※報告書のポイント

脳外科における NPH の症例であり，V-P シャント術後の改善を，術前後の変化を明確に記述することが大切であろうし，障害域の重症度だけでなく，詳細な評価点や素点に基づき報告することも大切であろう。

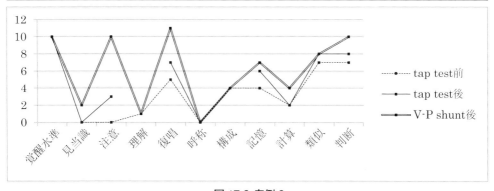

		覚醒水準	見当識	注意	言語			構成	記憶	計算	推理	
					理解	復唱	呼称				類似	判断
tap test 前	標準得点	覚醒	0	0	1	5	0	4	4	2	7	7
	素点		4	1	3	5	0	0	0	0	1	1
tap test 後	標準得点	覚醒	0	3	−	7	0	−	6	2	8	8
	素点		4	5	−	7	2	−	3	0	2	2
V-P shunt 後	標準得点	覚醒	2	10	1	11	0	4	7	4	8	10
	素点		6	s	3	s	2	0	6	1	2	4

図 17-3 症例 2
（67 歳，男性。右手利き。#NPH）の tap test 前後および V-P shunt 術後の COGNISTAT 結果

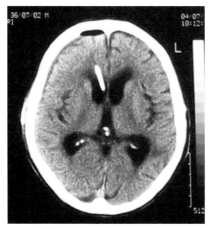

図 17-4 症例 2
（67 歳，男性。右手利き。#NPH）の V-P shunt 術後の Brain CT

4．診断補助のための報告書例（医師向け）（80 〜 82 頁の症例 1 参照）

〇〇〇〇様　77 歳，女性。右手利き。

　総合所見

　　神経心理学的検査の結果は，MMSE は総得点 27/30 点（normal range）で，serial 7's 2/5 点で失点が認められ，ADAS-Jcog. は総失点 5.0/70 点で，単語再生 3.7/10 点（4-7-8:

学習効果を認め，3試行目は8/10点で記憶容量の問題とは言えない），口頭従命1/5点（3段階目を失敗），単語再認 0.3/12点（12-11-11，虚再認 0-0-0）でそれぞれ失点が認められ，command CDT は 8/10点（盤面 0/2 で失点となるが，再教示にて盤面を加筆する），copy CDT 10/10点であり，TMT は，part A 75"（基準年齢群 70〜79歳：45.58 ± 18.91 秒）：error 1，part B 136"（基準年齢群 70〜79歳：152.59 ± 88.42 秒）：error 0，part B / part A 1.81（基準年齢群 70〜79歳：3.49 ± 1.76）であり，RBMT は，物語（直後）8.5/25点，物語（遅延）8.5/25点で若干の失点は認められたが，標準プロフィール点 24/24点（60歳以上の cut off 値 15/16 点），スクリーニング点 12/12点（60歳以上の cut off 値 5/6 点）でした。

　これらのテストバッテリーの結果から，ワーキングメモリーの障害だけが考えられる，Petersen（2004）の診断基準による Non-amnetic MCI single domain を示唆すると考えられ，Baumtest からは，大きな果実を描画しており，これまでの成し得てきた人生に対する自信を示唆するとも考えられます。したがって，これまで通りの生活を維持し，さらに地域における趣味を活かした活動も維持することが大切であろうと考えられます。また，6カ月もしくは1年ごとのフォローにて経過観察をすることが妥当であろうとも考えられます。

※報告書のポイント

医師の診断補助のための報告書の場合，ICD-10，DSM-5 などいずれの診断基準に基づくのかを念頭におくことが大切となろう。そのためにも，各診断基準を把握しておくことが大切となろう。また，本症例のような場合は，ICD-10 では軽度認知障害の診断概念がそもそもなく，AD への移行の可能性を考える上では，DSM-5 の軽度認知障害（DSM-5）の診断概念よりも，Petersen（2004）による Mild Cognitive Impairment（MCI）のサブタイプで報告した方が考えやすい場合もあろう。さらに，治験では，National Institute of Neurological and Communicative Disorders and Stroke-Alzheimer's Disease and Related Disorders Association（NINCDS-ADRDA）（McKhann, et al., 1984）の診断基準による probable AD を対象としたり，National Institute of Neurological Disorders and Stroke- Association Internationale pour la Recherche et l'Enseignement en Neurosciences（NINDS-AIREN）（Román et al., 1993）の診断基準による probable VD を対象としたりなど，他の診断基準を用いることも多いので，老年精神医学の成書で確認しておく必要もあろう。

5．診断補助のための報告書例（本人向け）（80〜82頁の症例1参照）

〇〇〇〇様　77歳，女性。右手利き。

　神経心理学的検査の結果は，MMSE は総得点 27/30点で，serial 7's 2/5点で失点が認められ，ADAS-Jcog. は総失点 5.0/70点で，command CDT は 8/10点，copy CDT 10/10点であり，TMT は，part A 75"（エラー 1），part B 136"（エラー 0），part B / part A 1.81 であり，RBMT は，標準プロフィール点 24/24点，スクリーニング点 12/12点でした。

これらのテストバッテリーの結果から，ワーキングメモリーの障害だけが考えられる「記憶の障害を主としない認知障害が1領域のみの軽度認知障害」を示唆すると考えられ，正常加齢による認知機能の脆弱化とも考えられます。また，バウムテストの描画特徴からは，これまでの成し得てきた人生に対する自信を示唆するとも考えられます。

　したがって，複数のことを一度に行わないように気をつけ，大切なことは1つずつ確認しながらこなすようにし，また，これまで通りの生活を維持し，さらに地域における趣味を活かした活動も維持することが大切であろうと考えられます。なお，6カ月もしくは1年ごとの再検査にて経過観察をすることが大切とも考えられます。

※報告書のポイント

　高齢者の場合，例えばかかりつけの内科医や整形外科医などに検査データなどを持参されることも多いので，神経心理学的検査の結果のデータ概要を記述しておく方が望ましいであろう。また，検査結果の解釈はできるだけ平易な日本語で記述するようにし，特に保持されている機能と障害されている機能の概要を記述した上で，さらに具体的なケア・アドバイスも含めて記述することが大切であろう。

　以上のような報告書を作成する際に，今，報告書に書こうとしている患者の認知機能として障害されている部分と保持されている部分を見極めたり，診断との関係性の深い脳機能との関連を考えたり，本人および介護者に対する具体的なケア・アドバイスを考えたりする上で，体系的・総合的な視点をもらさないことが大切になろうと考えられる。

　ところで，高橋と高橋（1993）が心理学的報告書を作成する上での留意点として，①依頼された査定目的，②依頼者に迎合しないこと，③依頼者の背景の考慮，④専門語を使用しないこと，⑤心理テストを羅列しないこと，⑥特定のパーソナリティ理論に偏らないこと，⑦誰でもいえる一般的なことを述べないこと，⑧きまり文句の報告書を書かないこと，⑨例をあげる時は具体的な資料を用いること，⑩否定的な面だけを述べないこと，⑪簡単・明瞭に記載すること，⑫言葉を正しく用い，当て字を使わないことが大切であることを述べており，これらは神経心理学的検査報告書を書く時にも留意すべき点であると考えられる。

　さらに，体系的な心理アセスメント報告書の書き方に関する成書は数少ないが，Huber（1961；林ら（訳），1981）による『心理学と精神医学の分野での報告書の書き方』もしくはその改訂版（上芝（訳），2009）やLichtenbergerら（2004；上野・染木（監訳），2008）による『エッセンシャルズ：心理アセスメントレポートの書き方』も，神経心理学的検査報告書を書く時に参考になろうと考えられる。

　なお，日本テスト学会がテスト基準として，「テストの開発，実施，利用，管理にかかわる規準基本条項Ver.1.1」を公開しており，また，『テスト・スタンダード』が刊行され（日本テスト学会（編），2007），開発と頒布，実施と採点，結果の利用，記録と保管，コンピュータを利用したテスト，テスト関係者の責任と倫理についてなどが提唱されているので，それらの項目を遵守することが大切であろうし，各職能団体や心理関連学会などの倫理規定などで心理テストの実施・利用・フィードバックなどについて規定やガイドラインも作成しているので，それらの項目も遵守することが大切であろう。

6. 医療領域における心理検査に関連する法律について（小海, 2017）

　心理検査は，健康保険法の生体検査料のなかで，「臨床心理・神経心理検査」として規定されており（厚生労働省, 2016），同法の診療報酬は2年毎に改定されるので，それを確認しておく必要がある。現在は，「発達及び知能検査」「人格検査」「認知機能検査その他の心理検査」として，それぞれ操作と処理の複雑性に応じて80・280・450点と診療報酬点数が決められており，同一カテゴリー内に関しては，「同一日に複数の検査を行った場合であっても，主たるもの1種類のみの所定点数により算定する」と規定されている。したがって，しばしば人格検査としてテストバッテリーを組むが，同一カテゴリー内なので，同一日に施行した場合は，1種類のみで算定することを知っておかなければならないであろう。

　また現在，診療報酬は1点10円であり，患者（健康保険法上は傷病者）の加入している健康保険の種類に応じて自己負担率が異なる。そこで，例えば患者から心理検査の実施前に自己負担額を質問され，その金額如何によって受検するか否かを判断したいとの申し出を受けた場合，明確に答えられるように準備しておく必要もあろう。

　さらに，同法には，「(1) 検査を行うに当たっては，個人検査用として標準化され，かつ，確立された検査方法により行う。(2) ……中略……なお，臨床心理・神経心理検査は，医師が自ら，又は医師の指示により他の従事者が自施設において検査及び結果処理を行い，かつその結果に基づき医師が自ら結果を分析した場合にのみ算定する。(3) 医師は診療録に分析結果を記載する」と規定されている。ここで留意すべきことは，例えば心理検査について詳しく理解していない医師からの依頼の場合には，検査目的をきちんと把握し，その医師に適切な心理検査について伝え，それを「指示」してもらう流れが業務上，必要となることも知っておかなければならない。さらに，法律に整合するよう，医師がカルテ（健康保険法上は診療録）に結果を分析した記録を残す書類が必要になることも理解しておかなければならないであろう。

7. 心理検査報告書のあり方について（小海, 2017）

　心理検査報告書のあり方については，専門職能団体における倫理綱領の内容などをよく理解しておくことが大切である。そこで，例えば日本臨床心理士会倫理綱領を俯瞰すると，まず，「第4条5　対象者から，面接の経過及び心理査定結果等の情報開示を求められた場合には，原則としてそれに応じる」「第5条4　心理査定の結果及び臨床心理的援助の内容等，会員がその業務において行った事柄に関する情報が，対象者又はそれ以外の人に誤用又は悪用されないよう，細心の注意を払うこと」とある。したがって，医療領域でも心理検査結果の情報開示を求められた場合は，原則的に開示しなくてはならないことを意識して心理検査報告書を作成する必要がある。ここで留意すべきことは，心理検査報告書は目的に応じて作成することである。つまり，心理検査報告書の内容如何によっては，本人や関係者に対してそのまま開示すると，患者の症状悪化に影響する可能性が考えられる場合もある。そこで，心理検査報告書は，前述の様に医師など専門家用と，本人や関係者用の2種類を作成すべきであろう。

なお，例えばWISC-Ⅳに関しては，本人や関係者に検査結果のプロフィールをコピーして渡してはならないし，5つの合成得点（FSIQ，VCI，PRI，WMI，PSI）について，パーセンタイル値，信頼区間（90％信頼水準），記述分類とともにわかりやすく記述し，誤解を生じないようにすべきなど注意点が指示されているので（日本文化科学社，2012/2013），内容をよく理解しておくことが大切であろう。

8．心理アセスメントに関する医療領域における倫理問題について（小海，2017）

　日本臨床心理士会倫理綱領のその他の項目をいくつか取り上げると，まず，「第1条3　会員は，対象者に対する心理査定を含む臨床心理行為を個人的欲求又は利益のために行ってはならない。同時に，対象者が常に最適な条件で心理査定を受けられるように，心理査定用具及びその解説書の取扱いには十分に留意する」「第7条6　心理査定に用いられる用具類及び解説書の出版，頒布に際しては，その査定法を適切に使用するための専門的知識及び技能を有しない者が入手又は実施することのないよう，十分に留意しなければならない。また，心理査定用具類は，学術上必要な範囲を超えてみだりに開示しない」とある。したがって，もちろん心理アセスメントを自己の研究業績を上げるために行ってはならないし，研究を行う際は所属する医療機関の倫理委員会の承認を受け，患者にインフォームド・コンセントを丁寧に行った上で実施すべきであろう。また，近年は心理検査使用者レベルに応じた専門家でないと心理検査を入手できない制度が構築されてきているので，このことについても理解しておくことが必要であろう。

　また，「第2条2　個人情報及び相談内容は対象者の同意なしで他者に開示してはならないが，開示せざるを得ない場合については，その条件等を事前に対象者と話し合うよう努めなければならない。また，個人情報及び相談内容が不用意に漏洩されることのないよう，記録の管理保管には最大限の注意を払うこと」「第4条6　面接等の業務内容については，その内容を客観的かつ正確に記録しておかなければならない。この記録等については，原則として，対象者との面接等の最終日から5年間保存しておく」とある。したがって，例えば患者を他機関に紹介する際は，心理検査データや専門家用の心理検査報告書に関しては，相手機関の担当者とあらかじめ連絡を取った上で，その担当者宛に簡易書留などを利用してデータを送付する配慮も必要であろう。また，医療領域においては患者のカルテなどの記録も最終受診日から5年間保存することとなっているので，同様の管理が必要である。なお，近年はデータが電子化され，ストレージなどに大量のデータを保存しやすい状況にあるが，各医療機関の職務規定などにもある通り，データを持ち出さないことや，管理するストレージも暗号化することなど，情報漏洩に関して万全の処置を講じることが大切であろう。

　さらに，「第5条1　自分自身の専門家としての知識・技術の範囲と限界について深い理解と自覚を持ち，その範囲内のみにおいて専門的活動を行うこと」「第5条7　会員が，臨床経験の浅い者に職務を任せるときは，綿密な監督指導をするなど，その経験の浅い者が行う職務内容について自分自身に重大な責任があることを認識していること」とある。したがって，医

療領域では,例えば成年後見制度や司法精神鑑定など法的手続きにおける能力判定の補助資料として心理検査報告書の作成を引き受ける場合があろう。その場合は,十分な臨床経験を積み,知識・技術が備わっていることが必須となり,その上で心理検査報告書作成は,十分な経験を積んだスーパーバイザーから指導を受けるべきであろう。また,特に心理検査の実施・結果処理・解釈が難しいロールシャッハ・テストなどは,臨床現場における指導者が細かな指導をしながら,徐々に難しい症例を後輩に渡していくなどの配慮も大切となろう。

文　献

Huber JT（1961）Report writing in psychology and psychiatry. Harper & Row, Publishers, Inc.（林勝造,高橋雅春,佐藤寛他（訳）（1981）心理学と精神医学の分野での報告書の書き方. ナカニシヤ出版.；上芝功博（訳）（2009）改訂心理学と精神医学の分野での報告書の書き方. 悠書館.）

一般社団法人日本臨床心理士会(2009)倫理綱領 http://www.jsccp.jp/about/pdf/ata_5_rinrikouryo20120704.pdf（2017.12.2. 引用）

小海宏之（2017）［特集］知らないと困る倫理問題　心理検査の結果をどこまで本人／関係者に伝えるか：心理アセスメント. 臨床心理学, 17, 170-172.

小海宏之, 若宮英司（2010）高機能広汎性発達障害児の神経心理・臨床心理学的アセスメント：特定不能の広汎性発達障害. 花園大学心理カウンセリングセンター研究紀要, 4, 5-16.

厚生労働省（2016）平成28年度診療報酬改定について：別表第1（医科点数表）第2章検査、および別添1（医科点数表）
　http://www.mhlw.go.jp/stf/seisakunitsuite/bunya/0000106421.html（2017.12.2. 引用）

Lichtenberger EO, Mather N, Kaufman NL et al.（2004）Essentials of assessment report writing. John Wiley & Sons, Inc.（上野一彦, 染木史緒（監訳）（2008）エッセンシャルズ：心理アセスメントレポートの書き方. 日本文化科学社.）

McKhann G, Drachman D, Folstein M et al.（1984）Clinical diagnosis of Alzheimer's disease: report of the NINCDS-ADRDA Work Group under the auspices of Department of Health and Human Services Task Force on Alzheimer's Disease. Neurology, 34, 939-944.

日本文化科学社（2012, 2013）日本版WISC-Ⅳテクニカルレポート：#2 実施・報告の使用者責任と所見の書き方，および#4 保護者など非専門家にWISC-Ⅳの結果をどこまで報告できるか－換算アシスタントの出力レポートに関連して－
　http://www.nichibun.co.jp/kobetsu/technicalreport/（2017.12.2. 引用）

日本テスト学会. テスト規準について. http://www.jartest.jp/test_basic_articles.html（2014.9.1. 引用）

日本テスト学会（編）（2007）テスト・スタンダード：日本のテストの将来に向けて. 金子書房.

Román GC, Tatemichi TK, Erkinjuntti T et al.（1993）Vascular dementia: diagnostic criteria for research studies: report of the NINDS-AIREN International Workshop. Neurology, 43, 250-260.

高橋雅春, 高橋依子（1993）臨床心理学序説. ナカニシヤ出版.

おわりに

　筆者は臨床心理士として，20数年，臨床現場で発達障害，精神疾患，認知症，高次脳機能障害，がんや糖尿病など内科疾患などを抱える患者さんの神経心理・臨床心理アセスメントを実践してきた。本書は，その臨床経験を元に，近年，臨床現場でよく使用される神経心理学的検査を可能な限り取り上げたつもりだが，神経心理学的検査には本書で取り上げ切れなかった検査もたくさんあるので，それらを使用する際は，できるだけ最新知見も含めてより有用なものとなるように使用することが肝要となろう。

　また，神経心理学は1940年代，米国において神経学と心理学から神経心理学が発展したのが定量的アプローチであり，同時期，ロシアのLuria ARにより神経心理学の臨床理論的発展がなされたのが定性的アプローチであり，近年はこれら定量的アプローチと定性的アプローチの統合による中庸的アプローチが評価方法として重要といわれてきており，そのような視点を考えていただく一助となれば幸いである。

　最後に，本書の出版企画を初版時から今回の第2版に至るまで全面的に支えていただき，校正作業における無理難題にも応じていただき，多大なご援助をいただいた金剛出版常務取締役出版部長の弓手正樹氏に，深く感謝を申し上げます。

2019年1月吉日　小海宏之

索　引

A

Adolescent/Adult Sensory Profile: AASP（青年成人感覚プロファイル）................ 222
agenesis of the corpus callosum: ACC（脳梁欠損症）................ 233
alcoholic cirrhosis（アルコール性肝硬変症）18, 168
alcoholism（アルコール依存症）................ 114
Alzheimer's Disease: AD（アルツハイマー病）
　........ 12, 18, 26, 31, 51, 70, 74, 77, 83, 87, 93, 125, 130, 144, 146, 153, 157, 174, 180, 195, 219, 254
Alzheimer's Disease Assessment Scale: ADAS（アルツハイマー病アセスメント・スケール）
　................ 77, 253, 254
Alzheimer's Disease Neuroimaging Initiative: ADNI（アルツハイマー病神経画像戦略）............ 71, 97
Anton-Babinski syndrome（アントン症候群）... 95
Apathy Evaluation Scale: AES（やる気スコア）170
attention-dificit/hyperactivity disorder: AD/HD（注意欠如・多動症：注意欠陥／多動性障害）
　................ 3, 11, 13, 25, 31, 42, 45, 214
autism spectrum disorder: ASD（自閉症スペクトラム障害／自閉スペクトラム症）........ 119, 222
autism spectrum quotient: AQ（自閉症スペクトラム指数）................ 119
Autobiographical Memory Test: ABMT（自伝的記憶検査）................ 129

B

Baumtest（バウムテスト）............ 80, 86, 139, 255
Behavioural Assessment of the Dysexecutive Syndrome: BADS（遂行機能障害症候群の行動評価）................ 167
Behavioural Inattention Test: BIT（行動性無視検査）................ 135, 149
Bender Gestalt Test: BGT（ベンダー・ゲシュタルト・テスト）................ 151, 239
Benton Visual Retention Test: BVRT（ベントン視覚記銘検査）................ 114, 236
Brain tumor（脳腫瘍）................ 16
Brief Assessment of Cognition in Schizophrenia: BACS（統合失調症用認知の簡易アセスメント）
　................ 74, 93
Brodmann Brain Map（ブロードマン脳地図）26, 30

C

carbon monoxide poisoning（一酸化炭素中毒）
　................ 114, 149
chronic subdural hematoma（慢性硬膜下血腫）134
Clinical Assessment for Attention: CAT（標準注意検査法）・Clinical Assessment for Spontaneity:CAS（標準意欲検査法）...... 133

Clinical Dementia Rating（臨床認知症評定法）
　................ 74, 97, 146, 153, 165, 167, 183
Clock Drawing Test: CDT（時計描画検査）
　................ 80, 144, 165, 254
computed tomography: CT（コンピュータ断層撮像）
　................ 13, 15, 252
crossed cerebellar diaschisis: CCD（交叉性小脳遠隔灌流）................ 18
corticobasal degeneration: CBD（皮質基底核変性症）
　................ 219

D

Das-Naglieri Cognitive Assessment System: DN-CAS（DN-CAS 認知評価システム）........ 61, 63
Delirium（せん妄）................ 170, 227
Delirium Rating Scale: DRS, Delirium Rating Scale-Revised-98: DRS-R-98（せん妄評価尺度）...... 227
dementia with Lewy bodies: DLB（レビー小体型認知症）............ 13, 18, 26, 51, 72, 83, 89, 146, 153, 155, 174, 219
developmental dyslexia: DD（発達性読み書き障害）
　................ 47, 62, 148, 209, 213, 236
diabetes mellitus: DM（糖尿病）... 3, 16, 134, 184

E

Edinburgh Handedness Inventory: EHI（エディンバラ利き手検査）................ 35, 236
Emotional Recognition Test: ERT（情動認識検査）
　................ 239
Executive Clock Drawing Task: CLOX（実行時計描画課題）................ 165
Executive Interview: EXIT25（実行検査）
　................ 165, 196

F

Facial Recognition Test: FRT（相貌認識検査）
　................ 239, 243
FLANDERS handedness questionnaire: FLANDERS（フランダース利き手検査）... 38
Frontal Assessment Battery: FAB（前頭葉アセスメント・バッテリー）................ 180, 184
frontotemporal dementia: FTD（前頭側頭型認知症）................ 13, 83, 145, 174, 180
Frostig Developmental Test of Visual Perception: DTVP（フロスティッグ視知覚発達検査）... 143

G

General Aptitude Test Battery: GATB（一般職業適性検査）................ 66, 95
Glasgow Coma Scale: GCS（グラスゴー・コーマ・スケール）................ 225

H

Hasegawa Dementia Scale: HDS, HDS-R（長谷川式簡易知能評価スケール）………… 72, 87, 114, 179
higher brain dysfunction: HBD（高次脳機能障害）…… 11, 13, 15, 26, 45, 72, 77, 80, 84, 107, 108, 115
humming bird sign（ハミングバードサイン）… 23

I

Infant/Toddler Sensory Profile: ITSP（乳幼児感覚プロファイル）………………………………… 222
intellectual disability: intellectual developmental disorder: ID: IDD（知的能力障害：知的発達症／知的発達障害）………………………… 57
internal carotid artery occlusion（内頸動脈閉塞症）……………………………………………… 203
Iowa Gambling Task: IGT（アイオワ・ギャンブリング課題）……………………………… 185, 198

J

Japan Coma Scale: JCS（ジャパン・コーマ・スケール）…………………………………………… 225
Japanese Adult Reading Test: JART（日本版成人読みテスト）………………………… 74, 93, 237

K

Kaufman Assessment Battery for Children: K-ABC, KABC-Ⅱ（カウフマン式児童用アセスメント・バッテリー）…………………………… 61, 212
Kohs Block Design Test（コース立方体組み合わせ検査）…………………………………………… 146
Korsakoff syndrome（コルサコフ症候群）………………………………………………… 114, 117, 189
Kraepelin's Performance Test（内田クレペリン検査）…………………………………………… 239
Kyoto Scale of Psychological Development（新版K式発達検査）………………………………… 59

L

lacunar infarction（ラクナ梗塞）………… 18
learning disorders: LD（学習障害）…………………………………… 11, 45, 61, 147, 239

M

MacArthur Competence Assessment Tool-Treatment: MacCAT-T（マックアーサー式治療用同意能力アセスメント・ツール）………… 195
magnetic resonance angiography: MRA（磁気共鳴血管造影）……………………… 16, 18, 203
magnetic resonance imaging: MRI（磁気共鳴画像）…… 13, 15, 67, 80, 83, 108, 134, 137, 167, 203, 234, 236, 239, 252
mental retardation: MR（精神発達遅滞）…… 57
middle cerebral artery infarction: MCA infarction（中大脳動脈梗塞）……………………… 26, 146, 203
mild cognitive impairment: MCI（軽度認知障害）…… 14, 18, 70, 74, 79, 125, 144, 146, 180, 254, 255
Mini-Mental State Examination: MMSE（精神状態短時間検査）……… 70, 80, 83, 114, 196, 253, 254
三宅式言語記銘力検査…………………………… 111
Modified Confabulation Questionnaire（修正作話質問紙）……………………………………… 189
Montreal Cognitive Assessment: MoCA（モントリオール認知アセスメント）……………… 74
multiple cerebral infarction（多発性脳梗塞）…………………………………………… 32, 137, 168
multiple system atrophy: MSA（多系統萎縮症）……………………………………… 22, 23, 219
multiple system atrophy, cerebellar-type: MSA-C（多系統萎縮症小脳型）……………………… 23
multiple system atrophy, parkinsonian type: MSA-P（多系統萎縮症パーキンソン型）……………… 22

N

National Institute of Neurological and Communicative Disorders and Stroke-Alzheimer's Disease and Related Disorders Association: NINCDS-ADRDA ……………………………………… 71, 254
National Institute of Neurological Disorders and Stroke- Association Internationale pour la Recherche et l'Enseignement en Neurosciences: NINDS-AIREN ……………………………… 254
Neurobehavioral Cognitive Status Examination: COGNISTAT（神経行動認知状態検査）………………………………… 67, 251, 252
Neuropsychiatric Inventor: NPI（神経精神目録）……………………………………… 173
Nishimura Dementia Scale: NDS（N式精神機能検査）………………………………… 89, 114
Nishimura Dementia Test: NDTest（N式精神機能検査）………………………………… 92
Noise Pareidolia Test（ノイズパレイドリア・テスト）……………………………………………… 157
normal pressure hydrocephalus: NPH（正常圧水頭症）…………………………… 12, 18, 67, 139, 251

O

Odor Stick Identification Test for Japanese: OSIT-J（スティック型嗅覚同定能力検査）…………… 219
Open Essence（嗅覚同定能力測定用カード検査）………………………………………………… 219
organic amnesic syndrome: OAS（器質性健忘症候群）……………………………………………… 114

P

Parkinson's disease: PD（パーキンソン病）………………………… 13, 18, 22, 89, 180, 219
pervasive developmental disorders: PDD（広汎性発達障害）…………… 11, 13, 25, 31, 35, 45, 97
pervasive developmental disorders not otherwise specified: PDDNOS（特定不能の広汎性発達障害）……………………………………………… 250
Picture-Frustration Study（P-F study）……… 249
post-stroke depression: PSD（脳卒中後うつ病）172
Price Test（価格テスト）………………………… 129

progressive supranuclear palsy: PSP（進行性核上性麻痺） ························ 23, 219

R

rapid eye movement sleep behavior disorder: RBD（REM 睡眠行動障害） ···················· 219
Raven's Coloured Progressive Matrices: RCPM（レーヴン色彩マトリックス検査） ········ 147, 180
Repeatable Battery for the Assessment of Neuropsychological Status: RBANS（神経心理状態反復性バッテリー） ······················· 77
Rey Auditory Verbal Learning Test: RAVLT（レイ聴覚言語学習検査） ····················· 117
Rey-Osterrieth Complex Figure: ROCF（レイ複雑図形） ································ 115, 239
right deterioration of the frontal lobe（右前頭葉機能障害） ································ 107, 184
Rivermead Behavioural Memory Test: RBMT（リバーミード行動記憶検査）··· 80, 83, 125, 239, 254

S

Scene Recognition Test: SRT（風景認識検査） 239
screening test of reading and writing for Japanese primary school children: STRAW（小学生の読み書きスクリーニング検査） ············ 48, 213, 237
semantic dementia（意味性認知症） ············ 212
Sensory Profile: SP（感覚プロファイル） ········ 222
Sensory Profile School Companion: SPSC（学校版感覚プロファイル） ································ 222
Short Sensory Profile: SSP（短縮版感覚プロファイル） ································ 222
single photon emission computed tomography: SPECT（単光子放射コンピュータ断層撮像） ····································· 13, 16, 25, 83, 185
sleep disorder（睡眠障害） ····················· 239
smell identification test（嗅覚同定検査） ········ 219
Social Maturity Scale（S-M 社会生活能力検査） 249
specific language impairment: SLI（特異的言語発達障害） ···································· 212
Standard Language Test of Aphasia: SLTA（標準失語症検査） ································ 208
Standard Performance Test of Apraxia: SPTA（標準高次動作性検査） ···················· 149, 169
Standardized Comprehension Test of Abstract Words: SCTAW（標準抽象語理解力検査） ··· 212
Standardized Test for Assessing the Reading and Writing (Spelling) Attainment of Japanese Children and Adolescents: Accuracy and Fluency: STRAW-R（標準読み書きスクリーニング検査） ································ 213
Stanford-Binet Intelligence Scales, Fifth Edition: SB5（スタンフォードビネー知能検査） ······ 52
Stroop Test（ストループ・テスト） ········ 184, 188
subarachnoid hemorrhage: SAH（くも膜下出血） ································ 69, 95, 139
Suzuki-Binet Intelligence Scale（改訂版 鈴木ビネー知能検査） ································ 52

T

Tanaka-Binet Intelligence Scale Ⅴ（田中ビネー知能検査Ⅴ） ································ 52
Tower of Hanoi（ハノイの塔） ····················· 233
Trail Making Test: TMT（線引きテスト） ································ 80, 83, 163, 239, 254
transcortical sensory aphasia（超皮質性感覚失語） ································ 212

U

Understanding Reading and Writing Skills of Schoolchildren: URAWSS（小学生の読み書きの理解） ································ 215
Understanding Reading and Writing Skills of Schoolchildren Ⅱ: URAWSS Ⅱ（小中学生の読み書きの理解） ································ 215
Understanding Reading and Writing Skills of Schoolchildren-English Vocabulary: URAWSS-English Vocabulary（中学生の英単語の読み書きの理解） ································ 215
unilateral spatial neglect: USN（半側空間無視） ················ 31, 111, 115, 135, 139, 147, 149, 203

V

vascular dementia: VaD（脳血管性認知症） ································ 13, 18, 83, 144, 180, 254
vascular depression: VD（血管性うつ病） ······ 172
vascular Parkinsonism: VP（血管性パーキンソニズム） ································ 219
ventriculoperitoneal shunt: V-P shunt（脳室−腹腔シャント） ································ 67, 139, 252
Verbal Fluency Test: VFT（語流暢性テスト） ································ 179, 184
Visual Perception Test for Agnosia: VPTA（標準高次視知覚検査） ···················· 149
Voxel-Based Specific Regional Analysis System for Alzheimer's Disease: VSRAD（早期アルツハイマー型認知症診断支援システム） ··· 80, 184, 236

W

Wechsler Adult Intelligence Scale: WAIS-R・Ⅲ・Ⅳ（ウェクスラー式成人知能検査） ························ 48, 107, 108, 114, 167, 234, 239
Wechsler Intelligence Scale for Children: WISC-Ⅲ・Ⅳ（ウェクスラー式児童用知能検査） ································ 45, 65, 236, 247, 257
Wechsler Memory Scale-Revised: WMS-R（改訂版ウェクスラー式記憶検査） ································ 107, 108, 133, 196, 239
Wechsler Preschool and Primary Scale of Intelligence: WPPSI・WPPSI-Ⅲ（ウェクスラー式幼児用知能検査） ···················· 41
Western Aphasia Battery: WAB（WAB 失語症検査） ································ 147, 203, 236
Wisconsin Card Sorting Test: WCST（ウィスコンシンカード分類検査） ···················· 181, 184, 185

【著者略歴】

小海宏之（こうみ・ひろゆき）

1962年生まれ。関西大学大学院社会学研究科博士課程前期課程修了。専門領域は神経心理・臨床心理学的アセスメント。医療法人恒昭会藍野病院臨床心理科ほかを経て，現在，花園大学社会福祉学部臨床心理学科教授。同大学社会福祉学部長。公認心理師，臨床心理士。

著書等：『高齢者こころのケアの実践　上巻：認知症ケアのための心理アセスメント，下巻：認知症ケアのためのリハビリテーション』（創元社，編著），『認知症ケアのための家族支援』（クリエイツかもがわ，編著），『高齢者のこころのケア』（金剛出版，共著），『発達障害支援の可能性』（創元社，共著），『実践　糖尿病の心理臨床』（医歯薬出版，共著），『臨床心理学ことはじめ』（ナカニシヤ出版，共著），『心理アセスメント』（ナカニシヤ出版，共著），『公認心理師用語集』（遠見書房，共著）ほか。

神経心理学的アセスメント・ハンドブック[第2版]

2019年4月20日　発行
2021年5月31日　3刷

著　者　小海宏之
発行者　立石正信

装　丁　粕谷浩義
印刷・製本　三報社印刷

発行所　株式会社　金剛出版
〒112-0005　東京都文京区水道1-5-16
電話 03-3815-6661　振替 00120-6-34848

ISBN978-4-7724-1687-0　C3011　©2019

JCOPY 〈(社)出版者著作権管理機構 委託出版物〉
本書の無断複製は著作権法上での例外を除き禁じられています。複製される場合は，そのつど事前に，出版者著作権管理機構（電話03-5244-5088, FAX 03-5244-5089, e-mail: info@jcopy.or.jp）の許諾を得てください。

好評既刊

Ψ 金剛出版 〒112-0005 東京都文京区水道1-5-16　Tel. 03-3815-6661　Fax. 03-3818-6848
e-mail eigyo@kongoshuppan.co.jp　URL https://www.kongoshuppan.co.jp/

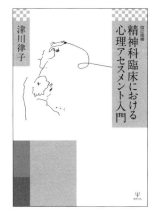

[改訂増補] 精神科臨床における心理アセスメント入門

[著] 津川律子

臨床経験5年以内のビギナー臨床心理士を読者対象とし、「6つの視点」から心理アセスメントを著者の軽やかな語り口で解説。本書は単なるチェックリストではなく、クライエントとセラピストの間に築かれる立体的な心理アセスメントを論じており、これまでになかった心理アセスメントの必携書となる。特別対談「アセスメントからケース・フォーミュレーションへ」を新たに収録、データも最新のものを加えた改訂増補版。　定価 3,080円

不自由な脳
高次脳機能障害当事者に必要な支援

[著] 鈴木大介　山口加代子
[編集協力] 一般社団法人 日本臨床心理士会

高次脳機能障害の当事者と臨床心理士による対談を、日本臨床心理士会の協力を得て書籍化。中途で障害を負うということについて語り、支援の在り方を問う。日々の生活において症状がどのような現れ方をするのかが当事者感覚をもって具体的に語られ、さまざまなエピソードには、神経心理学の視点からの解説も加えられる。目に見えない障害とも言われる高次脳機能障害の症状と、そこから生じる日々の生活上の困り感や心理的反応について、周囲の人が理解する手助けとなるよう構成されている。　定価 2,640円

専門医が語る認知症ガイドブック

[著] 池田健　小阪憲司

レビー小体病の発見者・小阪憲司が認知症全般を縦横無尽に語った対談から、臨床的アプローチのわかりやすい解説まで、すべての認知症スタッフ必携の書！　認知症を基礎から学ぶための「第1部－対談」、認知症の歴史や認知症の基礎概念を学ぶ「第2部－認知症を理解する」、治療において重要な診断や薬物を知る「第3部－認知症の診断・検査・薬物治療」、薬物療法に劣らず大切なアプローチを習得する「第4部－認知症の非薬物療法的アプローチ」へ。「レビー小体型認知症の診断・治療ができる専門医師一覧」、認知症の基本をイラストつきで楽しく復習できる「認知症カルタ」の付録をつけて、認知症の知識がしっかり身につく工夫が満載。　定価 3,520円

価格は10%税込です。